太田素子・山本敏子・小山静子・石岡学・前川直哉

小山静子・太田素子●編

「育つ・学ぶ」の社会史

「自叙伝」から

藤原書店

「育つ・学ぶ」の社会史　目次

「育つ・学ぶ」の社会史

「自叙伝」から

凡　例

一　史料からの引用箇所の表示は、第一章―第三章においては、章末の史料リストにある自叙伝（丸つき数字）の番号と頁数で、第四章と第五章では、『私の履歴書』の巻数と頁数で示した。

一　引用にあたっては、旧漢字は新漢字に改め、読みやすくするために適宜句読点を打った箇所がある。また漢字にルビをふったり、逆にルビを省略した箇所がある。

一　引用文中の……は、特に断らない限り、引用者による省略を意味する。

一　引用文の中には不適切な表現も含まれているが、自叙伝という史料の特性を考慮し、そのまま引用した。

一　一八七二（明治五）年一二月二日以前の年月日は、日本年号と旧暦（太陰太陽暦）によって記述した。ただし、本文表記のうえでは便宜として、その年の大半と対応する西暦年をまず掲げ、カッコ内に年号を示した。

序章　「育つ・学ぶ」の社会史に向けて

小山静子

はじめに

　教育について語る言葉が巷にあふれている。子どもに何か「問題」がおこるたびに、学校は何をしていたのかという声が聞こえてくるし、家庭のしつけがおろそかになっている、家庭の教育力が低下していると、親たちに対する批判は喧しい。授業時間を増やして基礎学力を充実すべきだという意見があるかと思えば、徳育こそが重要だと主張されるし、「生きる力」や「人間力」という、何ともうさん臭い言葉で教育の目的が表現されたりもする。誰でもが、教育の「問題」について語り、あるべき教育の姿に思いをはせる、というのが現代の日本である。きっと、皆が学校教育を受けた経験をもち、多くの人が親となって子どもの教育に直面するがゆえに、人は教育に関心を惹きつけられ、何かを語らずにはいられないのだろう。そしてそれらの言葉の多くは、教育のありようや子どもたちの現状を憂い、よりよい教育を求めている。それらの言葉の前提にあるのは、よりよい教育を行えば、学校や家庭、あるいは子どもが抱えている「問題」は解決していく、という思いである。しかし本当にそうなのだろうか。

このようなことを言うと、意外に思われるかもしれない。でも、よりよい教育を行えば現状が改善できると考えることは、教育を受ける対象、すなわち子どもは教育によってコントロール可能なものであるととらえることにつながっている。けれども、はたして子どもは教育によって変えられる、教育の客体なのだろうか。わたしたちは、こうなって欲しいという思いを込めて子どもに働きかけるし、よりよい働きかけが子どものためになると考えている。このように考えなければ、教育という営みは成り立たない。けれどもこのような働きかけは、熱心に行われれば行われるほど、育て、教える対象として子どもをとらえることにつながり、主体としての子どもはどこかにいってしまう。

わたしたちが生まれ、成長し、大人になっていった過程をふり返ってみれば、わたしたちは育てられ、教えられてきただけでなく、育ち、学んできた存在でもあったことに気づく。さまざまな経験を積み重ねながら、場合によっては大人たちがよかれと思って働きかけたことに反発しながら、わたしたちはそこから多くのことをくみ取り、そこで学んだことを自らのものとしてきた。この過程こそが、わたしという存在を形成していく営みであった。とするならば、わたしたちはよりよい教育を追求するだけでなく、人は主体としていかに育ち、学んでいくのか、どのようにして自らを形作っていくのか、ということにも関心を払わなければならないことになる。いったい人はどのように育ち、学んできたのか、本書の問題関心はまさにここに存している。

そして本書では、このことを歴史的アプローチによって解明しようと思う。なぜなら、現代の子どもたちの育ちや学びのありようを考えようとすれば、それがいかにして現代に至ったのかということを明らかにしなければならず、そのように思考を巡らした途端に、現代の人間形成のプロセスにおいて、近代的な学校教育制度や家庭と呼ばれる近代的な家族が決定的に重要であることに気づくからである。現代に生きるわたしたちは、ごく当たり前のこととして学校に通い、家庭において愛護され、教育されるものとして子どもをとらえている。しかしいうまでもなく、このような学校や家庭のあり方は近代社会によってもたらされたものである。

たとえば、近代的な学校教育制度が成立する以前の、「家」や共同体の存続・維持を重視する近世社会にあっては、子どもはそれぞれが生まれながらにもつ、性別や身分・階層などの属性に応じて、そして多様な地域性のもとで育っていった。子どもの人間形成は、日常生活、つまり「家」や共同体の多様な人間関係を通して行われ、そこには生活世界のありようが深く影響していたと考えられる。

しかしこのような人間形成のあり方は、近代的な国民形成や人材育成を意図して開始された近代的な学校教育の成立と普及によって、大きく変容していくことになる。国民皆学を謳う義務教育制度のもとで、学校が次第に学びの中心をしめるようになり、やがて多くの人々が学校教育を通して自らの社会的地位を形成するようになっていった。また近代家族の登場とともに、人々と共同体との関係性も変化し、これらは従来存在していた多様な子育てのあり方にも影響を及ぼしていく。子どもは情愛に満ちた家族の中で育つようになり、家族成員と排他的な関係性を作っていった。

いったいこの変化はどのように進行し、それまでの子どもの学び方と学校教育とは、どのような関係性を構築していったのだろうか。いやそもそも、子どもはどのような存在としてとらえられており、どのように育ち、学んでいたのだろうか。子どもの性別、子どもが生まれた地域や階層、親の仕事といった属性によって、子どもの育ち方や学び方にはどのような差異が存在していたのだろうか。近代的な学校教育制度が、子どもの教育や人間形成に与えた意味を考察するためには、子どもが育っていく家族や共同体が果たしていた役割をも考察し、それらと学校教育との関係性をトータルにみていくことが必要となるだろう。

すなわち、「家」や共同体の多様な人間関係を通して行われる人間形成のあり方や、そこで繰り広げられているさまざまな知の伝達のありようとはいかなるものだったのか、それが近代的な学校教育の成立と普及、家庭といわれる近代家族の登場にともなって、いかに変容したのか、これらを長いタイムスパンにおいて実証的に明らかにしていくことが必要なのではないかと思う。そのことを通して、子どもをいかに育て、教えていったのかという、子どもを客体としてとらえる見方ではなく、子どもがいかに育ち、学んでいったのかという、子どもを主体としてとらえる見方に立脚した、人間形成のありようを明らかにすることができるだろう。

史料としての自叙伝

ただその際に問題となるのは、いったいどのような史料を用いればこの課題に迫っていくことができるのかということである。というのも、学校教育のような制度や政策に裏づけられた教育のありようは、公的な文書史料や記録文書を通してある程度は解明できるのに対して、子どもがいかに育ち、学んできたのか、そこに「家」や家庭、そして共同体がどのような役割を果たしてきたのか、という問題を考えていくための公的な史料は、ほとんど存在していないからである。この研究の前に立ちはだかっている史料の壁をいかにして乗り越えるのか。この問題を解決するために、本書では自叙伝を史料として用い、自叙伝に記されている記述を手がかりとして、育ちや学びのあり方を探っていくことにした。

考えてみれば、本書の課題を考察するにあたって、自叙伝は史料として実に重要であるとともに、最適であるといってもよいだろう。というのも、自叙伝には子ども時代の生活状況や学習過程、さまざまな人間関係を通して得られた体験など、他の文献史料からはわからない数多くの記述が存在しているからである。それは実に豊かで貴重な史料としてわたしたちの前に立ち現れ、わたしたちはそれを通して、歴史の深層に埋もれてきたさまざまな人間形成のあり方を解明することが可能となる。また書き手の主観にゆだねられた自叙伝の記述は多様であるがゆえに、わたしたちは自らの問題関心や着眼の仕方によって、それらの記述に対してさまざまにアプローチすることができる。

しかしながら、自叙伝を史料として用いることに対しては、すぐさま、自叙伝を果たして歴史史料として扱ってよいのかという「疑問」が、生じるかもしれない。思いつくままにあげてみても、次のような「疑問」が湧き起こってくるだろう。すなわち、自叙伝に書かれていることははたして「真実」なのか。自叙伝の執筆者が意図的に歪曲して書いている場合もあるだろうし、本人がたとえ意識していなくても、忘却や誤解に基づいた記述も多いのではないか。他の史料で補いながら、自叙伝に書かれていることをより「真実」に近づけようと思っても、子ども時代のことを他の史料から補足することは難しいのではないか。自叙伝を書いた人物が、多くの場合、成功した男性であることを考えるならば、とてもそのような特定の個人が書いた内容は一般化しうるものではないし、それを通してある時代における人間形成のあり方を把握することは難しいのではないか。自叙伝の執筆者は、読者を意識して記述しており、その記述は主観にゆだねられたものではないのか。したがって、いくつの時に、誰に向かって書くのか、という条件によって、何を書くか／書かないか、という自叙伝の内容が左右されてしまうのではないか。

このように、あげていけばきりがないほどに、自叙伝の史料としての「問題点」は存在しており、文献史料に比べると、自叙伝の史料としての「価値」は低いのではないかと思えてくる。しかし本当にそうなのだろうか。(1) 以下、少しこみ入った話になるかもしれないが、自叙伝の史料としての特質、意義を述べていくことにしたい。

主観性の意義

ヴィンセントは、「自叙伝の主観性は、自叙伝の意義を限定するというよりは、高めさえするものである」[2]という。わたしたちの意表をつくこの発言の真意はどこにあるのだろうか。彼によれば、確かに記憶違いや誤記が自叙伝には存在するが、「それらは記述内容の主要な価値にとっては付随的なものであ」[3]り、「自叙伝の信憑性とは、書き手の叙述と外界の現実とのあいだの関係がどんなに正確にとらえられているかなどということにかかっているのではない」[4]という。

そもそも自叙伝を執筆するということは、過去に自分の周りで起きたこと、自らが考え、感じたことを、ある時点で振り返り、それらの記憶の中から書くべきことを選択するということである。記憶されていたものは、その当人の人生において印象深かったもの、重要だったものであり、さほど意味をもたなかったものは忘却されている。そういう意味では、「記憶の過程は認識の過程に依存している」[5]し、「個人の関心の影響も受けている」[6]ということができる。

たとえ同じ経験をしても、人によって覚えていることが異なること、記憶が個々人によってきわめて個性的であることは、わたしたちが日常生活においてよく経験することである。したがって自叙伝を書くということは、このように個性的であり、きわめて主観性に彩られている記憶の中から、読者を意識しつつ、書くべき内容を選び取っていくという営みである。つまり、自叙伝に書かれていることとは、記憶と選択という二つのフィルターを通過したものであり、二重の意味で主観性に貫かれているのである。

とすれば、自叙伝に書かれていること、あるいは書かれていないことの中に、書き手がどのようにものごとを認識していたのか、言葉を変えて言えば、書き手にとっての「事実」が埋め込まれていることになる。それは客観的事実ではないかもしれないが、そのことを書いた、あるいは書いていないという、主観性の中にこそ、自叙伝執筆者にとっての「真実」が存在しているといえるだろう。ヴィンセントの言葉を借りれば、「自叙伝というものは、過去において起こったことを伝えるばかりでなく、出来事や状況がある行為者に対して与えた衝撃についても語ってくれる力がある」(7)のである。

もちろんだからといって、記憶違いや歪曲をそのままにしておいてよいということではないだろう。可能であれば、自叙伝の内容と他の記述とをつきあわせ、自叙伝の記述を検証していくことは必要であるし、重要である。しかしその記憶違いや歪曲の中にも、自叙伝執筆者にとっての「真実」が潜んでいることを忘れてはならないだろうし、そうであるからこそ、自叙伝の史料としての主観性は意味をもちうるのではないだろうか。オーラル・ヒストリー研究を行っているトンプソンは、口述史料について以下のように述べている。「強い主観性は、口述の証拠の弱点と見なす人もいるが、口述の証拠に独特の価値を与えている。というのは、『主観性は、よりはっきりと見える『事実』と同様に歴史の扱うべき問題であるからである』。インフォーマントが起こったと信じていることもまた、『本当に』起こったことと同じように、本当のところ『事実（彼あるいは彼女が信じている事実）』なのである」(8)。

この言葉は自叙伝史料にも十分にあてはまるように思える。

このように、自叙伝史料は、主観的であることにおいて意味をもっているのだが、ここでもう一点確認しておきたいことは、自叙伝史料の主観性を生み出す記憶が、「個人的なものであると同時に社会的なものである[9]」ということである。アルヴァックスは『集合的記憶』において、個人の記憶が集合的記憶の枠組みの中でいかに影響を受けているかについて論じている。彼によれば、「それ（個人的記憶——引用者）は完全に孤立した、閉鎖的なものではない。人間は彼自身の過去を想起するために、しばしば他人の想い出に訴える必要がある。人間は、彼の外部にあり社会によって定められた基準点を参照する。その上、個人的記憶の機能は、言葉とか観念などの用具がなければ発揮されないが、それらは個人が発明したものではなく環境から借用したものである[10]」という。

つまり、個々人が記憶していることは、個性的であり、主観的ではあるが、その記憶はその当人が自己の内面において密やかに記憶し続けてきたものではないということである。誰しもが、以前に同じ時間をすごした人との間で、覚えていたことが異なっていただけでなく、その人と語るうちに忘れていたことを思い出すという経験をしたことがあるだろう。つまり人は、他者との会話や社会との接触を引き金として、過去の記憶を呼び覚まし、確認し、再構成しながら、再び記憶し直していくといえる。そういう意味では、個々人の記憶は他者の記憶や社会にも依拠していることになる。それゆえ、その記憶はその人だけの私的なもの、他者とは無関係なものとしてあるのではなく、社会性を帯びているということができる。自叙伝史料の主観性とは、このようなものとして存在しているのであり、自叙伝の内容は、個人的なものであると同時に、社会によって刻印づけられてもいるのである。

自叙伝と口述史料・日記との違い

ところで、ここで述べてきた主観性の意義は、自叙伝のみならず、同じく主観性の強い史料である口述史料や日記にもあてはまるものである。しかし当然のことながら、自叙伝史料と口述史料や日記の間には質的な相違が存在している。いったいその相違はどこにあるのだろうか。ここではこの問題を考えることを通して、自叙伝の史料としての特徴を明らかにしていきたいと思う。その際、さきほど、自叙伝史料は記憶と選択という二重の意味において主観的であると述べたので、この二つのキーワードを導きの糸として考えていくことにしたい。

まず真っ先に指摘できることは、「自叙伝の場合は、回想として、一般に出版を目的に書かれているという特徴がある。したがって執筆にあたって日記より一段と内容が選択される傾向がある」[11]ことである。つまり、自叙伝の書き手は、執筆にあたって読者の存在を意識し、不特定多数の読者の目にふれても支障がないと判断したことを書くのである。これは、日記の記述や口述における語りとは大きく異なることである。

もちろん、日記に書き、口述において語る際も、すべてのことを書いたり、語ったりすることは不可能であり、書かれ、語られる内容は選択の結果として存在している。また、誰かに読まれることを意識して日記が書かれることも場合によってはあるし、他者に語ることをためらい、口をつぐむことも多々あるだろう。しかし読者を意識した日記はどちらかといえば少数であるし、その場合でも、その読者として不特定多数が想定されていることはまれである。口述も非公開のインタビューとして行われ、ライフ・ヒストリー（オーラル・ヒストリー）研究の公刊に関しては、語り手の匿名性が保たれる工夫がなされる。

それに対して自叙伝は、執筆の最初の段階ですでに他者に読まれること、すなわち他者のまなざしが意識されており、それを前提に書かれていく。それゆえ、「その内容は、想定された一般読者の好みに合わせて選択されている」[12]。したがって自叙伝とは、口述や日記に比べると、選択性が強い、つまり書き手の主観性によりゆだねられた史料なのである。そういう意味では、自叙伝執筆者の「真実」は、自叙伝に書かれていることのみならず、書かれていないことにも存在していることになる。ただ何度も繰り返すことになるが、この自叙伝における主観性の強さは、史料としての価値を損なうものではけっしてない。というのは、この主観性の中にこそ、自叙伝執筆者が自らの人生――本書のテーマでいえば育ちや学びのあり方――をどのようなものとして他者に伝えたいと欲しているのかが、如実に示されているからである。

では、記憶という観点からは何がいえるだろうか。記憶という営みが意味をもつのは、やはり自叙伝や口述の場合だろう。というのも、日記は基本的には当日に、せいぜい数日のうちに書かれるのに対して、自叙伝が書かれ、口述がなされるのは、明確に現在から過去を振り返るベクトルにおいてであり、場合によっては数十年の時を経て行われるからである。したがって、自叙伝史料や口述史料は記憶を再構成したものとならざるをえない。このように述べると、記憶の主観性という点において、自叙伝史料と口述史料とは類似しているように見えるかもしれない。しかし、両者が同じく記憶に依拠しているといっても、その内実において、両者は大きく異なっている。なぜなら、口述においては、聞き手と話し手との間に相互のコミュニケーションがあり、それを通して忘却していたことも蘇り、記憶が紡ぎ出されていくが、「自伝では著者が反対に尋ねられることがない(13)」し、「印刷された自伝は、一方的なコミュニケーション(14)」だからである。さきほど、記憶は個人的なものであると同時に社会的なものであるということを述べたが、自叙伝史料は、口述史料よりもこの点が顕在化していないといえるだろう。

このように見てくれば、自叙伝史料は、口述史料や日記に比べると、より主観性が強い、操作された史料ということになる。にもかかわらず、なにゆえ本書では自叙伝を史料として用いたのか。当たり前のことであるが、ライフ・ヒストリー研究は生存者がいてこそできる研究であり、したがって、近代社会の成立にともなう人間形成のあり方の変化を解明したいという本書の課題を、ライフ・ヒストリー研究として行うことは難しい。しかし本書で自叙伝を史料として用いたのには、もっと積極的な理由がある。それは、数多くの自叙伝が刊行されているがゆえに、それらの記述内容を比較し、育ちや学びのあり方の歴史的な変容を明らかにしうるからである。

もちろん自叙伝に書かれていることは、各個人の多様な人生であり、そこに貫かれているのは、二つとない人生の一回性である。したがって、自叙伝の内容を単純に比較したり、統計的に処理したりすることはできないし、むしろこのような営為を拒むものとして、自叙伝は存在している。しかし、それぞれの人生は多様であるにもかかわらず、自叙伝の記述には、歴史の被拘束性を生きる個人の人生があり、そこからそれぞれの人間が生きた社会のあり方が透けて見える。自叙伝の執筆者がいかに「自由に」生きていようとも、彼ら・彼女らは「時代の子」であり、わたしたちは自叙伝の叙述を通して、その人が生きた時代を明らかにし、自叙伝を残していない数多くの同時代人たちの人生をも見てとることができるように思う。

とりわけ本書が明らかにしようとしている、子どもの育ちや学びのありようは、近代的な学校教育制度の成立によって大きく変容し、学校教育制度の存在が、一人一人の人間形成のあり方に大きな影を落としている。その影響の受け方は人それぞれであり、それは自叙伝においてきわめて主観的に述べられていく。しかし、個々の自叙伝の背後には数多くの人生があり、個々の自叙伝の記述は個人的なものであると同時に社会によって刻印づけられたものであることも考えるならば、自叙伝は、育ちや学びのあり方を歴史的に考えていく際の絶好の史料となりうるのである。そのありようは、家族や多くの人々の錯綜した人間関係や学校教育制度の影響を強く受け、複雑な様相を呈しているがゆえに、わたしたちは自叙伝を書いた人々の想い出やとらえ方を通して、さまざまな人間形成の具体的なあり方を知ることができる。そして数多くの自叙伝を比較検討していけば、個々人の多様な人間形成のあり方を知るのみならず、それがいかに歴史によって規定され、歴史的に変化してきたのかがわかるだろう。自叙伝史料はまさにこのようなものとして、わたしたちの前に存在している。

本書の内容

本書は、以上述べてきた問題関心と自叙伝という史料に対する考え方に立脚して書かれている。最後にその内容を簡単に紹介しておきたい。

まず第一章「近代移行期の『家』と人間形成」においては、一八五〇年までに生まれた、勝小吉・福沢諭吉・新島襄の自叙伝が主に分析されている。そのことを通して、共同体的人格から近代的な人格の形成へという観点からみた、自叙伝執筆者の自我意識や生活空間が検討されるとともに、近世という時代が自生させた、寺子屋・手習い塾、藩校、私塾などのさまざまな学校と、「家」や個人との関係性が考察されている。

第二章「維新後世代・明治人の人間形成」においては、堺利彦を中心とした、明治社会主義者たちの人間形成のありようが述べられている。彼らは、明治初期の、まだ前時代の人間関係や価値観が色濃く残る環境に生まれ育ちながら、近代的な学校教育を受け、新たな環境の下で生きていかねばならなかった人々であった。近世の政治体制・社会体制の解体、「家」の没落といった大きな社会変動を体験した彼らが、その過程のなかでいかに育ち、何を学んでいったのか、この章から明らかになるだろう。

第三章「高学歴女性にとっての学校」は、数少ない女性の自叙伝を扱った章である。自叙伝を書いた女性は少ないが、ここでは鳩山春子、相馬黒光、神近市子の自叙伝に焦点をあてながら、社会的活動をした女性の育ち方とはいかなるものだったのか、論じている。そしてそのことは、女性の社会的活動を生み出す源泉が何だったのか、良妻賢母の育成にとどまらない、女性にとっての学校教育の意味とは何だったのかを、問うことにつながっている。

第四章「生きられた『学歴エリート』の世界」では、学歴社会化が進行していく状況のなかで、高学歴を取得した男性が、みずからの教育経験をどのように語っているのかが論じられている。そのことを通して、彼らが、中等教育機関や高等教育機関への進学に際して何を考え、どのような選択をしたのか、進学を支えるものは何であり、どのような学校生活を送ったのかが明らかにされている。

そして最後の第五章「近代学校と男性のセクシュアリティ形成」では、子ども期から学生期における男性のセクシュアリティ形成に関する分析が行われている。それを通してわたしたちは、セクシュアリティがけっして「個人的」な経験ではなく、それがいかに子ども観の変容と関係しており、近代学校がセクシュアリティ観の形成にいかに重要な役割を果たしたのか、というセクシュアリティの社会的意味を知ることができる。

以上が各章の概観であるが、これから見ても明らかなように、本書で取りあげることができたテーマは限られており、本書が扱うことができた自叙伝も、数多く公刊されている自叙伝の一部でしかない。

しかしそれは必ずしも、ごく一部のことだけを論じているということにはならないだろう。というのは、本書で取りあげたテーマは、数は少ないものの、その内容は多岐にわたり、本書を通して、「家」から学校・家庭という大きな枠組みの下での、育ちや学びの歴史的変容が明らかになるからである。すなわち本書で論じているのは、一九世紀前半に生をうけ、幕末期までに人格形成を終えていた男性、明治維新の激動期に成長した男性、近代的な女子教育の揺籃期に進学していった女性、そして近代的な学校教育体制が確立した世紀転換期に高学歴を獲得した男性の人間形成のありようである。また自叙伝という史料の特性をいかんなく発揮できるセクシュアリティの問題も取りあげている。そういう意味では、多様な育ちと学びのあり方を論じることができたのではないかと思う。では、以下、具体的に論じていくことにしよう。

注

(1) かつて吉田昇は、自叙伝を使って家庭教育の研究をする際に、自叙伝の史料としての「問題」を指摘し、それを克服するための方策を次のように提示していた。「自叙伝を資料にしながら、できる限り歪曲をさける努力をはらってゆくのが、研究の方法となる。自叙伝を扱うのに、著明《ママ》の解釈と思われる部分をとりあげず、具体的な事実を中心に考えていくとか、自叙伝を補充する意味で、他の人によって書かれた伝記を参照するとか、資料として用いられた自叙伝が、職域的に見ていかなる偏りをもっているかを明確に自覚し、早まった結論をさしひかえるとかの措置をとることが必要となる」(「自伝による家庭教育の研究」『野間教育研究所紀要』第一〇輯、一九五三年→『吉田昇著作集 三』三省堂、一九八一年、一七七頁)。しかし吉田がこの論文を書いてから五〇年以上がたった現在、わたしたちは自叙伝史料の意味づけについて、彼とはまったく別の地平に立っているのではないかと思う。

(2) Vincent, David, *Bread, Knowledge and Freedom: A Study of Nineteenth-Century Working Class Autobiography*, Methuen, 1981. →デイヴィド・ヴィンセント『パンと知識と解放と――一九世紀イギリス労働者階級の自叙伝を読む』川北稔・松浦京子訳、岩波書店、一九九一年、八頁。
(3) 同、九頁。
(4) 同、一〇頁。
(5) Thompson, Paul, *The Voice of the Past: Oral History*, Oxford University Press, 1978. →ポール・トンプソン『記憶から歴史へ――オーラル・ヒストリーの世界』酒井順子訳、青木書店、二〇〇二年、二三三頁。
(6) 同、二三七頁。
(7) ヴィンセント前掲書、一〇頁。
(8) トンプソン前掲書、一七八―一七九頁。
(9) 同、二三八頁。
(10) Halbwachs, Maurice, *La Mémoire Collective*, Presses Universitaires de France, 1950. →モーリス・アルヴァックス『集合的記憶』小関藤一郎訳、行路社、一九八九年、四六頁。
(11) Pollock, Linda A., *Forgotten Children: Parent-child relation from 1500 to 1900*, Cambridge University Press, 1983. →リンダ・A・ポロク『忘れられた子どもたち』中地克子訳、勁草書房、一九八八年、一一三頁。
(12) トンプソン前掲書、二二三頁。
(13) 同、二二二頁。
(14) 同、二二三頁。

第一章　近代移行期の「家」と人間形成

太田素子

一　はじめに

人間形成の土台となる一〇歳代までを幕藩体制下で過ごしたかどうか、その点をひとつの区切りと考えて、おおよそ一八五〇年までに生まれた人物によって、成人後に回想し記された自叙伝を分析対象とすることが、本章の課題である。表1―1には、『日本人の自伝』『伝記叢書』を中心に、当該時期出生の人物によって書かれた自叙伝の一覧をあげた。

一八五〇年というのは当初の便宜的な区切りに過ぎないが、これらの自叙伝の内容を検討してみると、明治初期、近代国家の形成期に活躍した天保年間（一八三〇―一八四四）生まれ以降の人々と、それ以前の人々、つまり主に近世社会の制度的な枠組みのなかで生きた人々との間には、記述内容に

表 1-1　史料とした「自叙伝」一覧

史料表題	著 者	著者生没年	著述年（歳）	出 典
『配所残筆』	山鹿素行	1622-1685	1675（54）	自伝別巻
『折たく柴の記』	新井白石	1657-1725	1716（60）	自伝別巻
『月雪花寝物語』	初世中村仲蔵	1736-1790	1785-	自伝別巻
『宇下人言』	松平定信	1758-1829	1793（35）	自伝別巻
『夢酔独言』	勝小吉	1802-1850	*1899-1900	自伝別巻
『福翁自伝』	福沢諭吉	1834-1901	*1899（65）	自伝 1 巻
『雨夜譚』	渋沢栄一	1840-1931	*1900（60）	自伝 1 巻
『鴻爪痕』	前島密	1835-1919	*1920	自伝 1 巻
『加藤弘之自叙伝』	加藤弘之	1836-1916	*1915	伝記叢書 88
『田中正造昔話』	田中正造	1841-1913	*1895	自伝 2 巻
『懐往事談』	福地源一郎	1841-1906	1892	伝記叢書 110
『私の若き日々』	新島襄	1843-1890	1885	自伝 3 巻
『曽我祐準翁自叙伝』	曽我祐準	1843-1935	*1930	伝記叢書 42
『観樹将軍回顧録』	三浦梧楼 *	1846-1926	*1925	伝記叢書 46
『石黒忠悳懐旧九十年』	石黒忠悳 *	1845-1941	1936	伝記叢書 161
『南條文雄自叙伝』	南條文雄	1849-1927	1923	伝記叢書 127
『自歴譜』	加太邦憲	1849-1929	*1931	岩波文庫

※自叙伝研究の史料は、主に『日本人の自伝』『伝記叢書』
※氏名欄の * 印は、口述・編集など。
※著述年欄の * 印は、発行年のもの。

重要な変化があった。近世的自叙伝には、豊富に幼年期のエピソードが出現するのに対して、天保世代とポスト天保世代（以後、近代移行期と記す）になると、一、二の例外を除いて、幼年期の語りは簡潔になり青年期の回想や成人期の業績が中心となる。(1) 後者は変動の激しい時代を生きたという事情が関与しているだろうが、それでは、近世期の自叙伝に見られる豊富な幼年期の語り——母親や祖父母ほか養育者の語りを、被養育者である当人が印象深く受け止めて記したものも多い——は、何を意味しているのだろうか。

近世日本はまがりなりにも皆婚社会が実現し、人々が家族生活と家職に執着を持てるようになった社会だった。その為、「家」（以降、特に「家」制度を強調する場合を除いて「 」を略す）の継承と将来の生活保障という目的に方向づけられて、教育責任意識と親子一体感の強い、濃密な子育て(2)が実現したと筆者は考えている。自叙伝に見られる豊富な幼年期の語りも、この濃密な子どもへの関心と無関係ではないだろう。幼い子どもを社会化する営みは、近世の人々にとって回想し、考察し、語り継ぐにふさわしい課題だったのである。

分析の過程では、これらの自叙伝ひとつひとつについて覚書を作り、全体として時期により、あるいは階層や地方によって有意味な変化を抽出できるかどうか検討した。(3) 小論では、その結論とともに、子どもの「育ち」を歴史的な視野で研究するものにとって、とくに印象的な自叙伝をいくつか選び、少し詳しく紹介と分析を試みたい。

第一節では、近世的な自叙伝の中から勝小吉《こきち》『夢酔独言』（引用自叙伝①）をとりあげて、いくつかの近世的な自叙伝の記述と比較を試みた。
また、第二、三節では、天保年間以降に幼年期をおくった人々の「近代移行期の自叙伝」の中から、例外的に幼年期の回想が詳しい福沢諭吉『福翁自伝』(②)、新島襄『私の若き日々』(③原文英語、表題及び訳語は森中章光氏による)の二つをとりあげた。対象は、あまりにも有名な自叙伝ばかりになったが、多くの自叙伝の記述と比較する中で、改めて読みとれる点があるのではないかと考えている。

さて、以上の自叙伝史料を分析する基本的な視点は、簡潔にまとめると以下のようなものになる。(4)

第一は、共同体的人格から近代的な人格の形成へという観点である。執筆者の自我意識や生活空間をこの視点から検討したい。戦国時代には、共同体から放り出された個の強さ、個人主義の響きを感じさせる処世訓や家訓がある。しかし近世の家の固定化とともに、家や家系にアイデンティティが存する言説が増えてゆく。家は親族、姻族で守り合う構造を作るから、ふたたび個人が家という共同体に埋没する傾向が見られる。個々の自叙伝が、自我と家意識のせめぎ合いをどのように反映しているのかという点に注目したい。そのことは、日本の個人主義の成立史を探ることにつながり、個人主義と選択縁による共同体形成の可能性という現代の課題を考える手がかりを得られるかもしれないと考えている。

第二は、家・共同体・学校の関係史という視点である。寺子屋・手習い塾から藩校、私塾などさまざまな学校を自生させた近世という時代の、家や個人と学校との関係史を、自叙伝の記述からさぐりたいと思うのである。(5)

二　「家」と共同体の人間形成——勝小吉『夢酔独言』を中心に

勝小吉（一八〇二―一八五〇）『夢酔独言』は、息子勝海舟（一八二三―一八九九）との関係が小説（『父子鷹』）に描かれて、広く知られるようになった自叙伝である。「四十二になって始めて人倫の道……（中略）……仁愛の道を少ししったら、これまでの所行がおそろしくなった」と締めくくる改悛と自省の自叙伝だ。執筆の動機は、やっと到達した自らの「悟り」ともいえる境地を確認し、子孫に反面教師として伝えることだった。彼は、家から二度出奔し座敷牢に閉じ込められるほど、本人も家族もその放蕩に悩ませられるが、それだけになぜ自分が順調な社会化の道を歩めなかったかの省察も深い。

男たるものは、決しておれが真似をばしないがいい。孫やひこが出来たらば、よくよくこの書物を見せて、身のいましめにするがいい。無学にして、手跡も漸々二十余になって手前の少《ママ》用が出来るようになって、いい友達もなく、悪友ばかりと交わった故、能い事は少しも気がつかぬから、このようの法外の事を、英雄豪傑と思った故、みな心得違いして、親類・父母・妻子までいくらの苦労を掛けたかしれぬ。（①三九六―三九七頁）

小吉自身は身持ちが悪かったため三七歳で隠居させられ、一六歳の義邦（海舟）が公務を担ってゆく。

自叙伝の中にはくり返し「幸いに息子が能くって孝道してくれ」（①三九七頁）とか「孫やその子はよくよく義邦の通りにして、子々孫々のさかえるように心掛けるがいいぜ」（①三二一頁）というように、息子の海舟を褒め、身の幸せを吐露する。隠居の境遇で家の安泰を感謝し、自分ができる唯一の貢献として自省を深めて子孫に書き残すのである。従って、この自叙伝は自らの人格形成に対する深い洞察が特色で、なぜ放蕩に明け暮れて周囲を悩ませる生き方をしてきたのか、またその生き方をどうして客観的に見つめられるようになったのか、いずれも家族関係の中に主要な回答が存在するのだが、そうした家族間のやり取りがよく書き込まれている。(6)

下僕の語り／家族関係の小さなほころび

勝小吉の自叙伝に綴られた子ども時代の回想は、二つの意味で近世的な特質を顕著に見せている。ひとつは、亀吉（小吉の幼名、以下小吉で統一）はどのような子どもであったかという周囲の大人の語りが自叙伝の記述に反映していること、もうひとつは、幼年期の社会化や社会的統制、いわゆるしつけに関して注意深い眼差しが注がれていることである。周囲の大人が繰り返し話して聴かせた思い出話は、いつの間にか自己の記憶と区別のつかない状態で「回想」となり、語って聞かせた大人の子どもに対する思いと、回想する本人の内省とが区別のつかない状態で絡み合っている。

小吉が一〇代後半になったころ、用人の利平次は幼い頃の彼について「困った」思い出の幾つかを語って聞かせた。例えば次のような事柄である。小吉の家の庭には海水を引き込んだ池が有ったという。夏の間、幼い小吉は毎日その池に入って遊んでいた。八つ（午後二時）には、父親が御役所から帰り、池を汚すような遊びは叱られることがわかっているので、小吉はその前に池から上がって知らん顔をしている。いつも父親は池が濁っているのを気にして利平次に理由を聞くので、彼は本当のことがいえず返答に困ったという。

小吉自身はこの思い出について、母親は持病の中風があってたち居が自由にならない。あとは女中など女ばかりの所帯で怖くなかったので、「いたずらのしたいだけして、日をおくった」と解釈している。さらに回想は、しつけをめぐる家族間のミスコミュニケーションの原因を、その背景にまでさかのぼって追求する。

おれは妾の子で、ははおやがおやじの気にちがって、おふくろの内で生れた。それを本当のおふくろが引きとって、うばで育ててくれたが、がきの時分よりわるさばかりして、おふくろもこまったということだ、と。それにおやじが日勤の勤め故に内にはいないから、毎日々々わがままばかりいうて、強情故、みんながもてあつかった、と用人の利平次と云うじじいがはなした。あ……おふくろがおれをつれて来た故、親父には、みんなおれが悪いいたずらは隠してくれた。あとの家来は、おふくろをおそれて、親父におれがことは少しもいうことはならぬ故、暴れほうだい育った。

（①三二五―三二六頁）

父親の反対を押して妾の子どもを引き取った母親の心中は、容易には推し量れない。後嗣にはすでに兄がいた。男子は二人くらい欲しかったという理由も成り立つが、引き取る理由はほかに幾つもあり得るだろう。しかし、そうして連れてこられた小吉は、きわめてエネルギッシュな子どもで、家族内の力関係で母親や周囲の大人たちより強かったのである。

近世の家としては例外的に職住が分化している役所勤めの武家家族では、父親は普段は不在がちであった。また、母親にはなぜか遠慮があって、小吉の我がままを父親に相談することができなかった。こうした家族関係のわずかな歪みが、彼の社会化を困難にし、皆の苦労の遠因になっていることを、利平次の語りを通して小吉は説明しているのである。

大人の子どもに対する関わりの記録として近世自叙伝に多いのは、文字習得をめぐる記憶[7]と並んで、ここに見られるようなしつけや性格形成に関わる記憶・回顧なのだが、利平次の語りには、しつけや性格形成への関心が下僕であった彼のような立場の人々にも共有されていたこと、また、振り回された利平次の語りに、怒りや不満より小吉に対する愛情と我慢強い働きかけが伝わることが印象的である。

禁欲的な親子関係から寛容な親子関係へ

武家の子育ての中で息子のしつけに父親が決定的な役割を果たしたらしいことは、利平次の回想からもうかがえるが、それでは父親は、どのような価値観をもって子どもと接しようとしていたのだろうか。小吉の父親は目の前でおこなわれるような乱暴には、時に厳しく対処している。例えば、小吉が五歳の時、彼は近隣の町人の子どもと「凧喧嘩」をして、「切り石で長吉のつらをぶった」。それを家の中から見ていた父親は、「人の子に疵《きず》をつけてすむか、すまぬか。おのれのようなやつは捨ておかれず」と叱って、縁側の柱に幼い小吉をくくりつけ、「庭下駄で頭をぶち破」るような折檻を行ったという。しかし日頃は、概してしつけがおおらかだったこと、子どもの「元気」を重視していたことは、次のようなエピソードからうかがわれる。

五月あやめを葺きしが、一日に五度までとって菖蒲打《しょうぶ》をした。親父がいうには、「子供は元気でなければ、医師にかかる。病人になるわ。いく度も葺き直し、菖蒲をたくさん買い入れよ」といった故、利平次も菖蒲がなくなってこまった、と、おれが十六、七歳のときはなした。

（①三二六頁）

これも後年、利平次が小吉に話して聞かせた回想である。小吉の父親は、菖蒲打のような祭礼には思い切りいたずらを容認した。屋根に葺いた菖蒲が無くなったら、多くの子どもは菖蒲打を諦めるだろうが、小吉は諦めない子どもだった。父親もその元気を是として、何度も下僕を菖蒲買いに走らせたというのである。祭りに対する子どもの興奮に大人も共感的で、こうした寛容さは日常的な子どもの遊びを見るまなざしにも通底したのではないか。

小吉の家族のように子どもの元気を重視して、遊びやいたずらを認める寛大な子育ては、一―三節で検討する福沢諭吉や新島襄の子ども時代にも基本的には共通している。したがって幕末の下級武士社会に特徴的な傾向である可能性は高い。同じく下級武士だが一七世紀の新井白石（一六五七―一七二五）の自叙伝④では、これほど子どもの自由や遊びは重視されていないし、山鹿素行（一六二二―一六八五）の自叙伝⑤では幼年期から目を見張るような早教育の成果が記されている。また、武家社会における子どもの社会化やしつけを理解する上で、小吉のそれと対照的な、厳格な人格形成の過程を記している自叙伝は、松平定信（一七五八―一八二九）の『宇下人言』⑥で、上級武士の「王子教育」の様子を伝えている。

『宇下人言』には、平生「これぞ嬉しき、これぞ楽しき」と思う事はなしと、天下人として職責への集中と、対照的に寡欲な日常生活意識が記されているが、彼はこのような自己の禁欲的な性格を幼少時に受けたしつけとの関係でとらえているのだ。小さい時から彼は、食事や衣服の好みをいう事が禁じられるなど厳しく育てられたので、倹約が苦でなくなった、だから「おさなきときはいかにも事少なにして、法度厳にそだつべ」きであると、自分の経験を振り返る(8)。

大人も欲望を去ることが健康と長寿の元とみなされていた一七世紀から一八世紀のはじめの近世養生論の影響下で、子育ては、基本的に寡欲に育てること、我儘に育てないことに対して意を用いる子育てであったといえよう。貝原益軒（一六三〇―一七一四）が「姑息の愛」を戒めているように、その時期の子育て書では、子どもの可愛がり過ぎ、与え過ぎが常に問題にされていた。定信の自身の人

格形成についての回想は、このような近世養生論および子育て書の説く方向と一致している。(9)

しかし、近世養生論は一八世紀末頃から欲望に対して寛大な様相を見せはじめるといわれる。(10)この転換が子育ての習俗の上にどのように反映されたのか、変化のプロセスを明らかにすることは重要で、「子供の元気」を原理におくような、欲望を基本的に肯定する人間観と子育ては、少なくとも実態としては、ある時期から子育てをリードする見解になっていったのではないかと考えられる。あるいは庶民的な子育て習俗には底流として流れていたのかもしれないが、この点については、福沢諭吉や新島襄の場合で改めて検討したい。

しつけや性格形成の民衆的手法

子どものしつけに対する配慮は、その内容は異なっても庶民の親の間にも存在した。庶民の中から出て自叙伝を書き残す人物は武家に比べると限られているが、周囲の大人の語りが書きのこされ、そのテーマがしつけや人格形成にある点は共通している。今日でも大人は、子どもにその乳幼児期の出来事を話して聴かせる。そんなとき、大人は何を意図して子どもに昔話をするのだろうか。必死で育てた時期の親としての喜びや悲しみ、苦労などの自己表現もあるだろう。が、愛情や「親の恩」を伝えたいこと、回想の形で子どもへの期待を伝えること、また子育ての知恵の次世代への伝達、といった何がしか教育的な動機がそこに含まれている可能性がある。そうだとすると、回想記の中の子ども時代の記述は、当時の子どもの生活や子育ての習俗ばかりでなく、親の子どもに対する理解や期待といった子育て意識も、そこからうかがい知ることができるのであろう。

たとえば川越商人、榎本弥左衛門（一六二五年出生）の『三つ子よりの覚え』にも、親が語った回想が、本人の幼年期の記録と一体化して書きとどめられ、しつけがその重要なテーマであった。

弥左衛門（幼名権十郎）は、数え四、五歳のとき、母親の外出にはどうしてもついてゆくと後を追ったとか、六歳のとき、側にいる大人にからかわれたのを怒って我を押し通したなど、現代の子どもに比べて、愛着や自己主張といった自我の緩やかな発達を記録にのこしている。とくに六歳のとき、母親がお金をくれないと、庭に飛び降りて俵転びをして腹を立てた、それでもくれないと自分の髪の毛を我が手でむしって長泣きをした、実は、これはそんなことをする子どものうわさ話を聴いたので真似したのだなどと、しつけのあり方を考えるような視点で自らの幼児期を振り返っている。[11]

また近代移行期の自叙伝になるが、幼年期のしつけと人格形成に親以外の共同体的な影響力がどのように作用するか、村落におけるありようを田中正造（一八四一―一九一三）の自叙伝（⑦）が伝えている。

勝小吉が江戸街中の腕白大将なら、少し時期が下るが田中正造（幼名兼三郎）は村の中のガキ大将だった。漢学が苦手な点も小吉と共通で、一四歳でわずかに数巻の句読を授かるに過ぎず、親族は軸書の字くらいは解読できるだろうと諦めて勉強を打ち止めにしたという。ただし、喧嘩すもうの技ばかり上達し、「喧嘩は強く信を守る」ので、永く餓鬼大将として「郷閭の人々よりも愛せられぬ」（⑦一一四頁）という。

ところが小吉と異なり、正造にはひどく小心になるときがあった。それは、世間の評価に対してであった。彼は「面のあたり罵詈悪口を加えらるる分においては、さまで意とせざる」のだが、「間接の悪評則ち『評判が悪い』との一言に……我身の上に繋るものある時は、俯仰煩悶衷心安んずる能わず」（⑦一一五頁）というほど、これを苦にしたというのである。そこで、彼を持て余していた母親は、もっぱら「評判」いいかえれば「世間」を持ち出して彼をしつけた。

これも予の七、八歳頃なりしと覚う。一日母の予を引きて述玉いけるには「御前のように剛情では困る、近処の者も御前の事を悪くいいます」と、この一言は稚心ながらに如何に残念なりしぞ、終日食を廃してくやし涙に暮れぬ。これより母はこの秘術を覚えて、予を誡むる度ごとに「そんな事をすると村のものが悪くいうよ」とこの予がためには一鉄鞭とも感ぜらるる訓言をもて指導せられたれば、予も万事に注意するようになり、無茶苦茶の剛情っ張りも幾分かためなおすに至りしとは、物心付きしのち母の物語に依りてぞ知られぬ。思うに今や予が天下に処して輿論に降伏するの性また既にこの時に萌せしものとなすは非か。（⑦一一五頁）

民俗学が「郷村のしつけ」として注目した、「笑い」や「非難」が幼い子どもの人格形成に機能していたという実例がここにみられる。同じように腕白息子に苦労していた勝小吉の両親が、「世間」や「評判」という「秘術」の活用を思いつかなかったのは、下級武士の世界では儒教的な価値観がより内面化していたこと、言いかえればより本人の自覚にもとづく社会化を望んだためであるのか、あるいは実態としてすでに「世間」や「評判」の根拠となる共同体が弱体化していたためなのだろうか。そのいずれも可能性がありそうだが、自叙伝からはこれ以上は明らかにならない。それにしても、田中正造の場合も母親が後年になって、幼少年期にもちいたしつけや人格形成の「秘術」を本人に語って伝えている点は注目される。子ども時代の親子の営みは、成長した子どもに語り継ぐに値する出来事なのであろう。

以上、一七～一八世紀から一九世紀へさしかかる近世前期、中期に幼年期をおくった人々の自叙伝のなかで、とくにしつけや子どもの社会化のプロセスが書き込まれている事例をみた。全体に共通するのは、直系家族の周囲に多くの人々が生活しており、親以外の人々からも人格形成過程に深い影響を受けて子どもが育っていることである。幼君として側用人の熱心な薫陶を受けた定信や、共同体の非難を根拠にしつけられた田中正造の場合、芸能の世界で仕込みを受けた初世中村仲蔵[12]（一七三六―九〇）は特にそうだが、榎本弥左衛門の場合も店棚の奉公人が登場しているし、勝小吉も父母のみならず兄夫婦や下僕の影響力が小さくない。父母の愛情や熱意が書き込まれている例も少なくないが、父母の特別な関わりと、それ以外の人々の影響力のいずれも軽視できない比重をもっているのである。

三　人間形成によせる教育者のまなざし――福沢諭吉『福翁自伝』

幼児や少年の内面の発見

表1―2を参照していただきたい。近代移行期の自叙伝になると、近世的自叙伝に見られたような「語り」が減少してくるいっぽう、対照的に、瞬間の感情の記憶や断片の映像的な記憶など、幼年期の内面的な記憶が登場してくる。この変化は、何を意味しているのだろうか。

近代の発達研究が明らかにしたように（例えばJ＝J・ルソーやJ・ピアジェなど）、乳幼児の記憶は五官が写し取った断片的な印象が積み重なって発生してくるから、強く情動を動かされるような経験があったとき、その情景とともに感情の痕跡を最初の記憶として自覚する人は多いだろう。そうした記憶の断片を、折々に回想し強化して、幼児期の自身の経験を確認するような内面への省察が、こうした自叙伝の記述をもたらしたと考えてよいのではないか。つまり、幼年期の内面的な記憶の登場は、内面化した人格の成立によって可能であったといえるのではないだろうか。瞬間の感情の記憶や、断片の映像的な記憶など幼年期の内面的な記憶は、それを発見することができる近代的な人格の登場との関係で理解しなければならない、ということなのである。

『福翁自伝』の検討に入る前に、こうした幼年期の回想の質の変化を告げる自叙伝をいくつか見ておきたい。

前述の榎本弥左衛門や一世中村仲蔵の自叙伝のエピソードも、大人との関わりの中で反抗したり恐れたりする子どもの感情は記されていた。しかし、子どもの内面にこだわった回想というわけではなかった。子どもの内面をよく記憶しているということでいえば、これらの自叙伝のなかで最も早い例は松平定信（一七五八―一八二九）の自分の勉学能力に限界を感じたという記述[13]である。定信の記憶は、八、九歳のころのものなので、もう断片的というよりは相当に分析的な記憶だが、周囲とは少し距離をとった子どもの内面的な認識内容の記憶となっている。

近代移行期の自叙伝では、まず加藤弘之（一八三六―一九一六）の自叙伝の中で、葬儀が印象的で面白かった「五、六歳の無邪気な記憶」に触れた部分が興味深い（⑩一〇頁）。大勢の人が興奮気味に祭事を執り行う光景は、幼児の心にも興奮を伝えたであろうが、この記述は視覚的な記憶であることが特徴だ。幼心に面白いと感じたこと自体もさることながら、自己の最初の記憶としてそれを回想し、記述するようになった人間性の変化が興味深い。

幕末に生まれた人々の自叙伝の中では、例えば石黒忠悳[14]（一八四五―一九四一）の場合、東照宮の参拝で上級武士しか入れない垣根の中の石燈籠や朱塗りの五重塔の視覚的な記憶に触れている。幕府代官所手代という下級役人だった忠悳の父親は、毎月一七日の東照宮忌日に息子を連れ上野東照宮に参詣した。が、下士は総門から中へはいれない。門外で石の上に坐して礼拝をしたあと、父親から「お前も、精々勉強して、どうぞ槍一本の主人となり、黒板塀の内へ入つて拝礼をする身分になつて呉れ」と言われ、「私は幼な心に必ず刻苦精励してさういふ身分にならなくてはと感じ」「黒板塀の内を遥か

②近代移行期の自叙伝の子ども時代の記述内容

			語られた自己		記憶の中の自己						親（養育者）の養育態度				家と親への感情			
引用番号	著者 史料表題	著者生没年 著述年（歳）	親の語り	周囲の語り	事実の記憶	内面の記憶	性格	学業	習字	成長の契機	出世の期待	徳への期待	厳格さ	寛容さ	親への理解	嗣子の役割	孝と感謝	家意識
②	福沢諭吉 『福翁自伝』	1834-1901 *1899（65）	○		○	○	○	○		○		○			○		○	
⑫	渋沢栄一 『雨夜譚』	1840-1931 *1900（60）			○			○							○	○	○	○
⑮	前島密 『鴻爪痕』	1835-1919 *1920			○			○			○						○	○
⑩	加藤弘之 『加藤弘之自叙伝』	1836-1916 *1915			○	○									○	○		○
⑦	田中正造 『田中正造昔話』	1841-1913	○		○	○		○	○	○		○				○		○
③	新島襄 『私の若き日々』	1843-1890	○	○	○	○	○		○	○			○	○	○	○		
⑭	馬場辰猪 『馬場辰猪自叙伝』	1850-1888					○	○		○								○
⑪	三浦梧楼 『観樹将軍回顧録』	1846-1926 *1925								○							○	
⑧	石黒忠悳＊ 『石黒忠悳懐旧九十年』	1845-1941 1936			○	○		○			○	○	○		○	○	○	
⑨	南條文雄 『南條文雄自叙伝』	1849-1927 *1924	○		○	○		○	○	○								
⑯	加太邦憲 『自歴譜』	1849-1929 *1931			○	○		○	○	○					○			

表 1-2　①近世的な自叙伝の子ども時代に関する記述内容

			語られた自己		記憶の中の自己						親（養育者）の養育態度				家と親への感情			
引用番号	著者 史料表題	著者生没年 著述年（歳）	親の語り	周囲の語り	事実の記憶	内面の記憶	性格／人格	才能／学業	習字の過程	成長の契機	出世の期待	徳への期待	厳格さ	寛容さ	親への理解	嗣子の役割	孝／感謝	家意識
⑤	**山鹿素行** **『配所残筆』**	1622-1685 1675（54）						○			○							
④	**新井白石** **『折たく柴の記』**	1657-1725 1716（60）	○		○		○	○	○	○	○	○			○			
⑬	**初世中村仲蔵** **『月雪花寝物語』**	1736-1790		○	○	△		○		○							○	
⑥	**松平定信** **『宇下人言』**	1758-1829 1793（35）		○		○	○	○		○	(○)	(○)	○				△	
①	**勝小吉** **『夢酔独言』**	1802-1850		○	○		○	×	×	○		○		○	○		○	○

※著述年欄の＊は発行年

にのぞいて見ますと、敷石路の両側には、無数の石燈籠が立並び、其奥の方に朱欄金壁、燦爛たる御宮と、高い朱塗の五重塔が輝いて見え」た、「何時も心の中で、どうか成長したら、此の門の内へ入つて拝礼する所を父にお目にかけたいものだと思うて感奮した」（⑧一五—一六頁）という。

帰農した旧士豪の家が没落し、しかもその次男だった彼の父親は、親戚を頼って代官手代の職を得た。従って強烈な上昇志向は、何とか家を安定した地位にまで押し上げたいという悲願から出たものだが、その父も四〇歳で病死してしまった。石燈籠や朱塗の五重塔の視覚的な映像は、下士に甘んじた父親の無念と息子の出世への願いが亡き父の面影とともに、忘れられない記憶となったものであろう。

初代大谷大学学長、南條文雄[15]（一八四九—一九二七）の自叙伝は、疱瘡にかかって痒がる妹への同情と、絵本の視覚的な記憶を記している（⑨四頁）。安政元（一八五四）年一一月四日、東海大地震に遭遇したのは文雄が六歳のときだった。彼は兄から阿弥陀経の復習をつけてもらっていたが、「外へ」という母親の声で雪の中に飛び出したのが「幼時の事実を記憶する第一」だという。畑の中の仮小屋で避難生活を始めたその夜から、文雄と妹は疱瘡に罹患し、妹は重篤になった。顔を掻きむしらないように手を縛られているのが可愛そうで、縛った手をほどいてやってほしいと周囲に頼んだことを「今尚ほ記憶」しているし、病中には「八幡太郎義家勿来関《なこそのせき》に桜花を見て歌を詠ずる等の絵を集」めた本を見舞に呉れた人があり、「余の唯一の宝物として愛玩せしことも明かに記憶せり」と書く[16]。

この回想も、自己の「最初の記憶」にこだわった記述になっている。大地震が最初の記憶だというのは理解できるような気がするが、続いて疱瘡を患い、本人より重篤になった妹への共感的な同情と見舞の絵本の図柄が記されている。数え六歳の記憶で、親の語りによって強化された可能性が否定できないが、基本的に幼年期の感情の動きや感覚的映像的記憶がよく捉えられた記述といってよいだろう。

以上、最初の記憶にこだわったような記述を抽出してみた。このように、子ども時代の内面が注目され書き残される一方で、近世の自叙伝に豊富に出現した親や親族の語りが少なくなるのは、どうしてなのだろうか。

直接には両親との離別や死別、奉公人の不在などの事情が影響したことも考えられる。天保年間に出生した維新期のリーダーたちは、幼児期に片親との死別を経験したものが少なくない。天保飢饉や流行病の影響が無視できないであろう。しかし、もらい乳で苦労した逸話は二例（⑩加藤、⑪三浦）あるので、親や周囲の大人が何も語らなかったわけではなく、幼い時期の当人の性格や、しつけの苦労といった、子どもの社会化に関わる大人たちの経験を、周囲の人々が意識的には語らなくなったか、あるいは近代移行期に生まれ育った明治維新のリーダーたちが、その語りを書き留めるに値するエピソードとして心に留めなくなったのか、そのどちらかなのである。

しかしそうした中で、近世的自叙伝にみられる幼年期への関心を見事に引き継いで、子どもの人間形成のプロセスを解き明かしたような自叙伝が二つある。福沢諭吉（一八三四—一九〇一）『福翁自伝』（一八九九年発表）と、新島襄（一八四三—一八九〇）『私の若き日』だ。この二つの自叙伝は、幼年時代の内面を記録すると同時に、近世自叙伝のもつような子どもの社会化過程に対する注意深いまなざしと両親に協力する子育てのサポーターたち（奉公人や祖父母など）の関与が記録されている[17]。

ふたりともに、後年、私立大学の創設者として近代日本の思想界、教育界に大きな足跡を残したことは偶然ではないだろう。急速に中央集権国家が形成される時期、制度や慣習の欧米化が進行する中で、大小のリーダーたちは国事に翻弄されてゆく。家の継承という小さなコスモスで編み出された丁寧な子育て文化のもつ意義は薄れて、近代国家を創出するリーダーたちにとって幼年期の回想は、近世人が持っていたほど重要なテーマではなくなり始めていた。ところが、官途につくことを辞退し、民間で文化と教育の仕事に従事した二人は、「天下衆人の精神発達」（福沢）「良心を手腕に運用する人物」（新島）の育成こそが、近代日本の実現に最も必要な仕事と信じて、人間形成に関わる学問と教育の仕事を選びとった。従ってそれぞれに、自らが受けた近世の家の教育と、今後発展させるべき近代の家庭教育も含めた教育全般との連続非連続を意識していたのだといえよう。二つの自叙伝は、分業化社会の形成期に書かれた、前時代の伝統を対象化するような、人間形成に関する省察のいわばプロフェッショナルが書いた自叙伝だということができよう。まず、『福翁自伝』（以下『自伝』と略す）からみてゆきたい。

『文明論之概略』と『福翁自伝』

『文明論之概略』（以下『概略』）研究の近年の成果は、福沢が直面していた課題——明治維新の原動力となり、かつ近代化への脅威ともなる「国体」論といかに戦うか――との緊張関係で理論構築された文明理解の書として「福沢文明論」（子安宣邦）を読むという福沢理解であろう。それは同時に、西欧近代文明そのものの限界として、今日我々が直面しているグローバリズムの問題性をあぶりだす努力でもある。人種、民族を超えた人権把握の問題については、今回は直接ふれられないが、女性論や家族観、地域社会に対する感性のなかに彼の人権感覚の一端を見ることは可能であろう。

さて、『自伝』を読むものは、その幼年期のエピソードと『概略』で論じられる西欧近代文明の本質との照応性に驚きを感ずることがあるだろう。『概略』のなかで福沢が「西洋にありて東洋に無きもの」、文明の本質として二点あげているのは、ひとつは「国民の独立心」であり、いまひとつは「究理学」つまり一九世紀物理学がもたらした科学的合理的精神であった。前者は自叙伝の中で「門閥制度は親の敵」と述べる身分制度批判と内的につながり、後者は迷信や信仰に対する幼年期からの批判意識と内的な関連を持っている。

子供の五人目に私が生まれた、その生まれた時は大きな痩せた骨太な子で、産婆の申すに「この子は乳さえ沢山のませれば必ず見事に育つ」と言うのを聞いて、父が大層喜んで「これは好い子だ、この子がだん〳〵成長して十か十一になれば寺に遣って坊主にする」と、毎度母に語ったそうです。（②成長の上坊主にする、六頁）

福沢諭吉は一八三五年一月（天保五年一二月）大坂玉江橋北詰中津藩蔵屋敷で生まれた。父百助は中小姓格、一三石二人扶持、廻米方という下級役人である。父親が四三歳、母お順は三一歳、一兄三姉、五人目の次男であった。ところが約一年後、諭吉は数え三歳でこの父親を喪い、家族とともに中津の藩地にひきあげなければならなかった。時に、家督を継いだ兄三之助は一一歳、慣れない九州で暮らす一家の困難は想像にあまりあるが、自叙伝は「随分淋しい思いをしました」とさらりとふれるだけで、幼い諭吉の重要な経験に焦点を合わせる。

坊主にしたいという父親の遺志についていえば、彼は「亡父の心事を察して独り泣く」ことがあるほど、坊主にするという父親の遺志について反芻し理解を深めていた。亡き父親の遺志を語ることで、幼い諭吉に父親の存在感を伝えたお順の知恵だとすればこれは見事で、その意図が奏功したというべきなのだろう。四五歳で亡くなった父親は、敬虔な学者として評判も自負もあったが、一下級官吏として生涯を終えた。「空しく不平を呑んで世を去りたる」と推察し、「初生児の行末を謀り、これを坊主にしても名を成さしめんとまでに決心したるその心中の苦しさ、その愛情の深き」、つまり身分制度を超えて、実力に応じて出世できる仏教者の世界に出すことで、自分の果たせなかった学問で身を立てるという可能性を息子に拓きたいと考えた父親の思いに諭吉は感動しているのである（②門閥制度は親の敵、一四頁）。今日なら、親の強い期待が子どもにとって負担になることはしばしば見られるが、諭吉にはそれが強い愛情と感じられている。

身分制度が子どもの遊びにまでついて回るという門閥制度批判の一節、「読書会読というようなこ

福沢諭吉
（出典：慶應義塾写真データベース）

とになれば、何時でも此方が勝つ。学問ばかりでない、腕力でも負けはしない。それがその交際、盟友互いに交わって遊ぶ子供遊びの間にも、ちゃんと門閥というものを持って横風至極だから、子供心に腹が立ってたまらぬ[18]」もよく知られている。そんな風に、幼いときの不満や怒りを後の反骨精神の出発点として自覚的に語ることが印象的である。文明論とは「天下衆人の精神発達」（『概略』緒言）論だという福沢の課題意識が自らの内省や回想を記述する際にも機能して、経験の中から意味あるそれを抽出してくるのであろう。

もうひとつ、『概略』の文明論との関係で印象的なのが、いわば実験的に迷信や信仰の非合理性を確信したという、少年時代の回想である。一二、三歳ころの想い出だというのだから、ちょうど論理的な思考力が急激に伸長する「形式的操作期」（ピアジェ）への移行期、いわゆる第二反抗期である。藩主の名前のある反故紙を踏んで歩いて兄に叱られた諭吉は、謝ったものの内心では得心していなかった。「殿様の名の書いてある反故を踏んで悪いと言えば、神様の名のある御札を踏んだらどうだろう」と、隠れてお札を踏んでみたが、天罰など起こらない。さらに一歩を進めて便所でお札を踏んでみて、多少畏れたが、やはり何ごとも起こらない。「ソリヤ見たことか」反故紙は反故紙でしかない、と確信したというのである（②反故を踏みお札を踏む、一二―一三頁）。

諭吉少年の迷信・信仰批判はさらにエスカレートして、二年後には、稲荷社の神体を取り出して別の石に取り替えてしまい、次の初午に人々が幟《のぼり》や太鼓、御神酒で祝うのを見て、ひとりおかしがっていた[19]（②稲荷様の神体を見る、一三頁）。

井上円了（一八五八―一九一九）が『妖怪学』を発表したのは一八九二（明治二五）年、植木枝盛が「育養論」でお化けや祟りで脅かしながらしつける民間の習俗を批判したのは一八九〇（明治二三）年のことで、「文明開化」との関わりで理解されている。しかし一九世紀半ば、すでに迷信俗信批判が自覚され始めていたわけで、近世社会の中で進んでいた実証主義や合理的思考の前進が、西欧文明理解の前提となっていたことを印象づける一節である。

比較文化論的視野と人権感覚

福沢諭吉の生い立ちの中で、筆者がとくに興味をひかれるのは、幼少期に一家で大坂から中津に引き上げてきた体験だ。今日でも家族の移動は幼い子どもたちの成長にプラスマイナスさまざまな影響を与えることが知られている。一家は、この体験をどのように生きたのだろうか。

さて中津に帰ってから私の覚えていることを申せば、私共の兄弟五人はドウシテも中津人と一緒に混和することが出来ない、その出来ないというのは深い由縁も何もないが、……第一言葉が可笑しい。私の兄弟は皆大阪言葉で、中津の人が「そうじやちこ」と言うところを、私共は「そうでおます」なんと言うような訳けで、お互いに可笑しいからまず話が少ない。それからまた母はもと中津生まれであるが、長く大阪に居たから大阪の風に慣れて、子供の髪の塩梅式、着物の塩梅式、一切大阪風の着物より外にない。有合の着物を着せるから、自然、中津の風とは違わなければならぬ。着物が違い言葉が違うという外には何も原因はないが、子供のことだから何だか人中に出るのを気恥ずかしいように思って、自然、内に引っ込んで兄弟同士遊んでいるというような風でした。（②兄弟五人中津の風に合わず、三―四頁）

藩地、中津には父方、母方の親族が多く、従兄弟が何十人もいたが、大坂居住が永かった諭吉一家は、ことばと服装の趣味が異なっていたために、中津の子どもたちの中にとけ込むことはできなかった。しかし、一一歳の長兄を頭に五人の兄弟がいたのは幸運で、「兄弟は自然に一団体を成し」て、家族の交流の中で成長していったという。文化の違いから来るさまざまな葛藤は当然経験したと思われるが、「多勢に無勢、咎め立てをしようといっても及ぶ話でないと諦め」、いっぽうでは大坂の文化に密かに自負をもって「言わず語らずの間に高尚に構え、中津人は俗物であると思って、骨肉の従兄弟に対してさえ、心の中には何となくこれを目下に見下して」「心の底には丸で歯牙に掛けずに、いわば人を馬鹿にしていたようなものです」（②儒教主義の教育、一一頁）と書いている。大都市から地方都市への移動だったために、密かな自負をもったまま、しかし多勢に無勢という孤独を体験したことは、近世社会に一般的な共同体的な規範（下級武士社会にもそれなりの共同体的な世界があった）から、一家を思い切り自由にしていた。武家社会では羞恥の対象となる酒、油、醤油などの銭買を、諭吉はわざと意識的に堂々と行ったと書く[20]。

勿論、「高尚に構えた」という表現を、選良意識とか差別意識とかに直結させることはできないだろう。いっぽうでは、諭吉もまたその両親も、身分によって他人を判断せず人品によって判断することや、身分境遇によって差別しないことを、道徳的な規範として身につけていた。人間を身分や地位を超えた個人として人格を尊重する規範は、民衆に対しては治者の一角を占めながら、武家内部では厳しい差別を経験して来た下級武士の境遇を背景に、父親が傾倒していた平民的な堀川学派の学風や諭吉自身が傾倒した『春秋左氏伝』[21]の歴史認識をかいくぐってうまれた確信だったであろうか。「威張る奴は恥知らずの馬鹿だとばかり思っていた」（②一七四頁）とか、「豊前中津の染物屋の息子で、いわゆる素町人の子」である中村栗園と一家の昵懇の交際（②父母の遺伝、一七五頁）、「狂者のような」「女乞食」チエの虱とりについての母のエピソードなど、身分制度や共同体的な価値観にたいする非同調的な生活意識を、彼は逸話として意識的に語っている。

……天気の好い日などには「おチエ此方に這入って来い」と言って、表の庭に呼び込んで土間の草の上に坐らせて、自分は襷掛けに身構えをして乞食の虱狩を始めて私は加勢に呼び出される。

拾うように取れる虱を取っては庭石の上に置き、……私は小さい手ごろな石をもって構えている。母が一疋取って台石の上に置くと、私はコツリと打潰すという役目で、五十も百も、まずその時に取れるだけ取ってしまい、……これは母の楽しみでしたろうが、私は汚くて〳〵堪らぬ。今思い出しても胸が悪いようです。

（②乞食の虱をとる、一二頁）

清潔好きで世話をいとわない母親のボランティアに息子を手伝わせたのは、教育的意図も含まれていたのであろう。諭吉はこの逸話を母お順の、身分やせまい常識にとらわれない自由な人柄の実例として語っており、次男という立場上父や兄に比べて自由な自己選択が可能だった諭吉が、この母親から受け継いだものが少なくないことをうかがわせている。

以上のように、母子六人の中津における家族生活は、価値観や規範のレベルでの平等主義と、生活感覚における優越感及び周囲からの孤立の自覚とが同居していたということになる。このような生活から、幼い諭吉が得た最も大きな収穫は、家族の生活文化と地域の生活文化のギャップからくる、文化に対するある種の相対主義的な理解力だったのではないか。小さな地域社会の権力者、また小さな武家社会の中の権威的な文化、そうしたものに対して、一家は少し距離を置いて達観して眺めていることができた。内心は大坂の生活文化に共感と自負をもっていても、多勢に無勢なので、充分謙虚でなくては暮らせなかった。謙虚であることに関して、儒教的な家風は有効に働いたことであろう。そして、この優位と劣位の交錯した体験が、後年、世界の中の日本を理解する上でも、また西欧文明そのものを相対的な視点から捉える上で[22]も、大きな力になったのではないかと考える。

のちに、二二歳になって初めて大坂の出身地を訪ねた諭吉は、奉公人の昔話に懐かしさから涙している。数え三歳で離れた土地の記憶は無いであろうのに、大坂を訪ねて深い懐かしさに襲われるのは、異郷で積み重ねた文化的なズレの感覚のなせる技だったのではないか。近世日本は、藩地と江戸往復や、大坂勤務など、案外移動の多い生活を武家にしいた。そのことが家族の生活と子どもの成育過程に与えた影響は小さくはなかったと考えられる。

『福翁自伝』が提起する豊かな検討課題

さて、ここまで幼年期の内面的な記憶に焦点化して、諭吉の「育ち」を『自伝』から読み解いてきた。『自伝』は諭吉の学問修業に関して、また彼自身の家族形成と子育てについても数多くのエピソードを提起してくれている。最後に、それらの中から印象的な記述を二、三指摘しておきたい。

諭吉は自らの学びのプロセスについても、具体的に、被教育者の視座から幕末の教育の実態の一端を明らかにしている。例えば、ひとつは父親と早くに別れて家庭における初歩教育を受けられなかった彼の入門期の学習経験がある。武家の場合、手習いと初歩教授は自分の親や祖父など親族がこれを教えることが原則だったが、父親を幼少で喪い、親しく初歩教授の世話をしてくれる者が無かった諭吉は、兄や姉の偶然の感化のみで一〇代半ばまで過ごした。幕末の武家の子どもとしては極めて晩学で、一〇代半ばに自らやる気になって素読を開始した。ちょうど論理的な思考力が目覚める時期だったから、彼は漢籍の素読と解釈をほとんど同時に、短期間で習得している。

また幕末のこの地方では、寛政異学の禁で失脚した蘐園《けんえん》学派亀井南冥（一七四三―一八一四）の影響力が大きかった。教師は他の学統を批判することに大胆かつ極端で、広瀬淡窓も頼山陽も「先生からそう教え込まれたから」すっかり軽視していたと語っている（②左伝通読十一遍、八頁）。諭吉が漢学を学んだのは、一四、五歳から二一歳までの六、七年に過ぎないが、学問的な批判精神と集中力はこの時期の勉学によってその土台ができたのではないか。晩学の意義にも注目したくなる記述である。

さらに、自習や会読など自発的な学習と教師が主体となる講釈の関係について、被教育者の側からする興味深い証言がみられる。「先生が好きと見えて詩経に書経というものは本当に講義をして貰って善く読みました」「蒙求、世説、左伝、戦国策、老子、荘子というようなものも能く講義を聞き、その先は私独りの勉強」（②七頁）というように、教師は自分の得意な分野を中心に講義し、生徒も基本文献以外は興味の赴くところを考究する。体系的な教授というより、関心に即した学びの共同体のような師弟関係がうかがわれるのだ。

大坂における適塾の学習方法についての生き生きした回想はよく知られている。テキストの難易度に対応して、初級者から上級者まで等級ごとに会読のグループが分かれていたようで、初級者は文法書の素読から始め、上級者がそれを講釈して助ける。文法が終わると、理化学や医学の洋書を自分で書写し、毎回の会読に向けて自力で翻訳する。会読は月五、六回程度、正しく翻訳できていればよい評価が得られ、評価は上の等級に進む目安になった。「学生の勉強ぶりは当代随一」という適塾の、学びの共同体的な性格は漢学塾以上である。会読が中軸になって勉学が進み、機会を見て講釈が行われ、さらに洋書の内容に即した科学的な実験や製作が行われた。

以上、適塾や慶應義塾の初期をみるかぎり、洋学塾の勉学方法は、素読、会読、講釈という方法は漢学塾のそれを踏襲しながら、まず文法から学習すること、素読より会読が中心を占めたこと、製作は新しい洋学独自の境地であったことなど、学問の性格が教授学習方法を変容させている（②五三―六〇頁、一四〇―一四一頁）。被教育者の側から学校の教授学習過程をこれだけ具体的に描き出した記述は学校史にとって貴重な証言である。

次に、「家」や家族との関係について。この方面については、検討課題をたくさんのこしているが[23]、二点だけふれておきたい。ひとつは、脱地域・脱家に関わる経験だ。安政元（一八五四）年数え二一歳で長崎遊学にでた諭吉は、「故郷を去るに少しも未練はない、如斯所に誰が居るものか、一度出たらば鉄砲玉で、再び帰って来はしないぞ」（②長崎遊学、一六頁）と軽々と故郷をでた。しかし兄の没後に家主となった諭吉は、家禄を得ている以上奉公にたいする義務に縛られた。諭吉が家を出たら、五〇有余歳の老母と数え三歳の姪だけが家に残されるのだが、それでも彼は地域社会からの非難を覚悟で、母親に頼みこみ自由を得ている。砲術家志願という名目で、実際には再び医学塾である緒方塾へ遊学したのだが、「母もなかなか思い切りのよい性質」で「どこへでも出て行きなさい」と応じてくれたという（②母と直談、三〇―三一頁）。のちに、自ら形成した家庭では、大人数の家族の団らんに強い執着を見せた諭吉だが、「家」や中津の「地域」に執着は全く無かった。次節で対象とする同世代の人々と比べて、諭吉はまことに地域や家から自由だったのである。

もう一点は、その子ども理解と子育て観に関して。諭吉は自身が父親の薫陶を受けられなかったから、息子たちの初学の手ほどきに意を用い、その経験や教材が『童蒙おしえ草』として纏められた。しかし、けして早教育論者でなかったことは、次のような一文からも明らかだ。


穏和と活発とを旨として、大抵の処までは子供の自由に任せる……子供の教育法に就いては、私は専ら身体の方を大事にして、幼少の時から強いて読書などさせない。まず獣身をなして後に人心を養ふといふのが私の主義であるから、生まれて三歳五歳までは、いろはの字も見せず、七、八歳にもなれば手習いをさせたりさせなかったり、まだ読書はさせない。夫れまではただ、暴れ次第に暴れさせて、ただ衣食にはよく気を付けてやり、また子供ながらも卑劣なことをしたり、卑しい言葉をまねたりすれば、これをとがむるのみ。その他は一切投げ遣りにして、自由自在にしておく。（②一九八頁）

諭吉は幼児期には意欲や体力といった人格の土台を形成し、近代市民の「独立」心の土台として、自主的な人格の形成を重視した。またそれは、下級武士社会に浸透していたおおらかな子育てを受け継ぎ、晩学だった自身の幼年期を肯定する子育て論でもあった。

また「家の中に厳父慈母の区別無く、厳といえば父母ともに厳、慈といえば父母ともに慈なり、一家の中はまるで朋友のよう」とか、「男女長少、腹の底からこれを愛して兎の毛ほども分け隔てはない」し、秘密事も無いと語る（②一九五―一九七頁）。第三子で長女の阿三（通称お里）の孫に当たる中村仙一郎が回想記を著わしているが、その中には諭吉の妻、阿銀が孫曾孫の好みをよく熟知し、紙や色鉛筆など子どもの好きな遊びの素材を準備して待つ優しい、子どもの味方としての祖母の記憶が綴られている。[24] 諭吉夫婦の子育てが、全体としてこのようにおおらかで、子どもの内面をよく理解した関わり方であったとすれば、幕末の下級武士社会に生まれた大人―子ども関係や子育て文化に立脚しながら、欧米化をめざす近代的で自立した個人の育成に向けた子育てを指向したと理解できる。ただ、その温和で子煩悩な関わり方は、ことばによる自己表現とルールを重んじる欧米の家庭教育よりは、「浸透型」[25]とよばれる日本の伝統的な子どもとの関係の取り方に近かった可能性が強い。温和でやさしい「浸透型」の親子関係と独立心に満ちた近代的な自我の形成の結合がどのような形で可能であるのか、近代日本社会における子育て文化は未だその課題を模索しつづけているのかも知れない。

四 「家」の否定を準備した子育て――新島襄『私の若き日』

天保世代（一八三〇～四四年の天保年間に生まれた世代）は、一〇代から二〇代の多感かつ向上心にとむ年齢期に、一八五三年のペリー来航に遭遇した。圧倒的に優位な文明が外にあって日本との交渉を求めているという現実と、幕藩体制に十分な対応力がないのではないかという予感、これまで自分たちの世界観を形成して来た儒学を相対化せざるを得ない学問状況、そして実際に、その後数十年間にわたる困難な政治状況を、あるものは直接政治運動に参加しつつ、またあるものは将来に備えて準備しつつ、深く体験したのがこの世代だった。

天保世代の自叙伝には、幕藩体制の一角に位置づけられた「家」からの脱出にまつわる親子の葛藤を印象的に見せている。自己の人生を選択しつつ生きる近代的「青年」の誕生として、〈脱「家」〉というテーマは、島崎藤村の『夜明け前』をはじめこれまでにも幾度となく取りあげられて来た。それを自叙伝という史料で具体的になぞるだけなら、あるいはそれほど取りあげる意味はないだろう。しかし、あえてこの古くて新しい問題を再考してみようと考えたのは、これを「家」の子育て[26]の崩壊過程としてみた時に、親子関係の質がどのように変化していくか、青年の側からだけではなく、親と子の相互関係としてこれを検討したいと考えたからである。

自叙伝の中から重要な〈脱「家」〉の事例をあげるとすれば、まず第一に想起されるべきは、鎖国の国禁をおかして、アメリカに密航した新島襄（一八四三―一八九〇）の場合であろう。

函館行きからアメリカ密航へ

元治元（一八六五）年春、数え二三歳の新島敬幹（幼名七五三太《しめた》、渡米後はジョセフ、帰国後は襄と改名、以下、襄と記す）は、親しい家族、友人、近隣に囲まれて、祖父弁治の主催で開かれた「気前の良い」晩餐に臨んでいた。彼の函館行きはこの三日前急に決まった。藩主と近親関係にある備中高梁《たかはし》の板倉家が所有する蒸気船快風丸が函館に向けて出帆することを聞き、彼は、「稲妻のように脳裏にひらめいた」方法で、運よく安中藩から暇をもらうことに成功し、快風丸への乗船を実現したのである。その方法というのは、かねて知己であった板倉家の家老に頼み、先方の藩主から此方の藩主に、「新島を快風丸に雇用したい」と頼んでもらうという、巧みなものであった。此方の藩主も、親族の藩主からの依頼であってみれば断ることでもなかった。藩主から話を聞いた襄の父民治(是水)は困惑したが、しかし藩主の命に反対もできず、襄の急な函館行きが決まったのだという(27)(③二五六―二五七頁)。

藩から暇をもらって函館に行く、それだけでも確かに大きな決断ではあるが、襄ははじめから国外脱出をおぼろげに意図していたらしい。公務と手習い教授二つの仕事で忙しい父親に代わって、幼いときから襄を教育してきた祖父弁治だけは、おそらくその意図を察していたのであろう。弁治は急遽催した晩餐会のはじめに、もはや再会の機会が望めない時の離別の儀式である、水杯《みずさかずき》をまわした。あつまった人々の中には、その時初めてこの出立が帰着の予定のない旅立ちであることに気づいたものも多かったのではないか。自叙伝の中で、襄は「つらいひととき」であったと回顧し、「居合わせたものは皆泣き、私と祖父の他には顔を上げるものとてなかった」「祖父は涙を隠して、いつにない快活さを装」い、「私は心を強く持ちつづけていた」と描写する(③二五七頁)。

先立つ一、二年前、襄は弁治に『ロビンソン・クルーソー物語』(28)の日本語訳を見せていた。弁治はいつになく、「厳かな警告」を発し「お前、こんな本を読んでは行けないよ。間違いを起こすもとになると思うね」といったという。「間違いを起こすこと」つまり、職分を捨て、家父長となるべき役割を投げ出して自らの志に生きることは、近世の武家社会ではこれ以上ない最悪の逸脱とみなされる。祖父や父の期待を背負っていた襄が、この重い選択を選びかねないことを、祖父弁治はこのときから恐れていたであろう。

しかし、いざその心配が現実となった時、弁治は孫の選択を受容した。宴会のおわりに、彼は襄に対してはなむけの言葉を贈っている。「御前の将来は、はなの咲き誇る山に楽しみを求めてゆくようなものだよ。少しも恐れずに御前の道を歩んでいきなさい[29]。」

この予期せぬ別れの言葉で、襄は「男らしく家を出発する満腔の勇気」がわいた、と書く。洋学への志が「花」を追い求めるような「楽しみ」、欲望として理解されていたことは、後の新島の孤高かつ多難な生涯を思うと少し違和感もある。が、そのことはさておき、弁治がどこまでも養育者として、襄を励ましながら送り出したことが、ここでは重要であろう。

新島 襄
（出典：ゼー・デー・デビス『新島襄先生伝』大空社、1992 年）

家族関係の歴史研究にとって印象的なことは、両者の洗練された問題解決力である。二一歳の襄は否応なく家族を承諾させ、かつ密航という犯罪が後に家族への重大な打撃にならない方法を瞬時に見いだした。いっぽう、弁治は新しい世代の選択を理解できぬまでも支持し、近隣に断りを入れながら彼を励ました。

新島襄の密航は、「成功した吉田松陰」（山路三愛）などと形容され、斬首の罪に問われた松陰の密航事件[30]と比較される。武田清子は松陰の事件と比べて、新島の場合は「突如飛び出すのではなく、オランダ語、航海術、その基礎としての算数、代数、幾何を学ぶことから始めている。……計画の立て方が非常に冷静であり、また、綿密である」（③三七九頁「解説」）と評した。江戸在住の襄であるから、松陰の事件や結末は充分承知していたであろう。綿密というより、彼は他の可能性をさまざまに模索した上で、やむなく最後の手段を、機会に恵まれた時点で即決したように見える。そうしたねばり強い模索のプロセスと彼の家族関係について、また〈脱「家」〉という選択とキリスト教信仰の持つ意味について、〈家の継承としての子育て〉という視野から見ておきたい。

新島襄を育てた家のしつけ

新島襄は天保一四（一八四三）年一月一四日上野国安中藩（藩主は板倉勝明）江戸藩邸において出生した。父は藩の祐筆新島民治、母とみ、六人兄弟で、五人目の長男だった。七五三太《しめた》という幼名は、出生の子が男児とわかったとき、祖父弁治が「しめた！」と叫んだところに由来すると自叙伝にも書かれている。もっとも、このいっぷう変わった幼名にはもうひとつ理由があって、翌一五日までが正月飾りのしめ縄を飾る松の内に生まれた子どもなので、七五三太（七五三は注連縄《しめなわ》の別名）という名前がついたのだともいう。名付けの理由のうちにも、家を継承する男児の出生を祝う家族の喜びが伝わってくるようだ。

新島の家系は、武士の中でも下層に属する。(31) 祖父弁治は、もともと上野国碓氷郡郷原村中島家の出身で、代々京都聖護院から院下を受けた修験者として村に定着し、寺子屋を営む一族だったという。弁治は嫡男だったが、神職を継ぐことを嫌い、安中町に出て城主板倉家に仕官した。中島の家は養子が継いだので、士官の時に姓を中島の島と、妻の里方の新野姓をあわせて新島と称するようになったという。仲間《ちゅうげん》奉公から始まり、足軽に進んでわずかながらも定禄をえることができるようになった。

修験者は近世の村落では、医療や祈祷などを与える村随一の知識人として、生活全般にわたって村人に頼りにされることが多い。そうした出自のものにとって仲間奉公は、将来の地位上昇だけが精神的支えの、厳しい宮仕えであったろう。弁治は間もなく江戸屋敷勤務となったが、妻が早世していたので、幼い息子民治を連れひとり上京した。不慣れな江戸で、徒士小姓格から中小姓格の勤務を四〇年間以上にわたって勤め上げ、息子民治を書道家に育てたというだけでも、弁治の器量を推察することができる。

襄の父、民治は、藩の書役から祐筆に進み士籍を獲得するとともに、自宅では近隣の子どもたちに書道教授を行った。従って、下級武士ながらに生計は比較的安定していたと思われる。

弁治、民治二代にわたる勉励刻苦は、襄（七五三太）とその弟(32)（双六）にも伝染した。双六は「消息不明」「廃嫡」となった襄に代わってのちに新島家を継ぐが、昌平校に学び、一五歳で藩から句読師に雇われている。維新後は開成学校に入学、過度の勉学で身体を壊し、一八七一（明治四）年二月、二五歳で亡くなった。襄が帰国を果たす三年前だった。

襄や弟双六の勉学は、深い憂国の情に突き動かされて壮絶といえるような勉学ぶりだった。しかしこれを弁治に始まる新島家三代の歴史のなかに置いてみた時、中間から書道師・祐筆へ、さらには学者・句読師へと、その才能を開花させて出世を遂げたことが印象的である。襄の禁欲的な刻苦勉励や向上心が、その家庭の文化だったと指摘することは許されるであろう。

弁治の孫教育は、藩の中でも話題になるほどだった。襄が一〇歳の頃、藩主板倉勝明から、教育の秘訣を尋ねられた弁治は、襄（七五三太）に、撫子の鉢と鋏、じょうろの絵を描かせ、「楽しみに　ひまなき撫子花の　手入哉」と讃して献上したという。数え一〇歳と六歳の兄弟の教育は、養育者自身が楽しむこと、こまめに世話をすることなのだという含意だろうか。また、彼には明治初期に家族を詠った次のような歌も残されている。

題宝　たからとは　いのちのほかは子なるべし　まごひこそろふ　花や月雪[33]

けして巧みな歌ではないが、率直で家族への深い愛情にあふれている。

最近、新島襄について詳細で実証的な評伝を試みた太田雄三は、幼年時代に甘やかされて育ったことが、襄の「ひ弱さ」「こらえ性のなさ」[34]や「時に示した不思議な程の剛情さ、自分の意志をどこまでも押し通そうとする傾向[35]」の要因になったと、やや心理学的ともいえる分析に踏み込んでいる。真理と認めた事柄への透徹した集中力と、たったひとりでも真理に向かって突き進もうとする楽天的な自信とは、のちに学問や信仰によって強化されたとしても、確かに幼年期の経験のなかでその基礎が培われたのであろう。既に多くの新島伝で紹介されていることなので、襄の受けた家の教育については、簡潔にその特徴を確認するに止めておきたい。

両親祖父母姉四人[36]という大家族のなかで育った襄は、「家族の、とくに祖父の、寵児だった」（③二四〇頁）と書いているように、家族の愛情を一身に集めて成長する。数え五歳で執り行われた袴儀についての記述[37]はとくに晴れやかだ[38]。

幼児期の記憶としては、数え四歳の時の弟の出生、五歳で遭遇した祖母の死の印象が、幼い自分の当時の感情をふりかえるように描写されている。アメリカの養父母に向かって記され、ミッションの人々に読まれることを念頭においてこの回想記が書かれていることは、この回想の性格を理解する上で重要な要素であろう。日本人の信仰生活、子育ての習慣などが丁寧に描かれ、しかも幼い子どもの内面がよく説明されている。生活習慣・習俗が丁寧に描かれるのは、日本に大きな関心を持ち始めていたアメリカ社会[39]への日本紹介の意味合いを持っていたであろうし、幼い子どもの内面や子育ての考え方を紹介した部分は、米欧滞在一〇年をこえた襄が、人格的にも個人主義の洗礼を深く受けて、人格形成の理解の仕方、回想の内容にその影響が表れたものと考えられる。

数え一〇歳頃までを描いた幼少期の記述のなかから印象的な点は、凧上げに夢中になって帰宅時間の約束を守れなかったり、木登りで失敗して大けがを負ったりという、大変元気な少年であった一方、一日の半分を習字に費やすなど、親の期待を受けて厳しく育てられた、そのバランスにある。裏は数え六歳から習字を始め、「義士銘々伝」を謄写したという。習字や書道教授の仕事を「退屈な仕事」と考えるようになったのがいつ頃からなのか、回想は明確ではない。活発な性格の子どもにとって、はじめから習字が退屈だったのかもしれないし、あるいは学問に集中し始めた一〇代半ば以降の感想なのかもしれないが、それにしても書家への訓練をしっかり受けていたことは彼の人格を理解する上でも大切であろう。単純に「こらえ性がない」とは考えにくい。

私がその道の後継者となり、教える手助けをするようになってほしいと、父がどんなに望んでいるか、私にはわかりすぎるほどわかっていた。私はそのような退屈な仕事に献身するのは、全くいやだった。しかし、私の若き日は、何年間にもわたり、毎日の半分を父の注意深く書いた字を手本にして、あの角ばった字をくり返しくり返し、いやおうなしに書くことに費やされた。

（③二四三頁）

一方で彼の幼年期の記憶は、大変のびのびした側面を持っている。例えば、「たこ上げが大好きで、たこを上げにいくと、食事の時刻に家へ帰るのをよく忘れ、母を大変困らせた」（③二四四頁）と書く。興味深いのはその後で、父親が怒ってもう凧は買わないというと、こっそり材料を集めて、自分で凧を組み立てはじめた。自分で作った凧が「青い空の中をぐんぐん上って行くのを見た時、私の心は何ともいわれない喜びに躍ったものだ」などと書く。大人の管理が届かないところで遊びに熱中し、工夫と達成感から自信を深めていた様子がうかがわれる。

勝小吉の回想と比べたくなるような活発な少年期であるが、それでも放縦にならなかったのは、勤勉な生活環境があったこと、祖父と、父親、母親の三人それぞれに、注意深い教育的努力を傾けており、姉も多くて放縦を許さない力関係が家庭内に存在したためであろう。

家庭のしつけについては、宣教師仲間にも印象的に伝えられている[40]次のようなエピソードがある。


ある日私はいたずらから、母の頼んだ用事をしようとしなかったので、母が私を叱った時、私は汚いことばで口応えをした。祖父はそれをききつけ、直ちに私の所にやって来て、ひとことも言わず私をつかみ、夜具のなかに私を巻き込んで押入の中に閉じこめてしまった。一時間も押し込められた後、やっと私はその罰から解放された。……その時私は、祖父が些細な過誤にたいして余りにも厳しすぎると思い、座敷の片隅に行って泣きつづけた。しばらくすると祖父がやって来て、もう泣いてはいけないよ、とやさしくいいきかせてくれた。それから、今まで聞いたこともなかったほど、やさしく愛情に満ちたいい方で、私に、若竹の話をしてくれた。それは、「にくんでは打たぬものなり笹の雪[41]」という句についての話だった。……（③二四三頁）

年齢は書いてないが、夜具にくるんで押入の中に入れられる年齢なのだから数え五、六歳までのことであろうか。ここぞという時に断固として行われた祖父のはじめての折檻と、その後の丁寧なフォロー。襄は心から悔い、「幼い心に深い印象を残し」「以前よりずっと行儀のよい少年に」なった、と書く。きれいな逸話に仕上がっているという印象すら受けるが、弁治が到達していた庶民的な子育ての技量——乱暴な口ごたえは放置しないという経験的な基準や、冷静になれる時間をとって愛情に満ちた説明をするという方法——が推し量れるようだ。

また、母親は幼い頃の襄が訥弁ではにかみ屋であったことを心配して、一年間礼儀作法の師範に通わせた。小笠原流の礼法であろうか。丁寧なおじぎや丁寧なお世辞を使うことは「子供ごころにどうもそれが嫌だった」という襄は、しかし「礼法の先生は、……全く天才的な人のように思えた。先生は多くの興味深い話をしてくれた」ので、所作の訓練をものにしたのだという（③二四四—二四五頁）。「礼法」という型からはいる教育が、実は師範の「興味深い話」という知的な興味から導入されていたことが印象的であるし、親が適宜教育機会を選びとって与えていることも窺い知ることができる。

数え九歳の頃、彼は木登りをしていて足を踏み外し、こめかみに一生残る大きな傷を受けた。その時二ヶ月も家からでられず、「非常に不面目な」経験だと受け止めて、それを機に子ども遊びを卒業した。以来、習字、漢学、日本画など、家の中で修業に励む生活になってゆく。

数え一一歳のときペリー艦隊の浦賀来航事件があった。板倉藩ではその数年前から軍備の強化や藩士教育の引き締めに取り組んでいたが、襄も一一歳から乗馬と剣道の道場に通学する。しかし、乗馬や剣道はそれほど得手というわけではなかったようだ。

襄が若者らしい意欲を持って勉学に集中し始めるのは数え一四歳の頃からだという。彼はその頃、漢学に熱中して、藩の学問所の助教を仰せつかるようになっていた。また、藩主が日本人医師田島順輔を招いて、藩士に蘭学教授を開始したが、襄は藩主が選考した三人のなかに入り、蘭学を学ぶ機会を与えられたという（③二四八頁）。藩主に選抜されたこと、漢学の助教になったことなどは、襄の自信を深め、学問で身を立ててゆく意思を強めたであろう。未来を展望し始めたとき、父親の意思や勉学条件の貧しさが彼にとって桎梏と意識され始めた。それについては、次節で検討することとしよう。

こうした一連の記述からうかがわれることは、新島襄がその幼年期にあって、家族とりわけ祖父の篤い愛情を受けて成長し、意欲的で活発な少年であったこと、また書道家として生計を立てさせたいと願う父親の意志に沿って、書道はみっちりと訓練されたこと、漢学は少年期にさしかかる頃から意欲的になり、藩校の助教を務める程優秀であったこと、礼法、剣術、馬術、絵画なども一通り武家の子どもにふさわしい教養を身につけていたこと、しかし代々儒者であるような知的階層の子どもや上級武士の子育てと比べると、自由な遊び時間を享受していたことなどである。

さきに、太田雄三の指摘、幼年時代に甘やかされて育ったこと、「ひ弱さ」「こらえ性のなさ」、「時に示した不思議な程の剛情さ、自分の意志をどこまでも押し通そうとする傾向」といった指摘を紹介した。[41]氏は永くカナダに在住された研究者なので、あるいは日本人の子育て全体が「甘やかし」という印象で受け止められるのかもしれないが、日本人のこの時代の子育て文化の中にこれをおいて見たとき、中下層武士の家庭としてはよく教育された、愛情深く育てられただけに感受性の豊かな、そして戸外遊びで培った自由感と意志の強さや、江戸庶民の洒脱な空気を身につけた少年だったと考えられる。ただし、近世中期頃までの「寡欲」をめざす子育てに比べて、愛情や遊びが豊かであることは、自己主張する人格の土台となったとはいえるだろう。

脱「家」の決心まで

それではつぎに、脱「家」の判断の経過と、その本質について考えてみたい。

学問に自信と責任感を持ち始めた裏は、それでもなお「書道塾の後継者になることを期待」している父親の意思に不満を感ずるようになった。また、一六歳で藩主への勤めが始まると、旧態依然とした城内の仕事に従事することが時間のムダと感ぜられた。父が藩主に随行して大坂城の警備に向かった間はとくに、江戸屋敷の祐筆職を務め、家塾の教師も務めたので、「家と御殿と両方にまたがった二重の義務の重圧」(③二五〇頁) に喘いだ。

東京湾でオランダ軍艦を見て、「そのような軍艦を造った外国人は日本人より知性の優れた優秀な人間なのだと、私は一も二もなく信じ込まざるを得なかった。」(③二五二頁) 彼は、欧州事情の勉強がしたくなり、しばしば祐筆職を怠って勉学することがあり、留守居役が祖父に苦言をいうこともあったという (③二五一頁)。藩主が帰郷すると、今度は護衛役を命ぜられ、学問したさに家出を計画したこともあったが、「家にたいする惜念のたちがたいもの」や「両親や祖父」の悲しみと恥辱とを考えると実行できなかったと書く (③二五一頁)。

漢学の理想は「修身斉家治国平天下」、一身上の修身の学問は同時に道徳的な理想をもって家、藩、天下を治めることと連続して捉えられる。平穏な時代であれば、家、藩、天下を治めることが相互に矛盾することを前提にしなくても済むのであろうが、この時代の武士たちには、藩の職務に忠実であること、結果として家をも守ることが、天下を治めることとは考えられなくなっていた。とくに西欧事情や近代科学、軍事技術を率先して習得する役割を持つと自認する若者は、むしろ日本の独立という課題を、藩や家にたいする責任を飛び越しても、自ら引き受けようとしていたのである。

裏の職務怠慢と、それでもかろうじて職務に従いつつ洋学に志した努力は、この時代の若者としては粘り強いほうだったかもしれない。彼の煩悶を理解する上司もいて、彼は幕府の海軍教授所で数学を学ぶ機会を得た（③二五二―二五三頁）。さらに、一八六二年冬には、岡山の玉島港まで快風丸（松山藩高梁城主板倉周防守勝静の船）に初めて乗船が許された。また、この頃には蘭学の交際も広がり、さかんに友人から蘭書を借りている（③二五四頁）。そうした中で、出逢ったキリスト教の文献から、彼は家と国を相対化する視点を獲得したのである。襄は、「世界の創造主としてよりも、天なる父の方が、私にとってより深い意味を持つ」、つまり「創造主」という側面より、「天なる父」という意味合いのほうが自分には重要な意味を持ったと書く。

神を私の天の父と認めてからは、私は、もはや両親に離れ難く結びつけられているとは感じなくなった。私は初めて、親子の関係に関する孔子の教えは狭すぎ、また、間違っていると気づいた。その時私はこういった、『私はもはや私の両親のものではなく、私の神のものだ』と。その瞬間、私を父の家に強くつなぎ止めていた強じんなきずなは、ずたずたに断ち切られた。……藩主を捨て、故国を一時離れる決心をさせてくれたのである。（③二五五頁）

つまり、彼に脱藩・脱国を躊躇させていたもの、彼を家に結びつけていたものは、情愛のレベルではなく、内面化された規範、価値観のレベルだったということであろう。藩校の助教をするような儒学の優等生だったからこそ、彼は脱藩・脱国を躊躇した。そして、儒学の優等生だったからこそ、彼には忠孝の観念を相対化するキリスト教が必要だったのである。

この時代、蘭学洋学を志した思想家の多くが、「和魂洋才」論の枠組みを通じた近代化を志向した。しかし彼は、家と関わる情愛の絆が濃密であっただけ、道徳規範全体の変革を伴うのでなければ、「洋才」の習得も意味はないと考えていた。福沢諭吉とはまた別の回路をたどって、新島襄は「和魂洋才」論とは別の道を選びとったのである。

その後の新島襄の足跡については、他の多くの伝記に任せたい。ただ、教育史研究にとって忘れがたいのは、渡米後の新島が養父母の援助でアマースト大学を卒業し、アンドーヴァー神学校に在学中、岩倉使節団の調査に協力、特に田中不二麿文部理事官に協力して、一年以上にわたってヨーロッパまで同行、助手と通訳を務めたことであろう。すでに滞米七年の経験をもつ新島の助力抜きに、『理事功程』全一五巻は成立し得なかった。この時、彼が養父母ハーディー夫妻に当てた手紙は、次のように記されている。故国を脱出した彼が、故国のために働ける機会にいかに奮い立っていたか、若い責任感に満ちた気負いが伝わってくる。

私の主な仕事は、『日本の普通教育』についてエッセイを書くことです。それは最も重要な仕事だと思います。それは使節団に提出され、おそらくは日本を真理の光と生命に向かって開くのに役立つことになるでしょう。どうかこの祝福された十字架を負う、疲れを知らぬ兵士のために祈って下さい。なぜなら私の本当の戦場が目に見えて来たことを感じるからです[42]……。

新島は一八七四年一一月に帰国。田中不二麿の懇請を断って文部省へは出仕せず、同志社の設立に専心した。一八九〇年一月二三日永眠、彼はこの年の一〇月に発布された「教育勅語」を知らずに亡くなった。もし〈教育と宗教の衝突〉論争[43]のとき彼が存命だったら、新島はどう対応しただろうか。

脱「家」の諸相

青年の脱「家」に際して親や養育者の見せる印象的な対応を、渋沢栄一（一八四〇―一九三一）の場合にも見ることができる。彼は、在郷商人であった父親を助けて、二二歳まで家業に出精し、藍の商売に信州、上州、秩父を巡回、忙しかったという（⑫二三六頁）。

しかし、時勢に突き動かされ、直接には撃剣家で海保章之助の塾生だった尾高淳忠の弟、長七郎の影響を受けて、「憂国の士」に成長してゆく。尾高淳忠は近隣の句読師で、栄一の師でもあった。二二歳の春に江戸遊学したころから二四歳の冬京都に旅行するまでの間、「父の痛心苦慮というものは真に思い遣られる程」「不孝の子であった」（⑫二三七―二三八頁）と書いている。親の心中への推察が詳しく書かれるのも、父親の存在感と家業に対する理解に由来していよう。

最終的には長七郎に大反対されて断念したものの、文久三（一八六三）年一一月二三日を期して栄一は蜂起の計画を進め、その過程で父親に向かって離家の意思を明らかにした。観月の日、夜を徹して父親に勘当してもらうための話し合いを持ちかけ、明け方になってやっと、父があきらめて自由にしてくれたと書く。その時、栄一は勘当、いずれ養子をとるということで父親は一〇〇両を栄一に分与した。これをもって彼は友人と二人京都へ上り、農民から浪士、書生へと転身してゆく。父親にとっては、藍玉の商いで見せた息子の力量への信頼が、この受け入れがたい要望を受け入れる下地になったのであろう（⑫二四一―二四二頁、二四六頁）。

また、時代は下るが、改進党栃木支部を作る以前の民権家、田中正造の自叙伝にも家や地域社会への責任を離脱する決意が記されている。終生「下野の百姓」を誇りにした田中正造は、下野国阿蘇郡小中村（現栃木県佐野市）で、祖父正造より三代名主を務めた家に生まれた。名主より割元に進み名字帯刀を許された父親に代わって、安政六年一七歳の若さで名主となった正造は、領主六角家代官に反対する公事を起こし、五年間この運動に奔走した（⑦一一六―一四六頁）。結果、一家残らず領分永追放になったが、それでもこの農民運動で彼は地元の深い信頼を築いた。後年、明治一一年三八歳になって、三千円の大金を稼いだ彼は、このお金を家族に残し、これより父の許しを得て「一身もって公共に尽す」決心を固め、政治運動に邁進する。自叙伝の「解説」で色川大吉は、「一身もって公共に尽す」という彼の決心について、「こうした一種の世間離脱は異常」(⑦「解説」五四〇―五四一頁)と注目しているが、実は家の継承者としての責任、また名主としての近隣への責任意識を深く内面化した正造だったからこそ、家と村に拘束された自己をいったん捨てなければ、国政に邁進することができなかったのであろう。この時、父親はむしろ期待を持って、彼を国政に送り出している。それは、維新という大きな政治変動を経験して、近世的な家と村の秩序の解体再編を父親も予感していたからである。

このように三人の父親(祖父)は、いずれも手塩にかけて息子(孫)の教育を担当した。藩士として、また在郷商人、名主として、それぞれ息子(孫)の人格と力量とに手応えを感じ、信頼関係ができていた。だから、新しい世代の選択を受け入れたのである。

これまで筆者は、近世後期から幕末の武家文書にみられる離家をともなう「出世」への志向に、不思議な印象と違和感を持ちつづけていた。しかし実は、当時の社会にあって離家して国事に挺身することは、数百年続いた長子単独相続にもとづく「家」の継承という近世的な身分制度を打ち壊す、革新の思想として人々を捉えていたこと、制度を壊す以上自分自身や周囲におよぼすリスクへの覚悟と勇気とをともなわなければ選びとれない生き方として周囲から尊敬されていたことがようやく少し理解できるようになった。家や地域、身分から自由な生き方が、家族やコミュニティに再び親和性をもつためには、歴史の舞台の大きな転換が必要とされたのである。

引用自叙伝一覧

①勝小吉「夢酔独言」、『日本人の自伝』別巻一、平凡社、一九八二年。なお勝小吉『夢酔独言』の底本は、勝部真長校訂、東洋文庫、平凡社、一九六九年。
②福沢諭吉「福翁自伝」、『日本人の自伝』一、平凡社、一九八一年。
③新島襄「私の若き日々」、『日本人の自伝』三、平凡社、一九八一年。原文は、A.S. Hardy; *Life and Letters of Joseph Hardy Neesima*,Houghton Mifflin and Company,1891.
④新井白石「折たく柴の記」、『日本人の自伝』別巻一、平凡社、一九八二年。
⑤山鹿素行「配所残筆」、『日本人の自伝』別巻一、平凡社、一九八二年。
⑥松平定信「宇下人言」、『日本人の自伝』別巻一、平凡社、一九八二年。
⑦田中正造「田中正造昔話」、『日本人の自伝』二、平凡社、一九八二年。
⑧石黒忠悳「石黒忠悳懐旧九十年」、『伝記叢書』一六一巻、大空社、一九九四年。
⑨南條文雄「南條文雄自叙伝」、『伝記叢書』一二七巻、大空社、一九九三年。
⑩加藤弘之「加藤弘之自叙伝」、『伝記叢書』八八巻、大空社、一九九一年。
⑪三浦梧楼「観樹将軍回顧録」、『伝記叢書』四五巻、大空社、一九八八年。
⑫渋沢栄一「雨夜譚」、『日本人の自伝』一、平凡社、一九八一年。

注

（1）天保世代、プレ、ポスト天保世代という用語は、川口浩『日本の経済思想世界』日本経済評論社、二〇〇四年、参照。
（2）その民衆的な、深い情愛を特色とする子育てについて筆者は、「子宝的子育て」とよんでいる。拙著『子宝と子返し――近世農村の家族生活と子育て』藤原書店、二〇〇七年。
（3）伝記や自叙伝といったきわめて主観性の強い文書史料を、実証的な研究の素材とするための方法論的な検討および、日記研究と自叙伝研究の史料論的な検討は大切な問題だと考えている。太田素子「回想のなかの幼年期――自叙伝による「家」と「家族」の人間形成史研究 I」、『湘北紀要』第二七号、二〇〇六年、参照。
（4）太田素子、前出、二〇〇六年、参照。
（5）太田素子、前出、二〇〇六年、三二五―三二六頁、参照。
（6）小吉の自己形成は、思春期以降にもその課題が持ち越される。数え二一―四歳の時には、逃げようと思えば逃げられる座敷牢に三年も入って神妙に手習いを続けた。それでも彼は、その後も家族を悩ませる所業を次々に招来する。両親にかわって、兄や兄嫁までもが実に我慢強く小吉とその息子義邦（海舟）を支え、無事養家の家督を義邦に継承させた。この回想記が余程露悪趣味なのか、それとも事実はさらに大変だったのか、ここではあまり問題ではないだろう。
（7）武士の場合幼年期の回想内容は、学問や習字の習い始めの記録が多いが、一七世紀の白石の自叙伝には数え三歳で絵草子の文字を写し取って遊んだエピソードが書かれている。教育熱心な親に励まされ、彼は「つねの戯れに筆とりて物かく事のみをしけ」る子どもだったという。
（8）定信の自叙伝は、おだてたりほめて育てることを、自らの経験を根拠に批判している点も印象的である。彼は学問を始めた数え八、九歳のころ、周囲に物覚えがよいと褒められて自信を持っていた。ところが『大学』の講釈がはじまるとこれが理解できず、自分をとても無能だと考えるようになってしまった（「実はいと不才にして不記憶だと、ふとさとりぬ」）（⑥二二四頁）経験に触れて、おだてて育てるのはよくないと強調する。子ども心にふと悟ったという周囲との距離の取り方のなかに、自我の育ちを垣間見せている回想だ。松平定信の自叙伝『宇下人言』（ウカノヒトゴト、ウゲノヒトゴトとも）という書名は「定信」を分解したものだが、自らを客観視する洒脱なユーモアのなかに、彼の自我の強さや自信をうかがわせている。多くの自叙伝のように子孫の為に書くという意識はなく、自分の人生そのものが好奇心や探求の対象になっている。こうした自叙伝の性格と、幼年期の回想は内面的なつながりをもっているのであろう。

（9）なお、定信の回想は、反抗期の記述が登場する点も印象深い。太田素子、前出、二〇〇六年、参照。
（10）樺山紘一『ルネサンス就航』青土社、一九七九年、二〇七頁。
（11）太田素子、前出、二〇〇六年。
（12）歌舞伎役者、初世中村仲蔵の自伝、『月雪花寝物語』では、数え四歳で厄介として預けられた当初、まだ幼くおねしょ（粗相）をするたびに、預けられた時着ていた木綿の袷を着せられて、親元へ帰すぞと脅かされるような折檻を受けた話や、踊りの稽古から逃げたとき、養母は菰をもって「おれを包んで川に投げ込む」と叱ったというエピソードがある。庶民の親が養育拒否というきつい表現で子どもを脅しながら、しつけに懸命になっていた様子をかいま見ることが出来る（太田素子、前出、二〇〇六年）。
（13）注8に同じ。
（14）石黒忠悳（いしぐろ・ただのり）陸軍軍医。陸奥国伊達の生れ。創設期の軍医制度を確立。中央衛生会長・日本赤十字社長・枢密顧問官などを歴任。
（15）明治九年英国に留学し、マクス・ミュラーに師事して、仏教原典研究に先駆的業績を挙げ、梵学の基礎を開いた学僧。一九一四（大正三）年七月四日真宗大谷大学学長拝命六六歳、一九二三年一〇月一日七五歳で依願免職。
（16）疱瘡見舞には、力づけの為に紅色の絵を贈る習俗があった。
（17）「大阪に着いて久振で兄に逢うのみならず、……私に乳を呑ましてくれた仲仕の内儀さんもあれば、また今度兄の供をして中津から来ている武八という極質朴な田舎男は、先年も大阪の私の家に奉公して私のお守をした者で、……男の言うに「お前の生まれる時に我身夜中にこの横町の彼の産婆さんの所に迎いに行ったことがある、その産婆さんは今も達者にしている、それからお前が段々大きくなって、此身お前をだいて毎日々々湊の部屋（勧進先）に相撲の稽古を見に行った……」と、指をさして見せたときには、私も旧を懐うて胸一杯になって思わず涙をこぼしました。」（②大阪着、二四―二五頁）
（18）「ソレカラ私が幼少の時から中津に居て、始終不平でたまらぬというのは……士族の間に門閥制度がチャント定まっていて、……子供の交際に至るまで、貴賤上下の区別を成して、上士族の子供が私の家のような下士族の者に向かっては丸で言葉が違う。私などが上士族に対して『アナタがどうなすって、こうなすって』と言えば、先方では『貴様がそう為やって、こう為やれ』と言うような風で、……ただ子供の戯れ遊びにも門閥が付いてまわるから、どうしても不平がなくてはいられない。……」（②門閥の不平、一四頁）

（19）母親の宗教的な態度については、「近所の老婦人たちのように普通の信心はないように見える。……『私は寺に参詣して阿弥陀様を拝むことばかりは、可笑しくてキマリが悪くて出来ぬ』と常に私共に言いながら、……墓参りは欠かしたことはない」（②兄弟問答、一一頁）と述べている。

（20）「それから、私が世間に無頓着ということは、少年から持って生まれた性質、周囲の事情に一寸とも感じない。藩の小士族などは、酒、油、醤油などを買うときは、自分自ら町に使いに行かなければならぬ。ところがそのころの士族一般の風として、頬冠をして宵出掛けて行く。私は……白昼公然、町の店に行く。……却って藩中者の頬冠をして見栄をするのを可笑しく思ったのは少年の血気、自分独り自惚れていたのでしょう。」（②青天白日に徳利、九―一〇頁）

（21）気一元論を唱え、道徳の基準に人情をおく堀川学派が、父の学風だという（②四頁）。また、『春秋左氏伝』に関しては「……私は全部通読、およそ十一度び読み返して、面白いところは暗記していた。それで一ト通り漢学者の前座ぐらいになっていた」（②七―八頁）と語る。孔子の史書『春秋』の注釈書の中で、『左氏伝』は、実証的な注釈書とされる。

（22）福沢は、キリスト教の博愛主義とキリスト教を国教とする国々の強圧的な外交政策の矛盾や、文明国における内政と外交の二重規範をリアルに捉えていたので、文明化は一国独立の手段の位置に押しとどめられたという。子安宣邦『福沢諭吉「文明論の概略」精読』岩波書店、二〇〇五年、二五四―二八一頁。

（23）とくに福沢の女性観や性別分業に関する見解、子育て・教育と能力・発達理解の問題などは、『自伝』に関連する記述も在るのだが、別に纏まった見解を述べた著述が多く、それらの問題だけに集中した検討が必要である。福沢を近代家族像との関係で理解する研究として、早川紀代「文明化のなかの男性・女性、家族・家庭」、阿部恒久・天野正子・大日方純夫編『男性史』第一巻、日本経済評論社、二〇〇六年がある。

（24）中村仙一郎著、中村文夫編『聞き書き・福沢諭吉の思い出』近代文芸社、二〇〇六年、二三頁。

（25）東洋は日本の母親とアメリカの母親の子どもに対する関わり方の差異についてケース研究を積み重ね、前者を浸透型（染込み型）、後者をルール型ないしは教えこみ型と名付けた。浸透型とは、言語的な教え込みに依存せず、模倣と環境の教育作用により多く依拠する社会化方略である。東洋『日本人のしつけと教育』東京大学出版会、一九九四年、同『子宝と子返し——近世農村の家族生活と子育て』藤原書店、二〇〇七年参照。

（26）家の継承のための子育てについては、太田素子『江戸の親子』中公新書、一九八一年。

（27）新島襄については、全集が刊行されており、いくつもの伝記が公刊されている。この回想記（原題 *My young Days*）もすべての伝記が翻訳引用している。本論考で特に断らない引用は、『日本人の自伝』第三巻所収、新島襄「私の若き日々」による。なお、今回参照した伝記および先行研究は以下のものである。湯浅与三『新島襄伝』改造社、一九三六年。ジェローム・ディーン・デイヴィス『新島襄の生涯』小学館、一九七七年。鑓田研一編『新島襄——わが人生』日本図書センター、二〇〇四年。『新島襄の手紙』岩波書店、二〇〇五年。本井康博『新島襄と徳富蘇峰』晃洋書房、二〇〇二年。太田雄三『新島襄——良心之全身ニ充満シタル丈夫』ミネルヴァ書房、二〇〇五年。

（28）ダニエル・デフォー（一六六〇—一七三一）《The Life and Strange Surprising Adventures of Robinson Crusoe》一七一九年。江戸時代にオランダ語訳から二種類の翻訳があった。ひとつは、嘉永三（一八五〇）年の訳と考えられるのちの開成所教授黒田麹廬《きくろ》（一八二七—九二）の『漂荒記事』で、これは明治五（一八七二）年に第一巻を『魯敏遜全伝』と題して斉藤了庵訳の名で刊行された。もうひとつは安政四（一八五七）年九月に刊行された、国学者横山由清の略本『魯敏遜漂行記略』で、由清三二歳の時の自費出版という。この物語を家制度との関係で批判する見解は森鷗外が紹介している。明治四四（一九一一）年刊行の『漂流物語ロビンソン・クルーソー』序文「ロビンソン・クルソオ（序に代ふる会話）」、『鷗外全集』第八巻、岩波書店、昭和四七年所収。

（29）このときの気持ちが、弁治の遺品の中に句として残されていたという。「行けるなら行って見て来よ花の山」③二五七頁。

（30）一八五四年再来航したペリーの旗艦に近づき、無理に乗船して渡米を懇願した。しかし、ペリーの外交的配慮で拒否され、幕府に捕縛されて、五年後の一八五九年に斬首の刑が執行された。
(31) 新島の家郷の歴史については、前出、湯浅与三『新島襄伝』が詳しい。同書二五—五七頁参照。
(32) 双六（そうろく）という幼名の由来は記録がない。しかし、襄の回想（③二四一頁）からは、弟と双六がしたいといった七五三太のことばが今度は弟の名前の由来となった可能性を疑わせる。数字も、兄の七五三に対して、弟が二と六である。二人の幼名から弁治の陽気で洒脱な生活感覚が垣間みられるようだ。
(33) 前出、湯浅輿三『新島襄伝』四〇—四三頁。
(34) 前出、太田雄三『新島襄——良心之全身ニ充満シタル丈夫』一四頁。
(35) 同右、一〇頁。
(36) この祖母は弁治の後妻である。前出、湯浅与三『新島襄伝』四〇頁参照。
(37)「家族のものたちにとって、この上ない喜ばしいお祝いの儀式」で、「小さな刀を二本買ってくれた」し、絹の晴着一式、菓子や玩具などをも沢山買ってもらった（③二四一頁）。
(38) 武家は好男児志向がとくに強く、成育儀礼にもその傾向が顕著である。前出、太田素子『江戸の親子』一一八—一二六頁参照。
(39) 岩倉使節団がアメリカで受けた盛大な歓迎にもそうした空気がよく現れていよう。
(40) 前出、ジェローム・D・ディヴィス『新島襄の生涯』では、少し変形した逸話が伝えられている。一七七—一七八頁。
(41) 前出、太田雄三『新島襄——良心之全身ニ充満シタル丈夫』一四頁。
(42) 前出、ジェローム・D・ディヴィス『新島襄の生涯』四一頁。
(43) 内村鑑三不敬事件を契機として生起した井上哲次郎ら国家主義思想家とキリスト教徒の間の論争。

第二章　維新後世代・明治人の人間形成
――堺利彦・木下尚江・山川均――

山本敏子

一　はじめに――堺利彦の世代

社会主義者・堺利彦

堺利彦（一八七〇―一九三三）は、多彩な相貌をもった社会主義者である。

小学校の教員生活のかたわら文学に親しみ、文士かつ新聞記者へと転身して飲酒放蕩の生活に明け暮れた文学青年の時代。結婚後は一変し、『万朝報』入社を機に、文学改良、言文一致、風俗改良など、いかにも堺利彦らしく社会改良家としての本領を発揮し始める。『家庭の新風味』や『言文一致普通文』は、その頃の代表的著作である。やがて堺は、社会主義思想に目覚め、日露開戦の際に幸徳秋水と週刊『平民新聞』を創刊して非戦論を唱えた。『共産党宣言』をはじめマルクス主義の基本的文献をいち早く翻訳、紹介したのも堺である。そして、大逆事件後の厳しい「冬の時代」を乗り越え、「正統派マルクス主義」の立場から、明治から大正、昭和へと社会主義運動の発展に力を尽くした。それゆえ、「日本社会主義の父」と称され[1]、「日本マルクス主義の源流」と目される[2]。

そうかと思うと、「日本一のユーモリスト」という称号をもつ。文学研究者の林尚男によれば、このユーモア文学作家としての、また、先の文章改良家や文芸批評家としての堺の仕事は、今でも新しい問題を提出しているという[3]。社会主義者としてはめずらしく、先駆的な家庭論・婦人解放論を一貫して展開した人としても知られる。堺の家には、「冬の時代」を生き抜くために設立された文章代筆

1916（大正５）年、赤坂溜池の山王下にあった堺利彦宅前にて。右から一人おいて堺利彦、山川均

（出典：山川菊栄・向坂逸郎編『山川均自伝』岩波書店、1962年）

業の「売文社」の看板と一緒に、道楽半分に始めた営業である「浮世顧問」（後の「身の上相談」）の看板が掲げられ、ある女からある男への手切れ金請求の手紙の代筆の仕事までしたとのエピソードが伝えられている（⑧三五六頁）。

　ささやかな日常を生きる市井の人々に深い共感を寄せ、その社会生活全般にわたって多少なりとも改良を試みる姿勢、困難な問題を解決しようとする努力は、生涯、消えることがなかった。三宅雪嶺や山路愛山、福田徳三、有島武郎、木下尚江、幸徳秋水、大杉栄、荒畑寒村など、思想や信条の違いをこえて、多くの人たちと親しく交わる一方、崇拝の対象となった幸徳とは対照的に、陰で「堺のオヤジ」と呼ばれて不平や文句を言われながら、山川均ら身辺に集まってくる若い人たちの生活の面倒をよくみた（⑦四一八頁）。

長谷川如是閑による堺利彦評

　ところで、この堺利彦について、「全身封建的沈澱物に漬《ひ》たりながら、頭だけを引張《ひっぱ》り上げられて、そのシルクハットに嵌《は》めこまれねばならな」かった「明治の子供」の一人だと評したのは、堺と同じ世代の文明評論家長谷川如是閑（一八七五―一九六九）である。[4]「明治の子供」の中でも、その環境に恵まれ、順調に育った武士の子は、「その封建魂と新教育の特権とをもって、新興市民社会の先頭に立つことが出来た」。しかし、恵まれた環境から少しでも外れれば落伍者となるか、新教育の特権によって落伍を免れた者も、「インテリゲンチアの地位」を獲得する以上には出られない。「市民階級の技師」、「市民階級的観念形態の代表者」、「既に当時のヨーロッパに胚胎《はいたい》された市民社会のアンチテーゼの日本における表現者」――そうした三種のインテリ層の、最後の群れに属する「革命の子」として育ったのが堺利彦なのだ、と長谷川は述べる(5)。そして、彼ら「明治の子供」たちが生まれ育った環境と、それゆえ、必然的に抱え込まざるを得なかった宿命を、次のように描き出す。

明治の初期に生れた人間の環境には一種の特徴があった。彼は自分の感覚で直接触れる世界の裡に育ちながら、それとは全く違った歴史の空気を吸わねばならなかった。昔のままの家族制度、それを基礎とする封建の社会は殆《ほとん》どそのまま彼らの環境を形作っていたのだが、明治の子供はその環境に埋もれていることは出来なかった。その環境は彼を生かして行く世界ではなかったからだ。……明治の子供は、次ぎの時代を彼れ自から創造せねばならぬ地位にあった(6)。

「明治の子供」にとって、壊れかかった封建的環境から抜け出る唯一の手引きは、「英語、数学、物理、化学、世界史等々」といった「当時の社会の現実からは全然懸け離れた、外国の知識や言語」であった(7)。一八七二(明治五)年の学制発布に始まる近代学校システムの創出が、その手引きの提供を整備していったことは言うまでもない。けれども、「明治の子供」は、それと同時に深刻な矛盾撞着に陥る。「彼れは全身に感じている封建的沈澱物の感覚と、頭だけに感じているシルクハットの感じとを、溶解しない混和状態において有《も》たしめられつつ成長して行かねばなら」ず、しかも、そのシルクハットは「既にブルジョワ社会の矛盾を具象した、凸凹《でこぼこ》のシルクハット」であり、それ故に「明治の子供」は、「彼れ自身の現実の世界が何処《どこ》にあるかを彼れ自《みず》から知ることが出来なかった」というのだ(8)。

こうした矛盾撞着は、堺利彦の世代が青年期に達する頃に、一種の「煩悶」経験——魂の故郷喪失状態という自らの生存様式に対する不安や苦悶——となって顕在化した。そのかすかな兆候は、やがて、遺書「巌頭之感」を残して日光の華厳の滝で投身自殺した藤村操(一八八六—一九〇三)ら、一九〇〇年代の旧制高等学校生を中心とする、いわゆる「煩悶青年」世代に至って、看過できない社会現象となり、大人世代の間に大論争を巻き起こしていくだろう(9)。

星霜を経ること一〇〇年余り。現代に生きる子どもたちの一層深刻な存在状況——例えば、神戸連続児童殺傷事件の少年Aは、ぼくは「透明な存在」であり、「悲しいことにぼくには国籍がない。今までに自分の名で人から呼ばれたこともない」と述べた(10)——は、「明治の子供」が抱え込んだ矛盾撞着とどこか深いところでつながりあっているにちがいない。問題の根源に少しでも接近すべく、本章では、「革命の子」としての道を歩んだ堺利彦とその仲間たちの自叙伝を史料に、「明治の子供」に特徴的な人間類型がどのように形成されたのかを明らかにしていきたい。彼らの生まれ育った環境に分け入って子ども時代の生活世界を復元し、この世代に共有された幼少期の育ちと学びの経験を掘り起こすことによって、何ほどかのヒントが得られるのではなかろうか。初期社会主義者の自叙伝を特に取り上げるのは、近代文明の始まりに成長した彼らの現実社会への透徹した眼差しと闘いのあり方のうちに、私たちが歩んでいくべき方向性の扉の鍵が多く隠されていると思うからである。

堺利彦の仲間たち——木下尚江や山川均など

社会主義者として堺利彦と運動を共にしたか、あるいは何らかの交流をもったほぼ同世代の人びとには、本章で主に取り上げる木下尚江や石川三四郎、山川均の他、安部磯雄、福田英子、田岡嶺雲、幸徳秋水、西川光二郎、河上肇らがいる。

木下尚江
（提供：松本市立博物館附属施設「松本市歴史の里」）

科学的社会主義者としての道を歩んだ堺利彦とはあらゆる意味で対照的な生き方をした木下尚江（一八六九―一九三七）は、日本における最初の普選運動家かつ論者であり、日本初の社会主義政党「社会民主党」の結成（一九〇一年）にも与った。クリスチャンとして廃娼運動に取り組み、島田三郎の『毎日新聞』記者時代には、足尾鉱毒問題で論陣をはって被害民と田中正造を助ける活動をするなど、当時の進歩的社会運動の第一線で活躍したキリスト教社会主義者である。小説『火の柱』や『良人の自白』の著者としても知られる。誰もが「天才」と認めるように、その文筆の才は鋭く、その弁舌は聴衆が我を忘れて傾聴するような魅力を有した。木下の演説や文学は、有島武郎や菅野スガ、神近市子、賀川豊彦など、多くの人びとの心に深い感動を与え、例えば東京帝国大学在学中に木下の天皇神権論批判の熱弁を聞いて感化を受けた経済学者の河上肇は、「おかげで私の眼界は開けた。恐らくこの時から私の心にデモクラシーの思想が芽生えそめたであろう」と語っているという。[11]『毎日新聞』の記者をしながら木下は、『万朝報』の外郭団体「理想団」に入り、日露戦争勃発前夜の一九〇三（明治三六）年には、堺と幸徳秋水が起こした平民社および週刊『平民新聞』に参加して非戦運動を展開した。表面は協力者という第三者的立場だったが、親友幸徳との交情その他から、中心人物の一人と同一視されていたらしい。[12]

しかし、平民社解散後間もなく、母の死を契機に毎日新聞社を退社し、社会主義運動から離脱して退隠生活を送るなど、その生涯は曲折に富む。岡田虎二郎に傾倒し、岡田式静坐修業に専心して、長く著作の筆を絶った。同じくキリスト教社会主義者だった石川三四郎（一八七六―一九五六）は、木下について「尊く、愛すべき人物」と評し、「彼は宗教家としても文芸家としても未完成であったが、併しそれはシューベルトの最後の作曲の如く美しい未完成であった」と、述べている。[13]

堺利彦らの紹介で『万朝報』に入社し、平民社同人となった石川は、平民社解散後に木下に後押しされてキリスト教社会主義の雑誌『新紀元』を発行し、その活動を通じて出会った田中正造から思想上の深い影響を受けた。後に無政府主義運動に携わるが、木下が社会主義運動を離れた後、その晩年に至るまで、木下と交流のあった数少ない初期社会主義者の一人である。

一番若い山川均（一八八〇―一九五八）は、堺利彦と共に「日本共産党」の結成（一九二二年）に関わり、第一次共産党解党後も堺と歩みを同じくした労農派の理論的指導者である。一九〇六（明治三九）年に日本社会党に入り、幸徳秋水より同党機関紙の日刊『平民新聞』の編集部員に招かれた際に、平民社で初めて堺に会っている。一九一六（大正五）年に「売文社」に身を寄せ、堺が始めた社会主義運動の雑誌『新社会』の編集に参加した。

1904（明治 37）年 11 月 13 日、発刊 1 周年を迎えた週刊『平民新聞』の編集スタッフ
上＝堺利彦、下＝石川三四郎、左＝幸徳秋水、右＝西川光二郎
（出典:『堺利彦全集　第三巻』法律文化社、1970 年）

堺利彦の世代には、若い頃から木下と親交があった新宿中村屋の創業者相馬黒光・愛蔵夫妻など、社会主義者以外にもさまざまな人たちがいるが、その中でも北村透谷、西田幾多郎、高山樗牛といった「明治後期に活躍する、明治維新以後に生まれた思想家たち」に注目した思想史家の渡辺和靖は、彼らの世代を称して「維新後世代」と呼ぶ。福沢諭吉に代表される「所謂啓蒙思想家たちの世代」が、「文政天保の頃に生

まれ、本格的な教育体制の下で体系的な儒教教育を授けられ、しかる後にそれぞれの動機から洋学へと転身」していったのに対して、維新後世代は、儒教を修得するのと同時に、「明治五年の『学制』に基づいて設立された小学校において、西洋思想を並行して学んだ」という。[14]

確かに維新後世代の典型は、北村透谷（一八六八―一八九四）の世代、すなわち、本章の主人公となる堺利彦や木下尚江のように学制期の小学校で学んだ世代に代表される。彼らが生まれ落ちたのは文明開化期の日本であり、寺子屋風の小学校や漢学塾など、崩壊の一途を辿りながらも維新後へと持ち越された江戸時代の古い教育の名残りの中に育った。漸く物心がついた頃には、自由民権運動の思想を空気のように吸い、明治一〇年代の教育政策の混乱期を経て、一八八六（明治一九）年に初代文部大臣森有礼により国家主義的な近代学校システムの基礎が築かれるまでの約二〇年近い歳月を、成長期とともに過ごした。ただ、次の世代「大正人」との関わりで維新後世代をもう少し広くとると、一八六五（慶応元）年頃から一八八〇（明治一三）年頃の間に生まれた世代と考えてよい。その最後の年に生まれた山川均は、一八八七年に小学校入学。一八九〇年代には天皇制国家体制の成立過程と歩調を合わせるかのように近代学校システムが急速に整備され、山川が二〇歳を迎えた一九〇〇（明治三三）年頃、帝国大学を頂点とするピラミッド型学校体系が「立身出世の階梯」として機能し始める。[15]維新後世代は、「学歴社会」到来以前に人間形成を遂げた最後の世代だと言えよう。

二　旧武士層の「家」解体と故郷からの離脱

故郷喪失者の群——生活共同体としての「家」の崩壊と移住

近代学校システムが創出されつつある時、堺利彦とその仲間たちは、生まれ育った「家」をめぐって、どのような経験を共有しながら大人になろうとしていたのだろうか。何よりも重要なのは、彼らの多くが士族の出であり、程度の差こそあれ、その幼少期に、江戸時代から続いてきた自分や親族の「家」、「士族町」の崩壊に立ち会う経験をしていることである。しかも、そのために一家そろって、あるいは単身で、時には移住につぐ移住を重ねながら、故郷を離れる経験を余儀なくされている。

堺利彦同様に「明治の子供」の一人である民俗学者柳田国男（一八七五―一九六二）は、『明治大正史 世相篇』（一九三一年）の中で「士族と呼ばれた家の数は数十万の多きに達していたが、それだけは全部、いったん故郷というものを断念すべき時代に遭遇した」[16]と述べ、彼らが近代日本における最初の故郷喪失者の群となることを、次のように示唆する。

以前にも藩によって数回の国替があって、この経験が全くなかったわけではないが、いつの場合でも「群」（近世領主とその家臣団）と行動を共にしていた。ところが、明治の廃藩はこれと反対に、移動の強制は少しもなかった代わり、最初に大切なる接合剤を抜き取ってしまって、郷里の生活を意義のないものにしたのであった。それゆえに人が一代というより短い期間に、活気のある者から順々に故郷を離れ去って、人は次々にその跡へ住み替わり、たまたま残り住する者にも、わが所という感は与えなくなってしまった。しかも出て行った者の大多数も、今はまだ第二の故郷を確定していない。つまり新たにこれだけの家数が、日本の移動分子として表層に浮かび出でたのである。(17)

ここで、柳田が「最初に大切なる接合剤を抜き取ってしまって」と表現しているのは、「群」での行動を成立させていた藩体制の廃止を指している。

一八六九(明治二)年の版籍奉還後、自発的に廃藩を申し出た藩もあり、藩体制の解体が徐々に進むなか、一八七一(明治四)年に廃藩置県が断行された。全国の藩は府県に統一され、旧藩主の藩知事は罷免される。旧藩主たちは領主権を最終的に奪われ、家禄と華族身分を保障される代わりに、家臣や領民と切り離されて家族ともども東京へと移住させられることになったのだ。新しく府知事・県知事(県令)が中央から派遣され、藩の役職についていた士族たち(家臣団)の方も、奉公の忠を尽くすべき主君を失い、その大部分が職務を解かれるか転任するかしていった。武士の「家」連合体(「家中」)の解体である。

一方、江戸時代に武士の「家」の生活基盤をなしていた給禄は、版籍奉還後に新しい身分となった華・士族の家禄として削減を伴いながら引き継がれていたが、一八七三(明治六)年から翌年にかけて、家禄を奉還する者に対し秩禄公債を発行する政策がとられ、部分的に家禄が廃止された。最終的には、一八七六（明治九）年の金禄公債証書発行条例によって家禄制度は全面的廃止となり、徴兵令（一八七三年）や廃刀令（一八七六年）などと相俟って武士という特権的身分も消滅する。(18)

近世領主だった旧藩主の「家」は故郷を離れ、その家臣団を構成していた旧藩士たちの「家」だけが故郷に残った。しかし、その「家」も、かつての生活基盤であった給禄や職分を失って、移動と職業選択の自由の中にさまよう故郷喪失者を生み出していくのだ。

木下尚江の故郷・信州松本と士族町の変貌

ラディカルな革命思想の持ち主だった木下尚江は、一八六九（明治二）年九月八日、信濃国松本天白丁に松本藩下士木下秀勝、母くみの長男として生まれた。

松本藩の戸田侯（松平丹波守）は六万石の領主で、大名とはいっても実質は小名に近い方だった。木下家はその小名の家臣上中下三級のうち、下級（足軽階級、五両二人扶持）に属していたという。(19)「予の家は藩の卒族であったので、其の身分の軽《か》るかっただけ、此の革命の動揺に悩まされた度合《どあい》も少なかったが、尚お且《な》つ些少《さしょう》ながらも世禄に生活して居たので、封建制度の破壊に伴える失意者の一分子であったに相違無い」（③二九二頁）と、木下は、その自叙伝『懺悔』（一九〇六年）の中で述べている。

父秀勝は、廃藩置県で藩知事戸田光則がその職を解かれ、東京永住の身になった際に、藩侯の命で一緒に上京。やがて藩侯の好意に謝して帰郷し、一八七六（明治九）年に地方警吏（巡査）の職についたが、勤務のために他所にあることが多く、「年に一回ならでは帰って来給わぬ」（③三〇五頁）状態だったらしい。松本城の北方に位置する天白丁の士族屋敷の一角で、祖母てふと母くみ、七歳違いの妹伊和子と四人で暮らした幼少期、身辺では特権的身分を失った旧武士と新社会の主人公となった平民との間に軋轢《あつれき》が起こり、平民の間にも同一の紛擾《ふんじょう》が激しかったという。鎮守の宮の祭礼という晴れの場所で、あるいは旧名主の家の凶事の際に、普通農民と新平民（被差別部落民）との間に発生した各地のもめごとを、木下は幼い頃の伝聞として詳細に回想している。

そして、木下が数え六、七歳（以下、年齢は数えで表記する）になる頃、家の南側の摂取院が廃寺のために取り壊され、旧本堂の跡地に芝居興業のための筵小屋《むしろごや》ができたが、祖母が見て驚いたことには、その筵張りの人足の一人こそ、旧家老の家の次男坊だった。

所謂《いわゆる》世が世なら予の如き軽微の家に生れたものは容易に仰ぎ見ることもならぬ家老の次男が、幕府の瓦解《がかい》僅か六七年で、早くも芝居小屋の人足と零落したのである。生活問題は実に士族の切迫せる急要事件となった。予の家から一つ隔てた北隣の老爺《おやじ》は早くも帰農と決心して、家を毀《こぼ》ち家財を載せて遠く南方の原野へと引き移った。家を毀つと云うことは未曾有《みぞう》の珍事怪事なので、近傍の老若男女は其の荒寥《こうりょう》な家址《いえあと》に面《かお》を合わせては過去の太平を追懐し、新王政の無情を怨《うら》み、何《いず》れも如何《いか》に成り行く世の有様であろうぞと、老いたる人なぞは危惧《きぐ》の涙を堰《せ》き留め兼ねて見えた。（③二九四頁）

現在は「松本市歴史の里」に移築、公開されている木下尚江の生家。
江戸後期に建てられた松本藩の下級武士の住まいである

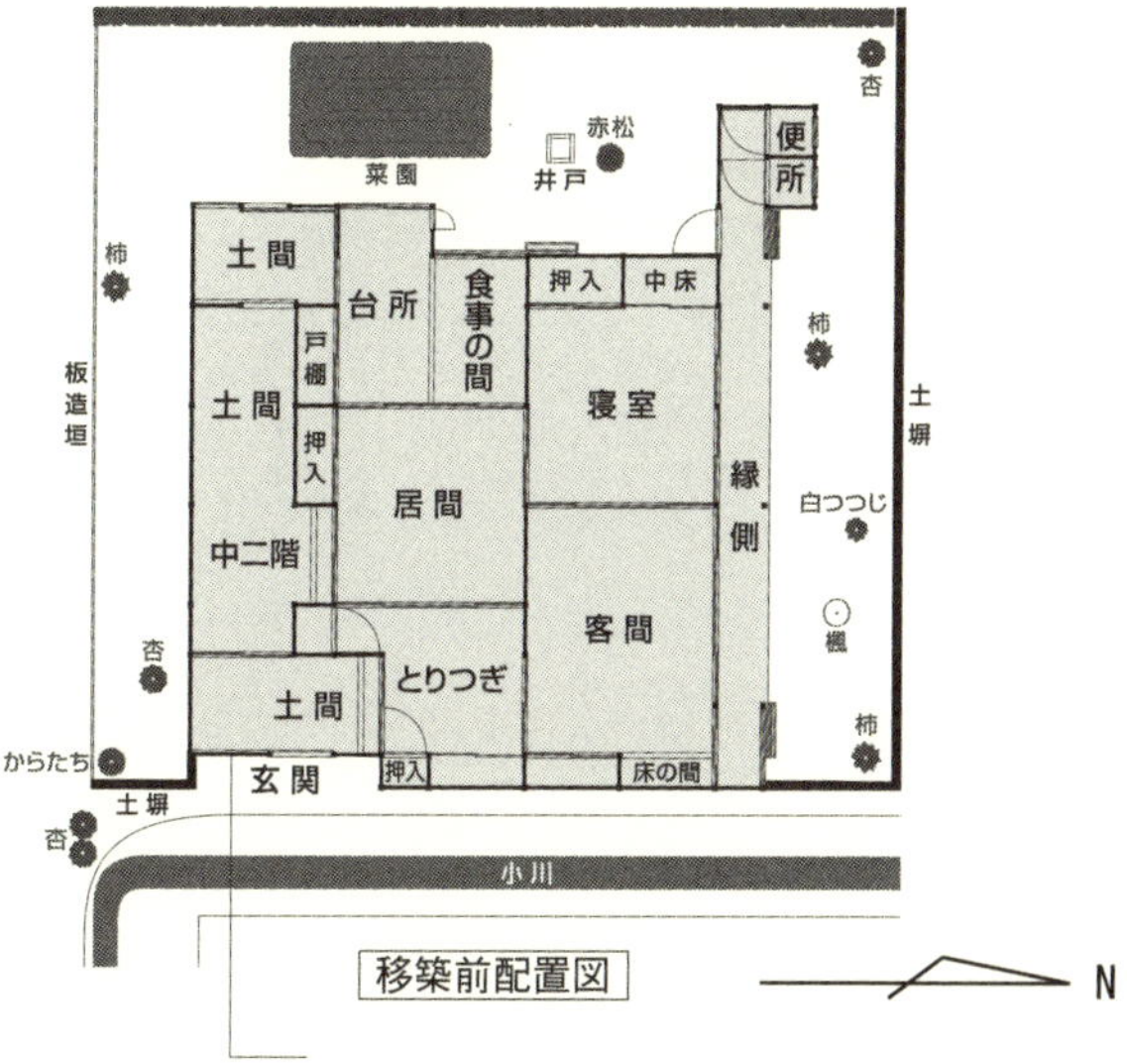

移築前の生家は、松本市北深志（旧天白丁）にあった。小川のほとりにある２本の杏の樹は、祖母てふの植えたもので、その切り株が現在も残っている。土間のある南側は、摂取院の墓地（墓地のみ現存）と隣り合っていた

（食事の間３畳、居間８畳、とりつぎ５畳、寝室８畳、客間10畳）
（作成／提供：上下いずれも「松本市歴史の里」）

士族町では、「秩禄奉還」が一種の流行となり、郷里の士族の多くが「奉還金」をもって商業に、貸金事業にと志した。北隣の老婦に「時世知らずの頑固漢」（③二九五頁）と罵られながらも、「士族の商法」に手を出さなかった木下家を除いて、近隣の奉還士族の家の多くが貸金組合を設立して莫大な利益を誇り、瞬く間に破産した。「売り飛ばされ取り壊《こ》わされる家の此処にも彼処《かしこ》にも現われ来て、数年前までギッシリと軒を並べて居た士族町が、見る間《ま》に老婆の口の如く片端《かたばし》から歯が抜け落ちて、麦圃《ばくほ》桑園に化けて行く。予の家の伍人組も、只だ南端の予の家のみを残して亡くなった」（同前）。

堺利彦の故郷・豊前国豊津と旧小倉藩の士族の末路

一方、堺利彦の自叙伝『堺利彦伝』（一九二五年）には、故郷である豊前国仲津郡（後に京都《みやこ》郡）豊津（生まれたのは仮の宿処、同郡松坂）を舞台に、明治維新後、堺家一族を含めて旧小倉藩の士族たちがどのような道をたどって没落していったか、その経緯と末路が克明に記録されている。

豊前六郡十五万石（後に四郡）は、もと旧藩主小笠原家の所領で、その居城は小倉にあったが、一八六六（慶応二）年、徳川幕府の長州征伐の際に幕府の親藩として戦った小倉藩は、小倉の城を焼き、田川郡香春《かわら》を経て一八六九（明治二）年に新たに豊津（錦原を改称）に城を築くことを決めた。ところが、まもなく版籍奉還、廃藩置県となったので、「豊津の城下は未成品のまま、まだほんの荒ごなしのまま、新時代の風雨の中に放り出された。そこに豊津の特殊性がある」（①七頁）。

堺利彦は、一八七〇（明治三）年一一月二五日に、旧小倉藩士、農業堺得司、母琴の三男として生まれ、この豊津で育っている。

堺家の親類には、父得司の弟三津留が養子に行った先の広瀬家、父の母（堺利彦の祖母）の出である浦橋家、父のおば（浦橋家の出）の嫁ぎ先である森友家、もう一人の父のおば（浦橋家の出）の嫁ぎ先である間宮家、母の里方の志津野家、他にもう一軒、母のいとこ拙三が当主である二月谷の志津野家、母の妹の嫁ぎ先の篠田家（医者の家）があり、養子縁組と婚姻による「家」関係のネットワークがしっかりと張りめぐらされている。いずれも小倉藩の士族だったが、一〇〇石以上の「お歴々」の最低位にある二月谷の志津野家（実収は四〇石）を除くと、「大抵みな小士」だった（①三六頁）。

堺家の場合、父得司は「まず御書院番、次に御鷹匠《おたかしょう》、それから検見役、最後に御小姓組を仰付けられ」、江戸にも二度出府（御参勤御供、品川御台場詰）しているような「一廉《ひとかど》のサムライ」で、もと一五石四人扶持の小士の家柄だった（①七頁）。しかし、これが金禄公債証書に替えられた時には、その金額は七〇〇円ばかり。もし七歩利付きだとすれば「年に十円以上の不足」（①四一頁）になるというので、「士族の殿原が皆騒ぎだした。先祖代々からの禄扶持はなくなった。有るものはただ公債証書ばかり。しかしそれを後生大事に守ってばかりいるのでは、次第弱りになるより外はない。そこで一方には『官途に就く』こと、一方には『士族の商法』が始まった」（①四二頁）と、堺は述べている。

他国に出る者は続々として出て行き、豊津では、桶屋をやる家、雑穀屋をやる家、煎餅屋を開業する家などの「士族の商法の気運」が盛んとなるかたわらで、「公債証書を金にしてムザムザ使いすてた話」もあった（①四四頁）。やがて、紅茶の製造、養蚕および製糸、家貸しの会社といった三つの事業らしい事業が漸く豊津に起こり始めた矢先に、士族の商法の悲劇が起こる。堺家一族も、それぞれに次のような道を選択していき、最後に士族の商法を手広くやった母琴の里の志津野の家が悲惨な没落を遂げていったという（①三二―三六頁、四二頁、四五―四七頁、八六―八七頁）。

A 「官途に就く」

「間宮のおじさん」――「陸軍」に勤めていた（東京移住）
「浦橋のおじさん」――「大阪府」に勤めていた（大阪移住）
「広瀬のおじさん」――「小学校教員」になった
「二月谷志津野の拙三さん」――「住吉神社の禰宜《ねぎ》」になった（大阪移住）

B 「士族の商法」

「私の内の座敷」――しばらく金貸し会社「三成社」の事務所になる（後に、農業へ）
「志津野のおじさん」――赤池炭坑の事業に手を出して無惨な失敗をする
「志津野のおばさん」の兄弟の松崎家と宮田家
――大きな金貸し会社「海山社」を起こすが、破産する（松崎氏切腹、宮田氏自殺）
志津野のおじさんは金策に窮した末にコレラで死に（志津野のおばさんは既に死去）、残された四人の子どもは、篠田家と松崎家（直後に破産するので、さらに篠田家へ）、二月谷の志津野家、堺家に引き取られ、やがて、その内二人が労働者となっていった。

山川均と石川三四郎の場合――上層庶民の「家」の没落

旧武士の「家」のみならず、旧幕藩権力と結びついた特権階級に属する上層庶民の「家」の場合にも、維新期の没落には著しいものがあった。一八八〇（明治一三）年一二月二〇日、岡山県窪屋郡倉敷村に農業山川清平、母尚の長男として生まれ、後にキリスト教からマルクス社会主義へと接近していった山川均の自叙伝『ある凡人の記録』（一九五一年）には、そうした環境の中で育った幼少期の経験が、子どもの眼差しから鮮やかに描かれている。

白カベの美しい倉敷の町には、小さな城下町の性質をもった代官所の所在地として商業資本と金融資本が集中し、「ブゲンシャ」（金持）が多かった。天領であることもあって、近郷の人たちは「クラシキモン」（倉敷者）に一目置いていたが（⑦一七七頁）、「私の幼年時代には、古禄（村役人の地位を独占した古い資産家の一団――引用者）にかぞえられていた家はすべて没落してしまい、当年の新禄（古禄に対する、相当の家柄の新興町人の勢力――引用者）のなかでも、維新のどさくさやその後の社会的変動の波にのまれた家も少くなかった」（⑦一八一頁）という。

山川の生家も、自叙伝執筆時から遡って三五〇、六〇年ほど前に初代井上清兵衛が倉敷村に移住して以来、家勢盛衰を繰り返しながら父の一二代清平まで歴史を重ねてきた元新興町人勢力の旧家である。祖父清左衛門の代には幕府の地方政権である代官所のもとで郷宿と御城米の蔵元を営み、一種の御用商人的、政商的な性質を持っていた。そのため、祖父の死に幕藩体制の崩壊が重なって、家業は一挙に衰退した。父清平は、一八七三（明治六）年に祖母が亡くなったのを機に、家産を整理して農業の多角経営を始めるが、見事に失敗に終わり、山川が生まれた翌々年に、広い家屋敷と共に家財道具の類も小さな生活にふさわしいものだけを残して売却し、一家で借家に移っている。

無政府主義者石川三四郎の場合には、もっと深刻に「全村失業状態」という「村」丸ごとの「家」の没落を体験している。故郷の埼玉県児玉郡山王堂村は、「日本最大の関東平野の一角で、武蔵と上野との境を流れている利根川べりの一船着場」（⑨四六〇頁）だった。石川は一八七六（明治九）年五月二三日に、村の戸長五十嵐九十郎、母シゲの三男として、その地方の漕運業を独占していた問屋であり、村の名主でもあった家に生まれている。「利根川の流水に恵まれて、この地方と江戸との間の交通を一手に支配した特権階級」であり、「村中の者がほとんど全部と言ってよいほど私の家で働く船乗りか又はそれに連なる職業を渡世にしていました」と、石川は自叙伝『浪』（一九四八年）の中で回想する（同前）。ところが、石川が八、九歳になった頃、東京から利根川上流の高崎まで鉄道が敷かれた。船着場であった村は大打撃を受け、「全村失業状態となり、軒の傾かぬ家、雨のもらぬ家は、稀にしかない」（同前）ようになったという。石川の生家では、利根川河口の銚子町との間に河蒸汽を通わせたり、本庄駅の停車場の一番よい所に運送店を開いたりしたが、「もともと徳川幕府への御年貢米の運搬が特権の主要素であったのにそれが喪《うしな》われて、自由競争の世になった」（同前）ので、何を試みても成功せず、瞬く間に家業は傾いていった。

三　「家庭教育」成立以前の子どもたちの経験

「故郷《ハイマート》」としての子ども時代の生活世界

維新後世代の中でも、堺利彦とその仲間たちが経験した故郷の「家」や「士族町」、「村」の崩壊の現実には、同世代の士族出身者である三宅克己や鈴木貫太郎、高浜虚子などと比較して、ひときわ厳しいものがあった。例えば幸徳秋水（一八七一―一九一一）が、「維新後一家親戚の家道衰ふるを見て同情に堪へざりし事[20]」を社会主義者となった理由の一つに挙げているように、そうした経験一つひとつが「革命の子」としての道を歩んだ彼らの原体験となっているのだろう。しかも、山川均を除いて、彼らは一様に故郷喪失者への道を歩んでいく。長兄の病没後、家族を養わなければならなくなった堺利彦は、一八八九（明治二二）年、天王寺高等小学校の英語科教員となって一家で大阪へと移住し、その前年に信州松本の信陽日報社に入社した木下尚江は、一八九〇年には分県運動の内幕を暴露したために「愛郷心」のない者として故郷から排斥された。同じ頃に一五歳で上京し、同郷の自由主義者の共同家庭の玄関番などをしながら苦学した石川三四郎は、兄の代に故郷の家屋敷が人手にわたってしまう。それでも彼らにとって、幼少期を過ごした「故郷」は特別なものだった。『懺悔』においては「死の恐怖」に怯える不安な子ども時代を綴った木下尚江でさえ、故郷で過ごした時空間を「我が生命《いのち》の本源地」（④二〇一頁）と呼び、最晩年には『神・人間・自由』『病中吟』の中で、堺利彦や山川均さながらに楽しかった子ども時代の経験を追憶している。[21] 渡辺和靖が、西田幾多郎や桑木厳翼を例に述べたように、「少なくとも明治十年代前半頃まで、家庭を中心とした地域社会が人格形成に大きな役割をはたして」おり、維新後世代にとっては、そこに支配していたゲマインシャフト的な世界秩序が『ハイマート』としていつまでも深く心の内奥に刻み込まれることになった」のだ。[22]

すなわち、堺利彦とその仲間たちの幼少期には、たとえ、それが崩壊しゆくただ中にあったとしても、自分の感覚で直接触れることのできる、小さいながらも活き活きと息づく確かな生活圏というものが、地域社会に成立していたのである。この点は、一九六〇年代以降に生まれた現代の子どもたちとは決定的に異なる。堺利彦が、「私の幼い目が、この豊津の家を中心として、四方の空間を見渡した時、……三角形に私の眼界を限っていた。すべて陸地というのは、必ずこんな風に、三方に山があって、一方だけが海に開けているものだと、幼い私は思いこんでいたらしい。……何しろ私に取っては、この三角形の眼界が自分の天地であった」(①八頁)と回想するように、確かに、それは自然的環境に制約された狭小な生活圏であったかもしれない。しかし、彼らは、この限定された生活圏内にある身近な家族や親族、近隣の人々、遠く旅に出た身内の者たち、死者たち、動植物などの自然、神仏、過去から伝わる生活文化や生業の技術、年中行事、祭り、芸能などとの複雑な関係の網の目の中で、それらと深くつきあい、それらに精通熟知することによって、物の見方や考え方、行動の仕方などを身につけていった。「十六年の春秋をそこに過して……彼はまずその性格体格の根本を、そこの環境から作りあげられた」(①五頁)と、堺は語る。それらは学校教育とは異なり、生活と切り離された体系的知識として、大人世代から一方的に与えられたのではなかった。子どもの生活圏内に存在する人間、自然、事物、出来事のすべてが複雑に絡み合いながら、総体として、彼らの生活世界を構成し、そこで繰り広げられる小さな経験――子どもとヒト・モノ・コトとの相互交渉――のかずかずが、一齣一齣意味をもって積み重なり合い、人間形成の働きをなしていたのだ。

現代の私たちは、子どもの育ちや学びについて考えようとするとき、まず、「家庭教育」という言葉を思い浮かべるのではないだろうか。しかし、「家庭教育」なるものは、「学校教育」の成立に伴って生み出された近代日本の構築物である。[23] おそらく福沢諭吉が、一八七六（明治九）年頃に、この言葉を最初に使ったと考えられ、学校教師たちが「家庭教育」を創出すべく父母に働きかけ始めるのは森文政期以降のことである。一般家庭にまで浸透するのは、さらに時代を下って一九〇〇年代以降のことであるから、維新後世代の自叙伝に描かれている子ども時代の生活世界は、「家庭教育」成立以前のものと考えてよい。「学校教育」の対概念として形を整えた「家庭教育」とは、あくまでも学校教育が円滑に行われるように、両親、とりわけ母親が、学校教師とよく連絡を取り合い、協力して、家庭で徳育や体育、学校の予習・復習などを意図的に行うことを意味していたが、堺利彦とその仲間たちの幼少期には、そのような「家庭教育」は存在しない。彼らが、その子ども時代に共有した人間形成に関わる諸経験とは、どのようなものだったのだろうか。

暮らしの中の遊びと労働——多様な他者との関わり

絵画史料から子ども史を読み解く研究に取り組んでいる中世史家の黒田日出男は、中世の絵巻物に描かれている子どもたちの普通の姿とは、大人たちに混じって「遊ぶ」姿であり、たとえ「働く」現場でも、「見習い労働」「補助労働」をしながら、いかにも楽しげに遊んだり、喧嘩したりしているのに対して、一五世紀末期以降になると新しい社会が出現し、一六～一七世紀には商人社会や職人社会の徒弟制教育システムが発達する一方、少年・少女の「子守り労働」も始まって、子どもたちのさまざまな労働への組み込みが進行すると述べている。(24)

維新後世代が子ども時代を過ごした「学歴社会」到来以前の日本社会は、なお、その延長線上にあり、例えば田山花袋（一八七二―一九三〇）は、一一歳で丁稚奉公に出されている。ただし、幼年期の、家族を中心とする地域社会に成り立つ生活圏に目をやるならば、身分を問わず、そこには依然として中世の子どもたちから引き継がれた世界が広がっていた。すなわち、子どもの遊びと労働は、まだまだ日々の暮らしの中に未分化な状態で埋め込まれており、地域の自然や子ども仲間、さまざまな労働場面で熟練をみせる大勢の大人たちと深く関わり合いながら子どもは育っていたのだ。

ここでは、一八八六（明治一九）年一七歳の春まで、旧藩時代の下級武士の暮らしを多分に残した故郷の豊津で幸福な子ども時代を送った堺利彦の場合を紹介しよう。

もはや「殿様」のいない、一部分取り壊されかけた「お城」と松原の士族屋敷の界隈に広がる故郷の空間が、幼い堺利彦にとっての「自分の天地」である。ある時は、家の近くの山で、子ども連の間に、旗の取り合い合戦をやり、ある時は、遺跡の甲塚《かぶとづか》に入って、焚き火などして遊んだ。また、ある時には、農村に属する山に行って、栗を取ったり、藤の花を取ったり、竹の子を抜いたりして山を荒らしまわり、「村の人達からひどく叱りつけられたり、追っかけられたりすることもあった」（①三九頁）。

しかし、そうした本来の遊びらしい遊びに止まらず、小士族の日常の暮らしの中にも、子どもたちの遊びの世界が労働と不可分に広がっていた。

父得司の最も得意とするところは、野菜つくりだった。ことに水瓜は父の誇りで、堺も、虫取りの時から助手をつとめ、それが一貫目以上もあろうというほどに大きくなると、よく父の尻について検分に回ったという。父は、その他にも屋敷内に竹林を作り、果樹をふやし、花物を植え付け、接穂をするなど、いろいろな計画を立てては実行し、蚕は子どもの「ほんのおもちゃ」（①四五頁）に飼っていた。味噌も醤油も作って、買うものといえば、米、炭、薪、油くらいという「質素な、原始的な、自

1886（明治 19）年の堺利彦（17 歳）
中央＝堺利彦、向かって右＝次兄乙槌
（出典：『堺利彦全集　第一巻』法律文化社、1971 年）

足的な生活」（①四二頁）の中で、堺は、茸とり、土筆つみ、蕨とり、魚つり、ワナかけなどに精を出す。それらは「娯楽が主であったか、実用が主であったか分からない」（同前）と、述べている。「とにかく、学校の戻り道に、蕨を取ったり、茸を取ったりする時、私等の心の中に、明日の弁当の菜を拵えるという考えがあった。私は山芋をすりこんだ味噌汁が大好きで、よく山芋を掘りに行った。鮎つりの獲物や、ワナの獲物の小鳥などは、我々の稀な肉食の材料であった」（同前）。

夜には台所用に角行燈がとばされ、そのまわりでは、子どもたちが大きな字の本を読んだり、母が針仕事をしたりする。母は「ブーンブーン」と糸挽車を回していることもあり、堺はその作業を面白く眺めながら、折々、母を手伝って「シノ作り」をするのだった。

子どもたちの遊びのような手伝い労働も、実用（労働）同然の楽しみも、毎日の衣食住の生活の中に組み込まれていた。その中でも、正月、節分の豆まき、ちまき、七夕などといった年中行事とそのための準備は、子どもたちにとってわくわくするように面白く、しかも、彼らが活躍する絶好の機会であったようだ。正月を迎える準備をするために堺たちは、すぐ近くの山に正月飾りのモロムキ（裏白）を取りに行き、滅多にないユズリ葉は、宿見の山にまで足を延ばした。節分の豆まきに欠かせないトベラの葉とダラの木をそろえて一連の豆まき行事を取り仕切るのも、子どもたちの重要な役目だった。けれども、幼い堺利彦にとっての「一年中の重大事件」は、何と言っても「毎年、近処の村の百姓の若い者が組を作って、士族屋敷を搗いて廻る習慣」（①一二頁）になっていた餅つきである。

やがて暗がりの中に、どんどん火の燃えている竈《くど》を二つも三つも景気よく担いで来る。それだけでモウ子供等の気分は緊張してしまう。……（二人の男が米を搗き、もう一人の男が合の手を入れる――引用者）その早業が誠に見事な熟練で、それに伴う三人の間の掛声の呼吸がまた、ホラサ、エンヤサ、ドッコイ、エンヤサといった風に、子供の心を飛びあがらせるような快活さを感じさせる。やがて合の手の男が「ヨシ来た！」といった様な掛声を発すると二つの杵はピタリと止まって、真白い柔かい餅の塊まりが、つるつると臼の中から攫み出される。すると母は、白い粉を敷いた板の台を縁側に置いてその餅の塊まりを受取る。受取られた塊はすぐにその粉にまぶされて、片はしから小餅にちぎられる。それがまた中々の早業である。その小餅の恰好を直すくらいの手伝は、我々子供もやらされた。……餅つきの男たちは酢餅か何かで酒をあおって、元気よくドンドンと帰って行く。（①一一三頁）

維新後世代の子ども時代に行われていた「餅搗きの牧歌的風景」については、河上肇（一八七九―一九四六）も、「忘れられぬ当年の印象の一つ」として餅搗歌（労働歌）への追憶と共に詳細に物語っており（⑪三二一―三二三頁）、大人たちが見事な熟練ぶりで立ち働く様子は、幼い子どもたちの心を強く引きつけたようだ。

祖父母のいる生活――自然・神・文化の世界の案内人

堺家の小士族の日常生活が、朝起きると、父が井戸端か畑の脇かに立って、朝日に向かい、かしわ手を打って礼拝するところから始まり、夜には、観音様信仰の母が、毎晩お燈明をあげては、口の中で観音経か何かを誦しながら拝んでいたように、維新後世代の暮らしは、多くの神仏と共にあった。山川均は、丘の森の「オイナリ様」や歯の神様「クスリュウ様」、竈の上あたりの神棚に祭られていた「オドクウ」様について語り、木下尚江は、「僕の幼年時代、僕等の周囲には、無神論と云ふやうな空気は、未だ香も無かった。僕等は生まれながらに、神の中に育てられたものだ」（⑤一九〇頁）と、述べている。

話は勿論信州松本市のことなのだが、僕の氏神は大天白と云ひ、稲荷明神の中でも最高格の神だと云ふ話を聞かされて居た。……僕の家の庭内にも古く稲荷大明神の小祠が祭られてあった。……この外、竈には竈の神がある。臼には臼の神がある。井戸には井戸の神、後架には後架の神がある。歳の暮には、伊勢から禰宜が天照大神宮の御はらひを配って来る。別けても火と云ふものを非常に神聖視したものだ。……大晦日の晩には、この家中の神々へ燈明を供へた。これは家主の職務の重要な一つだが、僕の家には父が旅勤めの為め年中不在なので、子供ながら僕が代理をさせられた。（⑤一九〇―一九二頁）

大晦日の燈明については堺利彦も手伝い、「私の子供心は……底の底まで浄化されるような気持がした」「一種神秘な、荘厳な感じを忘れることができない」（①一四頁）と堺は語っている。にもかかわらず、後に「神の字などの無い方が適切だとも思う」[25]と述べて、自己の立場を「無神論」「唯物論」に置くようになったマルクス主義者堺利彦と、あくまでも有神論に立ってキリスト教社会主義への道を歩み、社会主義運動一切から身を引いた後、さらに日蓮や法然、親鸞といった中世の宗教改革者たちの世界に近づいていった木下尚江との対照的な生き方に思いを馳せる時、彼らの幼少期における祖母の存在の有無、その祖母の果たした役割ということを考えないわけにはいかない。

かつての面影を残す天白神社。
幼い尚江らは、この境内で遊んだ（著者撮影）

堺利彦は、父得司、母琴、腹違いで一五歳上の長兄平太郎、五歳上の実の次兄乙槌《おとつち》と「私」の五人家族で、父方の祖父母はすでにいない。山川均も、生まれた時には、父清平、母尚、八歳上の長姉浦、五歳上の二番目の姉次と「私」の五人家族になっていたが、維新後世代には、これから述べる木下尚江をはじめ、石川三四郎、長谷川如是閑、正宗白鳥、河上肇など、祖母の手で育てられたり、祖母から大きな影響を受けたりした人は、非常に多い。

教育史家の沢山美果子が、「母」役割の浸透の起点を第一次世界大戦前後の新中間層の家族に求めているように、「母親のみが育児の責任者」となった歴史は新しい[26]。「家庭教育」が成立する以前の社会においては、かつての全生活領域にわたる経営体としての「家」の家政が多方面の雑多な労働や交際を含み、一家の主婦である母親が多忙であったこともあって、自ずから、祖父母の世代と孫の世代との間に、濃密で深い交流が生まれたのだろう。

冬の炉端や夜なべ仕事の折などに祖父母が昔話の語りべをつとめるということは、古来から行われており、例えば石川三四郎は、少年の頃、祖母の寝物語に聞かされた通俗歴史物語が知識の啓発に影響し、この祖母によって読書の習慣が与えられたと回想しているが（⑩四八―四九頁）、とりわけ祖母という存在が、子どもの人間形成の上に果たしてきた役割には、それ以外にも、いくつか共通するものを確認できる。

先に触れた「神」の問題にも関わって、まず言えることは、多くの場合、墓参りや神社仏閣への参拝、祭礼などに孫を連れていくのは祖母であり、多かれ少なかれ、祖母という存在が、死者（先祖）や神仏の世界への案内人の役割を果たしていたことである。

木下尚江の場合、すでに触れたように、父秀勝には継母にあたる祖母てふと母くみ、妹伊和子、「予」の四人暮らしだった。祖母は、「恰も信仰の百貨店のやうな人で、日を拝めば月も拝む、宮へも行く、寺へも行く、『故得阿耨多羅三藐――』と般若心経を鼻歌に、年中綿をつむいで居た」（⑤二〇四頁）。

血のつながりはなかったが、孫の尚江が五歳で大病した時には、最早医者の手に施す術がないとわかった夜、頭から冷水を浴びながら「真暗《まっくら》な西の天《そら》」を伏し拝み、「一心不乱に讃岐《さぬき》の金比羅《こんぴら》神社に祈り給うた」という（③三一一頁）。木下は、この祖母によく連れられて「明治の初年『王政復古』祭政一致の潮流から生まれた神祇官の記念の一つ」（⑤一九二頁）である中教院[27]に参詣し、説教を聞いた。時には自分自身の死を通して、「死後の世界」を孫にとって慕わしいものにしたのも祖母である。祖母が亡くなった一六歳の頃、科学的教育の一端に触れて、神も仏も一切否認、軽蔑していた木下だが、祖母の死は「予の歴史に於て著しき事変」であり、「この時以後『死後の世界』と云うものが、何と無う我身に近く慕わしく見ゆるが如き意味あるものとなった」と、述べている（③三一四頁）。

旧天白丁、左手前の軒と土塀が尚江の生家。この道を約120m行った先に天白神社がある
（出典：『信州人物風土記・近代を拓く　第３巻　反逆の系譜から／木下尚江』銀河書房、1986年）

もう一つには、寺社以外にも、どこかへ行く時には必ず孫を連れていって、祖母という存在が、身近な自然や文化に親しむ生活、やがて出て行く広い社会への橋渡しの役割を担っていたことである。

木下の祖母も、「どんな珍らしい物を見ても、一人では面白くも何とも無い。ああ孫に見せたなら何程喜ぶであろうぞ」（③三一一頁）と常に口にしては、孫を連れて春は木の芽摘みに、秋は茸狩りに、夏の初めは近隣の祭礼にと出かけた。近くの宝栄寺の本堂で度々開かれた政談演説会にも、「坊様の眠《ね》むたい説教よりは元気が良くて面白い」（③三〇六頁）というので、孫と一緒に折々足を運んでいる。堺利彦が、自由民権の思想が「どういう順序で私の頭の中にはいって来たかよく分からない」（①六一頁）と述べているのに対して、木下の場合、祖母に連れられて行った演説会が自由民権運動の空気に感染した最初の強烈な経験となる。信州松本では、板垣退助と同郷の坂崎斌《さかん》（紫蘭）が中心となって一八七七（明治一〇）年九月頃に最初の演説会を開いたのを機に自由民権運動が盛り上がりを見せ、一八八〇年には民権結社「奨匡社《しょうきょうしゃ》」が組織された[28]。宝栄寺の演説会は、この坂崎が関わった演説会の一つであり、ここで木下は国会開設と条約改正を教えられたという（⑤二〇七頁）。

そして最後にもう一つ、祖母という存在が、長い人生を苦労しながら歩んできた豊かな経験の持ち主として、その暮らしぶりや、祖母の見聞になる経験談、昔語りを通して、生きる姿勢や英知、教訓などを暗黙のうちに孫に伝えていたことを挙げなければならない。

木下は、社会主義運動からの離脱という平民社解散後の人生の大きな転機にあって、往時の祖母の生き方から『永生』に関する活《い》ける深大の教訓を体読」（③三一四頁）し、後半生の指針を得ている。「良き実《み》を結ぶ樹木を愛し」、将来孫たちが食べ、麦刈り時分の人助けにもなるからと門外の小川のほとりに二本の杏の樹を植えた祖母の逸話に触れ、「予は常に祖母の高恩を思い、其の趣味を味《あじわ》い、更に其の趣味の奥深く瞑想の道を辿《たど》る時、暗路《やみじ》ながらに何と無く人生最奥の宝庫の錠前に触れ得るように思うた」と語るのだ（③三一二頁）。

直接体験としての儒教——修身斉家治国平天下

『近代読者の成立』（一九七三年）の著者前田愛は、坪内逍遙、片山潜、森鷗外、徳富蘇峰といった、安政から文久までのほぼ一〇年の間に生まれた世代の読書体験にみられる「おどろくべき等質性」に触れ、そこに「前代の教養圏が把持していた洗練された秩序の名残り」を読み取った。すなわち、祖父・父・兄による漢籍の素読の口授と、祖母・母・姉による草双紙の絵解きであり、この二つの型を併存させながら「家庭的な文字教育ないしは文学教育」が行われていたという[29]。

しかし、彼らの弟の世代にあたる維新後世代になると、こうした読書体験は少しずつ変化の兆しを見せ始める。もちろん、父に『小学』の素読を習った田岡嶺雲（一八七〇—一九一二）のような事例もあるが、正規の学校教育を受けた第一世代の堺利彦とその仲間たちの自叙伝を読んでまず気づくのは、江戸時代の武士の「家」で日常的に行われていたであろう漢籍の素読の初歩教授——祖父・父・兄による素読の口授——が、大きく後退していることである。漢学塾の役割も相対的に低下し、維新後世代の多くは、祖父や父、兄などの手を離れて、最初から「家」の外で、しかも断片的に、漢籍の素読を学ぶようになっている。つまり、近代学校としてスタートしたばかりの学制期の小学校とそれに続く中学校で、さらに、それらと並行して漢学先生の私塾で、その初歩教授を受けているのだ。

堺利彦は、豊津小学校卒業前に漢文の『国史略』を読まされ、「ある年の夏休みには、近処のある人のところに通うて、四書五経の素読」（①五〇頁）をやった。豊津中学校（前身は藩校育徳館）時代には、歴史で『日本外史』『十八史略』などを、漢文で『文章軌範』『論語』『孟子』などを学び、ある夏休みに、同校の緒方先生のところに通って『史記』の列伝の講義」を聞き、『唐宋八家文』も少し教わった」という（①五三頁）。漢学の塾や学校教師の自宅へ通って課外に漢籍の稽古をすることが生徒間に競争的に行われたらしく、山川均は、「当時は、上級学校にゆくのはまれな例外」で、小学校卒業近くになると、「せめて今のうちに少しでもというので、学校がひけてから漢学の先生のところなどに通うことが流行した」と証言する（⑦二七〇頁）。ただ、士族の子どもたちにとっては、もっと切実なものがあったのではないだろうか。晩年の木下尚江は、「君よ。土地も無く資本も無い士族の児は、知識を杖に立身の道を求めねばならぬ。それには小学校だけでは役に立たぬ。其処で一般の風潮として、朝は朝飯前に漢学塾へ、夜は夕飯後には算盤の師匠へ遣られたものだ」（⑤二〇五頁）と、当時を振り返っている。木下が通ったのは、松本平の民権結社「奨匡社」メンバーの一人、浅井洌（県歌「信濃の国」の作詞者）が主宰する漢学塾「時習学舎」だった。

断片的な学びながらも、こうした漢籍の手ざわりや素読体験により、「革命の子」としての道を歩んだ堺利彦とその仲間たちの精神の内奥にも、西田幾多郎や桑木厳翼ら同様に、幼少期の生活全体を通じて血肉化された「直接体験としての儒教」[30]が深く息づくことになる。

木下尚江は、一二、三歳の時に独り『孝経』を読んだ時の衝撃について、『身体髪膚これを父母に受く。敢て毀傷せざるは孝の始なり。身を立て道を行ひ名を後世に揚げ、以て父母を表はすは孝の終なり』。此の一節の文章が如何に深く少年の胸を動かしたであろふぞ」と語り、「破天荒の大業を行って、名を万世に轟かす」という立志の決意が両親への孝行と結びついた遠い日のことを回想する。[31] さらに、漢学塾では、『日本外史』を読んだ後、ほとんど暗記するまでに反復読誦した『十八史略』によって国家革命の実例を学び、『孟子』によってデモクラシー政治の定義を悟ったという。[32]

堺利彦も、自分の社会主義には、その根底に自由民権説と並んで儒教があると、平民社時代に明言している。[33]「儒教といっても、たかだか『論語』『孟子』あたりの感化なのだが、修身斉家治国平天下などという考え方は、士族の子の頭に入り易いものであった。……修身斉家というのももとよりすべて道徳的の意味であって、つまり治国平天下が士人たる者の目的であった」(①六〇―六一頁)。かくして、中学校を卒業した頃の堺にとって、「儒教から来た政治家志願は、自由民権運動と一致することになり、政治家となることは即ち国会議員となることだとも考えられていた」(①六二頁)が、これこそ、故郷の新聞『信陽日報』の記者となった若き木下尚江の目指していた道でもあった。

四　西洋近代との出会いとその衝撃

学制期の小学校――西洋輸入の新科学

子ども時代の生活世界を総体として見れば、典型的な維新後世代の堺利彦、木下尚江と、「大正人」に近い山川均との間に大きな違いはない。ところが、小学校とそれに続く上級学校での教育経験に限っていうと、国民皆学が始まったばかりの学制期の小学校に学んだ前者と、国家主義の教育が始まる森文政期以降の小学校に入った後者とでは若干異なってくるようだ。

堺利彦は、一八七六（明治九）年七歳の春に、裁錦小学校（後に豊津小学校と改称）に入学した。洋式の腰掛けが使われていたが、校舎は旧藩主小笠原家のもとの「お城」の一部分を仕切っただけのものだった。一方、同じ年の三月二〇日に木下尚江が入学したのは、大規模かつ堂々たる擬洋風建築の校舎で有名な松本の開智学校（同年四月竣工、廃寺を仮校舎に一八七三年開校）である。寺子屋風の小学校が多かった時代に、いずれも文明開化の雰囲気に満ちた新式の小学校だ。

学制期の小学校で漢籍を読んだとの回想もあるが、近代学校を最初に体験した世代が、それ以上に印象深い思い出として語るのは、西洋の「知識」との出会いである。小学校入学前に福沢諭吉の『世界国づくし』を暗誦していたという堺利彦は、次のように語っている。

小学校では、まず「いと、いぬ、いかり」などと書いた、画入の掛図で教えられたことを覚えている。それから間もなく『小学読本』で、「神は天地の主宰にして、人は万物の霊なり」「酒と煙草は養生に害あり」などということを教えられた。……また、『地理初歩』という本には、劈頭第一、「マテマチカル・ジョーガラヒーとは……」という驚くべき外国語の新知識があった。しかし私等は、決してそれを変だとも不思議だとも思わず、ただなんとなく語呂が好いので、面白がって暗誦していた。(34)

（①五〇頁）

信州松本の旧開智学校校舎（重要文化財）　（著者撮影）

キリスト教の神（God）についての知識が出てくる田中義廉編『小学読本』とは、アメリカのウィルソン・リーダーを主たる原本として師範学校で編集された翻訳教科書であり、巻一を見ると「凡地球上の人種は、五に分れたり、亜細亜人種、欧羅巴人種、馬来人種、亜米利加人種、亜弗利加人種、是なり」[35]で始まっている。もう一冊、文部省内で編集した日本風の榊原芳野等編『小学読本』もあったが、文明開花期には田中本の方が広く普及しており、それに出会った時の驚きを語る維新後世代は多い。地理学の入門教材『地理初歩』も、師範学校が編集した代表的な翻訳教科書である。冒頭に「人民、住居スル所ノ、地球ハ、一ノ行星ニシテ、其形、円キコト、殆ト橙ノ如シ」[36]とあり、この地球表面のことを説き明かす学問が「ゼオガラヒー」

(geography) だと述べて、地理学習に必要な基本概念を説明する。長谷川如是閑が、先の田中本について「明治十年代の末頃まではまだそれを用いていたので、『およそ地球上の人種は』という言葉は、酒屋や魚屋の小僧までがそれを囀《さえず》っていた」と語っているように（⑫二四二頁）、幼い維新後世代の脳裏に最初に刻み込まれたのは、日本や世界を地球という視点からみる西洋近代の新しい科学的知識だった。

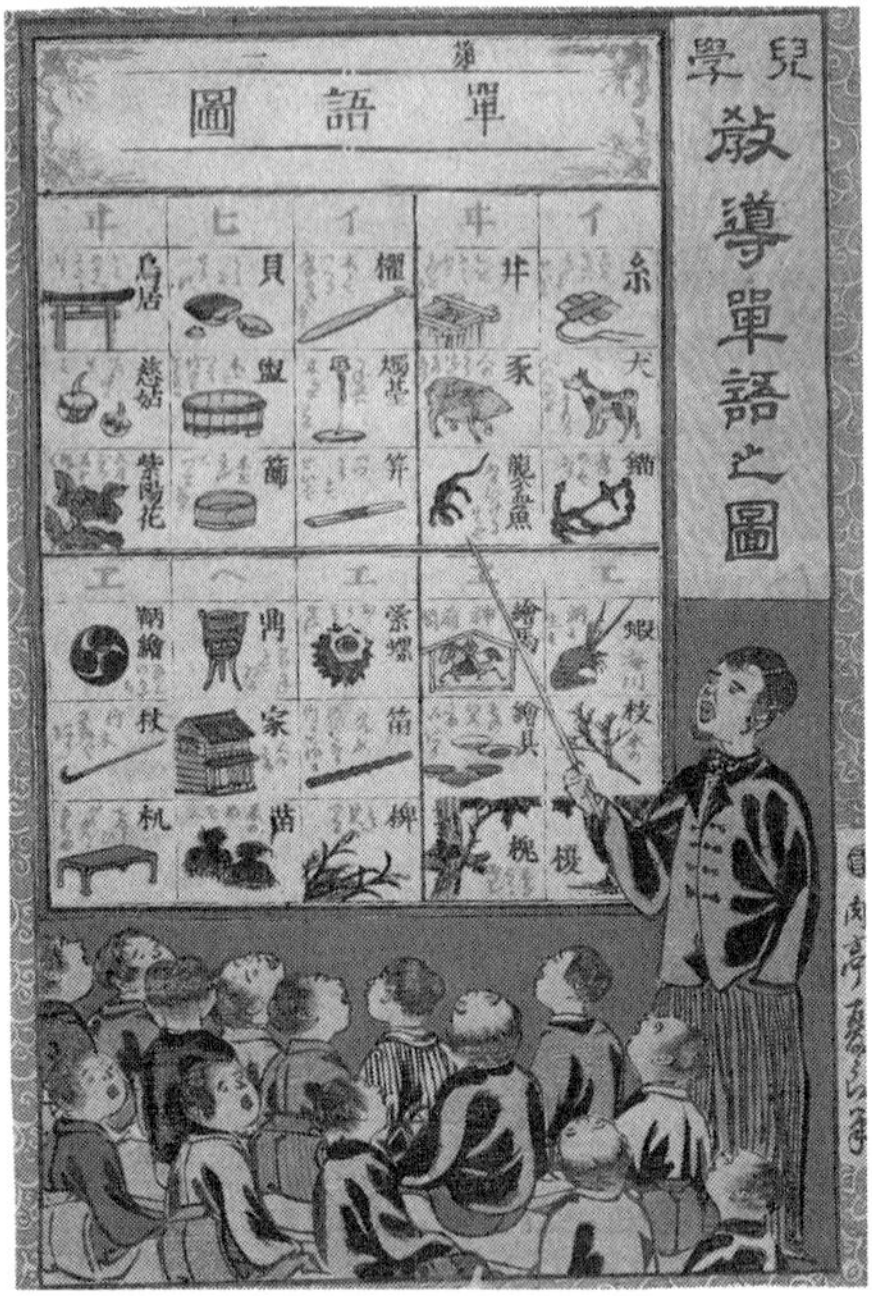

「単語図」（画入の掛図）を教える図
（出典：海後宗臣・仲新・寺﨑昌男『教科書でみる近現代日本の教育』東京書籍、1999 年）

木下尚江の「迷夢」からの覚醒

さて、長谷川如是閑がいう「明治の子供」の「頭だけに感じているシルクハットの感じ」をもたらしたものこそ、学制期の小学校での西洋の言語や思想、歴史、自然科学に基づく知識教育であった。身近な環境世界とあまりに隔たった科学的知識、遙か遠い異国の宗教や倫理道徳、政治に関する知識は、維新後世代が生まれ育った故郷の「自分の感覚で直接触れる世界」とのあいだに齟齬《そご》をもたらし、彼らの存在基盤を大きく揺るがした。

木下尚江は、その衝撃を最も重く受け止めた一人であり、生涯にわたって自己を引き裂こうとする二つの世界の葛藤に抗して闘うことになる。まずは、先の田中義廉編『小学読本』の中に「地球うごく」という知識を見つけた時の幼い木下の驚きに耳を傾けよう。

我れ初めて　地球うごくと　知りし時　いそぎ帰りて　祖母に告げにき
首ふりて　祖母驚かず　そんな事　ある筈が無いと　糸をつむげり
読本を　顔につきつけ　御覧よと　いへども祖母は　見やうともせず
若しも地が　動いてさかさに　なるならば　お濠の水が　なぜこぼれざる
引力の　話をいまだ　知らざれば　不満ながらも　我れは黙れり
(⑥五二七頁)

ここには、近代科学の知識に初めて触れた一人の少年の、胸が高鳴るような開眼の思いと、いまだ

25歳の青年・木下尚江（洗礼を受けた頃）、1893（明治26）年1月

（出典：柳田泉『日本革命の予言者・木下尚江』春秋社、1961年）

「迷夢」の内に暮らす祖母たちの世界との隔絶の始まりが、率直に綴られている。おそらく、『小学読本』巻二を読んだ時と思われるが、巻四にはさらに詳しく「天文及び物理の事が絵入りで説」かれており、「明治初年の僕等幼年児童は、この小学読本の『科学教育』で、先祖伝来何千年の迷夢から始めて醒めた」という（⑤二〇三頁）。それまでは、仰いで見る雲の上に、さらに「天」とか、「天竺」とかいう別の世界があるのではないかと、幼心に半信半疑で迷っていたが、「すべてかうした疑惑不安は、読本巻の四を開くと同時に悉く一掃されてしまった」（⑤二〇四頁）。「日は毎朝近い東の峯から出て、西の雪の山へ沈むもの」と思っていたのに、自分たちの住んでいる地球の方が太陽の周りを回っており、「日や月の苦悩疾病だと言はれて居た」日蝕や月蝕、「凶事の使者と信じられて居た」彗星は、その法則が明白になって、何でもないことになってしまった。「凡て神変不思議の伝説、心の隈々を填《ママ》めて居た暗黒の恐怖、かうした雲霧は綺麗に拭い去られて晴々とした」と、木下は語る（同前）。

一八八一（明治一四）年秋に松本中学校（卒業時の校名は長野県中学校松本支校）入学。開智学校内

に変則中学校として発足した松本中学校は、木下が入学した当時、新築の長野県師範学校松本支校内に移転して一八七九年に正則中学校となったばかりだった。木下の在学中に、「日本三大教育家の一人」能勢栄を校長（長野県師範学校長と兼任）に迎え、木下は、アメリカ留学経験のある能勢から直接、英語と唱歌を習っている（④二五〇―二五一頁）。能勢は自らヴァイオリンを弾き、英語のリーダーに聖書や詩のことが出てくれば、能勢の講釈はキリスト教や神の存在、西洋の詩と東洋の詩との比較などにまで及んだという[37]。さらに木下は、万国史の授業でピューリタン革命のO・クロムウェルを知り[38]、「名状すべくもあらぬ一種の感慨に打たれて、暫《し》ばし身も魂《たま》もこの世ならぬ夢の裡《うち》に酔い痺《し》びれて仕舞った」（③三〇八頁）。かくして「国王を裁判した其の法律」を学ぶ決心をし、その時以来、内気で従順な少年が「実に驚くべき乱暴な少年」へと変貌した（③三〇九頁）。

遊郭通いと「恋愛」との間

「クロムウェルの木下」と呼ばれ[39]（④二五六頁）、「教員とさえ見れば差別無しに凌辱《りょうじょく》する」（③三〇九頁）反抗的な中学生の木下が見たのは、当時の教員の悪風俗である。妾と同棲していた校長、教育家会議の旅行先から梅毒をもらい受けてきた教頭、遊郭を家としていた教員など。「彼等は夜に入れば生徒の中の年やや長じたるものを誘うて、花柳の隘巷《あいこう》を騒ぎ廻わり、軒毎に妓婦の品評をして歩るいた」（③三一〇頁）。こうした教員たちは、新派の「諸学校出身の若手組」（旧派は「漢学先生の老人組」）であり、彼らは新科学をもたらす一方、「教育ちょうものの根本精神に就て全く無智識であった」と、木下は語っている（同前）。

この木下の回想からも察せられるように、諸学校の集まる明治初期の東京では、当時の学生たちの風俗として、「工面《くめん》のいいのは芸者街や遊里に出入りし、懐《ふところ》の淋しいのは、場末にあった矢場や銘酒屋に出入り」（⑫二六二頁）することが一般に行われていた。

松本中学校の若い教員たちが通過してきた経験に、やがて木下尚江と堺利彦も巻き込まれていく。木下は、「東都の学生の不品行は、予の兼ねて聞いて居たよりも甚しかった。若し滔々《とうとう》たる悪流の中に投げられて、能《よ》くそれに染まぬ青年があったならば、愚か、狂か、左《さ》なくば心中其の誘惑に打ち克《か》つべき何か至大の霊力に護られて居るものに相違無い」（③三一六頁）と、述べている。堺利彦は、一八八七（明治二〇）年に、「当時日本にたった一つの『大学』（帝国大学——引用者）に進む、たった一つの道」（①七二頁）であった第一高等中学校に入学するが、翌年一九歳の春には、すでに飲むことと、遊ぶことを覚えていたという。「たしか十八の冬であったろうと思うが、忘れもせぬ、眼鏡橋のそばの牛肉屋に、杉元君と横山君と三人で行った時、彼等二人はいつの間にか既に吉原の知識を持っていて、その晩、私をその悪事仲間に誘いこむ計画を立てていた。私は不安を感じながらも、あえて親友の勧告を拒絶するものではなかった」（①七七—七八頁）。悪風俗に染まった教員を批判し、後に禁酒・廃娼運動に取り組む木下尚江でさえ、東京専門学校（現早稲田大学）在籍中に、失恋がきっかけで「予は飲めぬ酒を苦んで飲み始めた。他の放蕩《ほうとう》を卑《いやし》んだ身が、遂に堕《お》ちて、又た他の純潔なる青年に卑められる身と化《な》り果てた」（③三一七頁）のだった。

単に遊郭通いをし、性的放縦に浸るということならば、「売女に戯れることは実に公然の認許」(同前)とされていた時代であり、幕末の志士たちや自由民権運動家たちと変わらない。彼らと根本的に異なり、維新後世代特有の集合的経験となって現れたのは、当時の性風俗の対極にある高度に精神的な「恋愛(love)」を発見し、プラトニックな男女の関係を理想としたことだった。堺利彦は、大阪時代、物欲をほしいままにした飲酒放蕩の一方に、「一つのまじめな恋」(①一〇〇頁)があったことを語り、幾度かの精神的恋愛を経てきた晩年の木下尚江は、『女学雑誌』に載った北村透谷の「厭世詩家と女性」を読んだ若き日の衝撃を、次のように回想している。「恋愛は人生の秘鑰《ひやく》なり。この一句はまさに大砲をぶちこまれた様なものであった。この様に真剣に恋愛に打込んだ言葉は我国最初のものと想ふ。それまでは恋愛――男女の間のことはなにか汚いものの様に思はれてゐた。それをこれほど明快に喝破し去ったものはなかった[40]」。

最初の「煩悶」青年世代

故郷の生活圏で培われた「全身に感じている封建的沈殿物の感覚」と、学校教育によってもたらされた「頭だけに感じているシルクハットの感じ」との「溶解しない混和状態」は、維新後世代が青年期に達する頃、「煩悶」という独特な心のあり方となって現れた。彼らは、最初の「煩悶」青年世代であり、時には北村透谷や高山樗牛、木下尚江のように、時代の葛藤を一身に背負って、「煩悶」が彼らの存在様式そのものとなる。

堺利彦は、前者の代表例であろう。一八八六（明治一九）年に豊津中学校を卒業後、故郷の家族のもとを離れ、上級学校進学のために上京した。しかし、維新後世代の多くの人びと同様に堺もまた、たった一人で都会の荒波に放り出されたわけではない。

当時の豊前国出身者には、「旧藩主小笠原家の補助と、旧藩出身先輩の寄附とで設立された育英会という団体があって、官立学校への入学志願者は、多くそこの貸費生にされていた」（①六二頁）。堺も他の同期の卒業生とともに、この育英会の貸費生となり、中村正直（敬宇）の創設した英学塾「同人社」に入っている（まもなく神田淡路町の共立学校に転校）。育英会という「郷党」のネットワークの中にあったのだ。しかも、この東京への遊学の道は、「豊津中学校第一等の秀才」ということで、近くの椎田に住む中村千治氏の養子に「選抜」されることによって開かれたものであり（同前）、東京に住む堺の周辺には、慶應義塾の寄宿舎にいた次兄や堺家の親族つづきの何軒かの「家」の他に、この養子縁組によって形成された「家」関係のネットワークも存在していた。

けれども、市ヶ谷河田町にあった旧藩主小笠原家を除いて、どの家にも「深い親しみ」を感ずることができず、「自分にはハッキリ気がついていなかった様だけれども、その頃の心は寂しかった」（①七一頁）と、堺は当時を振り返る。上京した翌年に、首尾よく第一高等中学校に合格した後においても、なお、次のように語るのだ。「ある冬の夜、たったひとり学校の庭にたたずんで、澄みわたった星の空を眺めたことを覚えている。宇宙の絶大、人間の微小などということを初めて痛感して、非常にセンチメンタルな気持になった。その頃同級生の中に、日曜毎に教会に行く人のある事を聞いて、非常に羨ましく感じた。……私の心は誠に寂しかったのである」（①七七頁）。

渡辺和靖によれば、維新後世代よりも一世代前の、井上哲次郎や徳富蘇峰などの世代は、「自己が世界（自然）とどこか深いところで結びついていることを確信していた。世界が秩序整然たる体系であり、その秩序の中に自らの存在が根拠づけられていることを少しも疑わなかった」[41]という。それに対して、維新後世代において初めて経験され、一九〇〇年代の旧制高等学校生の間で顕著となった「煩悶」という現象は、自分でもよくわからないような存在論的な「寂しい心」（①七〇頁）、「我が心の底に発見したる不可思議なる空洞の、寂しさ暗《く》らさ冷たさ」（③三二七頁）として語られる。それは、「宇宙」（世界、自然）と「人間」（自己）との間に生じた埋めがたい亀裂の感覚の表現であり、「私」という存在を支える母胎が解体し、彼らが魂の故郷喪失状態にあることを示すものであった。

「祖国」なき世代である現代の子どもたちの存在状況にも通ずる維新後世代の「煩悶」経験をもたらしたものの正体は、「煩悶」そのものを生きた木下尚江・北村透谷らの幼少期の経験と成人後の歩みを仔細にたどることによって、鮮明に浮かび上がってくるだろう。

維新後世代は、生活共同体としての「家」や「士族町」、「村」が崩壊しゆくなかにも、なお持ち越された前代の人びとの生活ぶりや気分、信仰、文化の中にどっぷりとつかって育った。しかも、学制期の小学校において、これまで耳にしたこともないような西洋近代の自然科学、倫理道徳、宗教、政治思想などを学んだ最初の世代である。今、木下尚江の生涯を例に仮説的に示すなら、彼らが抱え込んだのは、自然と共に大小さまざまな神がみや仏が住み、極楽地獄の存在、迷信、伝説が素朴に信じられてきた民俗社会の世界と、新たに登場した「知識」を武器とする西洋輸入の合理的な精神の支配する近代的世界との葛藤であり、自然な性の目覚めから生殖へという「肉」の世界と、キリスト教によってもたらされた「霊」の世界との葛藤だったと言えるのではなかろうか。

この二つの世界の葛藤の内に生き、はるか遠く原始の「生命」、野性へとつながる前・無意識の声に耳を傾けつつ、自分の中の功名の野心や権力欲、死の恐怖、極端な禁欲主義（生殖への蔑視）、物質主義・科学主義・相対的知識への囚われなどを凝視し、人間性の回復を求めて「偽善奸悪の文明」（③三七〇頁）に闘いを挑んだのが、木下尚江である。

五　新しい社会と家庭の建設を求めて

天皇制国家体制の確立と近代学校システムの稼働

一八八六（明治一九）年、森有礼によって四つの学校令が公布され、国家主義的な近代学校システムの基礎が築かれた。木下尚江は、この年に長野県中学校松本支校を卒業、上京して英吉利法律学校（現中央大学）に入学するが、すぐに英国憲法の講義のある東京専門学校に転校している。森が文部大臣に就任した、その前年の出来事を次のように語る。

若き人よ。僕等のやうな古き人間、明治時代第一期の少年は、君等の受けたやうな愛国教育と云ふものを、遂に知らずに過ぎてしまった。明治十八年の暮、僕が中学を出て来る頃、若い教員が二三顔を寄せて、『何でもこれから、国家主義の教育ってことになるんださうだ』こんなことを、不安げにさゝやき合って居るのを聞いた。（⑤一八九頁）

森が推し進めようとしていたのは、国家への自己犠牲を惜しまない国民主体の形成を近代学校という「制度」の中で行うことであり、それを身体への教育的働きかけ（規律訓練化）によって成し遂げようとした。すなわち、児童・生徒の身体を近代国民国家の主体「臣民」にふさわしいものへと調教していくために、軍隊から兵式体操を借用し、学校教育の場に導入したのである。[42] このように学校という場を規律訓練的な訓育空間にしようとする動き――兵式体操の導入、舎監による寄宿舎生の規則・監視・懲罰の強化など――に対して、例えば正宗白鳥や田岡嶺雲など、あからさまな不快感をもって回想する維新後世代は多い。一八八六年に豊津中学校卒業を目前に控えていた堺利彦も、「卒業間近になって、兵式体操が初めて行われた時」、「かなりの反感を覚えた」と、述べている（①五二頁）。一八八七年に明倫小学校に入学したばかりの山川均は、高等精思小学校時代に兵式体操をやらされ、一八九五（明治二八）年に入学した京都の同志社では、尋常中学部三年の時、「クラスのうち一人として、兵式体操に不満をもたなかったものはなかった」（⑦三〇四頁）と回想する。

一八八九（明治二二）年に大日本帝国憲法発布、その発布式当日に森有礼が暗殺され、翌年には、井上毅、元田永孚らによって起草された「教育ニ関スル勅語」が、第一回帝国議会の開会直前に天皇の名で出された。森が構想していた、「忠君愛国ノ志気」を振起するため、国家祝祭日に教員・吏員・生徒を集めて学校儀式を挙行するという計画は、教育勅語の発布をえて全国的規模で普及するに至り、一八九一（明治二四）年の「小学校祝日大祭日儀式規程」によって学校の公式行事として定型化されていく[43]。これ以降、祝祭日の学校儀式で行われる教育勅語の奉読と御真影への拝礼、さらに君が代斉唱が三位一体となって[44]、近代国民国家の主体となるべく規律訓練化の途上にある児童・生徒たちに、彼らを天皇を頂点とする国家の共同性に統合すべく、天皇教を布教していくことになるのだ。

ところで、学校で始まった祝祭日儀式は、当初、一般民衆のレベルではほとんど関心が持たれることがなく、日露戦争の頃から「学校の祝祭日が民俗的な感覚で受容されるようになる反面、地域の時間の流れのなかに学校の時間が年中行事として浸透していく[45]」という。一八九〇年代は近代学校システムが急速に整備された時代でもあり、学校という存在は次第に人々の意識の中に大きな比重を占め始めて、一九〇〇年代には「学歴社会」が到来する。「青年たちの進路決定・進学ルート選択の可能性が、中・高等教育の制度的な未定型さのゆえに、最も多様に開かれていた時代[46]」はもはや終わりを告げ、明治二〇年代前後に生まれ大正期に活躍する「大正人」の将来には、「学歴エリート」の歩むべき定型化された正系の進学ルートの壁が大きく立ちはだかることになった。

堺利彦『家庭の新風味』と平民社の非戦運動

天皇制国家体制が確立し、森有礼の築いた規律訓練型の近代学校システムに、教育勅語という「忠君愛国」「滅私奉公」を究極の国民道徳とする天皇制の精神的・道徳的支柱が打ち込まれた時、維新後世代の典型である堺利彦と木下尚江は、草創期の不充分な学校教育をひとまず終えて社会へと旅立ち、それぞれに新しい生活を築こうとするところだった。

一八八九（明治二二）年、堺利彦は遊興に溺れて月謝を滞納し、第一高等中学校を除名された。養家からも離縁されて「立身出世」の道から脱落、同年に大阪の天王寺高等小学校の英語科教員となっている。一八九三年に教師をやめて文士兼新聞記者となるが、飲酒放蕩の挙げ句の果てに母と父を立て続けに失った堺は、過去数年間の放縦な生活と訣別し、一八九六（明治二九）年、友人の妹堀美知子と結婚し新しい家庭を築いた。

『家庭の新風味』刊行前年の堺利彦と美知子夫人。1900（明治 33）年２月、鎌倉にて
（出典：『堺利彦全集　第二巻』法律文化社、1971 年）

一八九九（明治三二）年に黒岩周六（涙香）の『万朝報』に入社し、約四年間にわたる記者生活の中で社会改良家としての本領を発揮、やがて社会主義者への道を踏み出していく。

堺自身、家庭人としては良き夫で、評判の愛妻家だったという事実に現れているように、[47]「修身斉家がまずあって、そこから次第に治国平天下

1904（明治37）年、麹町区有楽町にあった平民社
前列右より西川光二郎、幸徳秋水、堺利彦、石川三四郎
（出典：荒畑寒村『平民社時代——日本社会主義運動の揺籃』中央公論社、1973年）

へとひろがっていく」と発想する[48]ところに、堺利彦の社会主義の特色がある。家庭論・女性論に関心を寄せた数少ない社会主義者であり、一九〇一（明治三四）年から翌年にかけて『家庭の新風味』（全六分冊）を内外出版協会より刊行し、「夫婦同権」に基づく新しい家庭の姿を示した。「福沢先生より多大の感化を受け」て書かれ（②一七〇頁）、堺利彦（枯川）の文名を高めた著作だが、同書の次の言説は、近代日本における理想家庭像、すなわち食卓を囲む「一家団欒」風景が日露戦後の社会に普及する上で、大きな役割を果たした。「一家だんらんの趣は最も多く食卓の上に現われる。……一家の者が一つの食卓を囲んで、相並び、相向かって、笑い、語り、食い、飲む、これがもし無いならば、家庭の和楽の半分は減じてしまうであろう[49]」。

近世の「家」解体から「近代家族」の成立へという家族生活の変容は、このように最初の故郷喪失者となる士族層から始まった。そして、「家庭教育」を提唱した福沢諭吉から、模範的な「教育家族」を築いた先駆者である良妻賢母の鳩山春子へ、さらに維新後世代の堺利彦や相馬黒光たちへと、近代日本の新しい家庭のあり方が模索されていったのだ。

一方、木下尚江は一八八八（明治二一）年に東京専門学校を卒業後、故郷の『信陽日報』記者となるが、翌々年には郷里の人びとから迫害され、故郷の地盤を開拓して中央の政界に進出する夢は完全に絶たれてしまう。失意の日々の中、急速にキリスト教へと接近し、松本で弁護士を開業した一八九三（明治二六）年に洗礼を受けている。それは、内村鑑三不敬事件を契機に激しくなっていったキリスト教排撃の動きに対して、ひたすら弁解を事とするキリスト教徒への苛立ちや義侠心に発してのことだった。一八九九（明治三二）年に島田三郎の主宰する『毎日新聞』に入社し、廃娼運動や足尾鉱毒問題の被害民救済運動など活発な社会活動を展開（一九〇〇年結婚）。木下による明治国家体制批判は、近代天皇制とそれを支える臣民教育にまで及んだ。「僕の演説は、勢ひ自然にいはゆる『国体論』に触れる。これがために僕は筆頭の危険人物になったものらしい。幸徳が非常な不満であった」（⑤一四頁）と、木下は述べている。幸徳秋水が、社会主義の主張は「経済組織の改革」にあり、「国体にも政体にも関係は無い」と主張するのに対して（同前）、木下の革命思想は、地上天国の実現のために、天皇制の根っこにある「天子様は生神様」（③三〇二頁）という民衆の古い信仰の改革へと向かっていった。[50]

こうして彼らが三〇歳を迎えた頃、自由民権運動の夢破れ、彼らの眼前に広がっていたのは、藩閥政府・政党・大資本家などの私利私欲と無知不明によってもたらされた帝国主義国家の悪、そして資本主義社会の害であった。日露開戦の危機が迫る中、一九〇三（明治三六）年に堺利彦が幸徳秋水と共に、非戦論から開戦論に転じた『万朝報』を退社し、平民社を組織して週刊『平民新聞』を創刊することを決めると、こうした現実に対してそれぞれに闘っていた初期社会主義者たち——唯物論者の堺、幸徳の他に、キリスト教徒であり、社会民主党以来の社会主義者である安部磯雄、片山潜、木下尚江、西川光二郎、同じくキリスト教徒で若手の石川三四郎ら——は、後にマルクス主義、無政府主義、社会民主主義などへと展開していく様々な思想的立場や境遇の違い、利害の対立を越えて平民社に結集、非戦運動を展開した。平民社同人の「宣言」には、「自由、平等、博愛」の宣言、「人類の自由」を求めての「平民主義」の宣言、人類に「平等の福利」をもたらすための「社会主義」の宣言に続けて、「吾人は人類をして博愛の道を尽さしめんが為めに平和主義を唱道す。故に人種の区別、政体の異同を問はず、世界を挙げて軍備を撤去し、戦争を禁絶せんことを期す」とあり、最後に合法主義と非暴力主義が掲げられている。[51] 平民社の活動は、明治維新後に実現されていたかもしれない自由で平等な平和社会の建設を求めての、維新後世代の輝きに満ちた闘いであったと言えるだろう。

残念ながら、この維新後世代の願いは一世紀以上たった今日においても、なお、実現されていない。それればかりか、戦後の高度経済成長期を経た現代の子どもたちにとって一層深刻なことに、維新後世代には所与の前提であった故郷に息づく確かな生活圏を奪われ、原始から連綿と伝えられた「永遠の生命」が宿る豊かな自然さえも破壊されて、彼らは近代の悪しき物質機械文明が肥大化した世界の闇の中に立たされている。

引用自叙伝一覧

①堺利彦「堺利彦伝」、『日本人の自伝 九』平凡社、一九八二年。
②堺利彦「予の半生」、『堺利彦全集 第六巻』法律文化社、一九七〇年。
③木下尚江「懺悔」、『日本人の自伝 三』平凡社、一九八一年。
④木下尚江「墓場」(自伝的小説)、『木下尚江全集 第六巻』教文館、一九九一年。
⑤木下尚江「神 人間 自由」(回想録)、『木下尚江全集 第一一巻』教文館、一九九五年。
⑥木下尚江「病中吟」(遺稿)、『木下尚江全集 第一八巻』教文館、一九九九年。
⑦山川均「ある凡人の記録」、『日本人の自伝 九』平凡社、一九八二年。
⑧山川菊栄・向坂逸郎編『山川均自伝』岩波書店、一九六一年。
⑨石川三四郎「浪」、『日本人の自伝 一〇』平凡社、一九八一年。
⑩石川三四郎「自叙伝」、『石川三四郎著作集 第八巻』青土社、一九七七年。
⑪河上肇「自伝 抄」、『日本人の自伝 一〇』平凡社、一九八一年。
⑫長谷川如是閑「ある心の自叙伝」、『日本人の自伝 四』平凡社、一九八二年。

注

(1) 林尚男『評伝《堺利彦》』オリジン出版センター、一九八七年、一頁、三三三—三三四頁。
(2) 川口武彦『日本マルクス主義の源流』ありえす書房、一九八三年、二五頁。同『堺利彦の生涯』上・下巻、社会主義協会出版局、一九九二・九三年、上巻一五—一六頁、下巻二九一頁。
(3) 林尚男、前掲書、一頁、八八頁。
(4) 長谷川如是閑「堺利彦」、飯田泰三・山領健二編『長谷川如是閑評論集』岩波文庫、一九八九年、三二六頁(初出『批判』一九三三年二月)。
(5) 同書、三二九頁、三三六頁。
(6) 同書、三二四頁。

(7) 同書、三二四―三二五頁。
(8) 同書、三二六―三二七頁。
(9) 詳しくは、拙稿「人間形成史における青年の『煩悶』現象」、『研究室紀要』(東京大学大学院教育学研究科教育学研究室) 第二三号、一九九七年六月、参照。
(10) 資料「神戸新聞社への『犯行声明』」、朝日新聞大阪社会部『暗い森』朝日文庫、二〇〇〇年、二六二頁。
(11) 山極圭司『評伝木下尚江』三省堂、一九七七年、二頁。河上肇「思ひ出・断片」、『河上肇著作集 第九巻』筑摩書房、一九六四年、二二八頁、二五一―二六七頁、参照。
(12) 柳田泉『日本革命の予言者・木下尚江』春秋社、一九六一年、一七三―一七四頁。本書は、尚江晩年の直話に基づくものである。
(13) 石川三四郎「木下尚江を想ふ」、山極圭司編『明治文学全集 四五 木下尚江集』筑摩書房、一九六五年、三六七頁(初出『科学ペン』一九三八年一月)。
(14) 渡辺和靖『増補版明治思想史』ぺりかん社、一九八五年、四四頁。
(15) 入江宏「『教育史時代区分試論』補説」、『日本教育史研究』第一一号、一九九二年八月、八五―八六頁。
(16) 柳田国男「家永続の願い」、『明治大正史 世相篇 (下)』講談社学術文庫、一九七六年、七三頁。
(17) 同前。
(18) 詳しくは、落合弘樹『秩禄処分』中公新書、一九九九年、特に三〇―七二頁、参照。
(19) 柳田泉、前掲書、一五頁。
(20) 幸徳秋水「予は如何にして社会主義者となりし乎」、週刊『平民新聞』第一〇号、一九〇四年一月一七日(『幸徳秋水全集 第五巻』明治文献、一九六八年、所収)。
(21) 中野孝次『若き木下尚江』筑摩書房、一九七九年、三九―四一頁、五九―六〇頁。
(22) 渡辺和靖、前掲書、一四頁、一九頁。
(23) 小山静子「『家庭教育』の登場――公教育における『母』の発見」、谷川稔他『規範としての文化』平凡社、一九九〇年。拙稿「明治期における〈家庭教育〉意識の展開」、『日本教育史研究』第一一号、一九九二年八月。

(24) 黒田日出男『[絵巻] 子どもの登場』河出書房新社、一九八九年、八〇―八三頁。なお、徒弟制教育システムという概念は入江宏の次の論文による。「伝統社会の教育システムとその変容――職人社会の場合」『人間研究』(日本女子大学教育学科の会) 第三五号、一九九九年三月。

(25) 堺利彦「宗教とは何ぞや」、『堺利彦全集 第四巻』法律文化社、一九七一年、三〇頁 (初出『新仏教』一九一一年五―八月)。

(26) 沢山美果子「近代家族の成立と母子関係――第一次世界大戦前後の新中間層」、人間文化研究会編『女性と文化Ⅲ』JCA出版、一九八四年、一一八頁。

(27) 神道中心の国民教化政策である明治初年の大教宣布運動の地方機関。『長野県教育史 第一巻』長野県教育史刊行会、一九七八年、九二四―九五五頁、参照。

(28) 詳しくは、山田貞光『木下尚江と自由民権運動』三一書房、一九八七年、一〇―八五頁、参照。

(29) 前田愛「近代読者の成立」、『前田愛著作集 第二巻』筑摩書房、一九八九年、一一八―一一九頁。

(30) 渡辺和靖、前掲書、一三―二三頁。

(31) 木下尚江「野人語 第一」、『木下尚江全集 第九巻』教文館、一九九五年、八七―八八頁 (初出、一九一一年)。

(32) 柳田泉、前掲書、一九頁。

(33) 堺利彦「予は如何にして社会主義者となりし乎」、週刊『平民新聞』第八号、一九〇四年一月三日 (『堺利彦全集 第三巻』法律文化社、一九七〇年、所収)。

(34) 確かに翻訳教科書の『国語読本』には神という言葉が度々出てくるが、この文章は連語図 (掛図) に載っていたもので、堺利彦の記憶違いと思われる。木下尚江も、この連語の第一句と『国語読本』の衝撃を語り、「それまで家庭で馴れて居る『神』と、今学校で読む『神』とが、何か違って居るやうに感じた」(⑤一九〇頁) と、述べている。

(35) 海後宗臣編『日本教科書体系 近代編 第四巻』講談社、一九六四年、一〇一頁。

(36) 海後宗臣編『日本教科書体系 近代編 第一五巻』講談社、一九六五年、一二七頁。

(37) 柳田泉、前掲書、二二一―二二二頁。

(38)『万国史』というのは、記憶か記述かの混乱だという(柳田泉、前掲書、二三―二四頁)。
(39)山極圭司、前掲書、二九―三〇頁。柳田泉、前掲書、二五頁。
(40)木下尚江「福沢諭吉と北村透谷――思想上の二大恩人」、『木下尚江全集 第二〇巻』教文館、二〇〇一年、二七五頁(初出『明治文学研究』一九三四年一月)。この中で、透谷は「或る青年達の代表者」であり、透谷の死を新聞で見た時、「我々の代表者が犠牲になって十字架にかゝったのだといふ気持に打たれた」と語っている(二七四頁)。
(41)渡辺和靖、前掲書、一九〇頁。
(42)吉見俊哉「ネーションの儀礼としての運動会」、吉見俊哉他『運動会と日本近代』青弓社、一九九九年、二〇―二九頁。
(43)佐藤秀夫「小学校における祝日大祭日儀式の形成過程」、『教育の文化史 一』阿吽社、二〇〇四年、参照。
(44)学校儀式と君が代との関係については、静岡県の事例として、高橋敏『近代史のなかの教育』岩波書店、一九九九年、一三四―一三九頁。全般的な動向として、佐藤秀夫「『日の丸』『君が代』と学校 解説」、『教育の文化史 四』阿吽社、二〇〇五年、二〇六―二一〇頁。
(45)吉見俊哉、前掲書、四七頁。
(46)寺﨑昌男「日本における近代学校体系の整備と青年の進路」、『教育学研究』第四四巻第二号、一九七七年六月、一五四頁。
(47)鈴木裕子「解説」、鈴木裕子編『堺利彦女性論集』三一書房、一九八三年、三八六頁。
(48)林尚男、前掲書、六三頁。
(49)堺枯川「家庭の新風味」、『堺利彦全集 第二巻』法律文化社、一九七一年、一二一頁。
(50)後神俊文「木下尚江の皇室観とその周辺」、『木下尚江考』近代文芸社、一九九四年、参照。
(51)「宣言」、週刊『平民新聞』第一号、一九〇三年一一月一五日。

第三章　高学歴女性にとっての学校
——鳩山春子・相馬黒光・神近市子——

小山静子

一　はじめに

自叙伝を出版するということ、これは多くの場合、功成り名遂げたものが行うことである。したがって自叙伝執筆者には男性が多く、女性の自叙伝が少ないことは、容易に想像がつく。『日本人の自伝』（平凡社）全二三巻と別巻Ⅰには六八人、『伝記叢書』（大空社）には七七人、あわせて一四五人の自叙伝が収められているが、そのうち女性は二七人しかいない。また『日本人の自伝』別巻Ⅱに収められた「日本人の自伝三〇〇選」の中にも、女性の自叙伝は三五しか入っておらず、自叙伝の多くがいかに男性によって書かれてきたかがわかる。(1)しかしそれは単に社会的「成功」者が男性に偏っていたということの反映とばかりはいえない側面があるようだ。

一九世紀イギリスにおける労働者階級の自叙伝を分析したヴィンセントは、自叙伝執筆者の集団が、階層的にも地域的にも多様であることを指摘した後で、「自叙伝のない大集団は女性である」[2]と述べ、次のようにその理由を考察している。「一般的に言って、女性には自叙伝を書くという、普通でない行為にとりかかるにあたって必要とされる自信が欠けていたこと、これがその答えであるにちがいない。この自信の欠如は、労働者階級のほとんどの組織、とくに男性の自叙伝作者の多くに自己表現の訓練と衝動を与えた自己改良のための組織が、女性を排除していることが多かったことによると考えられる。女性の自叙伝がほとんどないことはまた、家族内における女性の従属的地位の反映であるのかもしれない。すなわち、夫は一家の長であり、それゆえ子孫に家族の歴史を伝える責任があると考えられたのであろう[3]」。彼によれば、女性は書くということに対する自信を涵養する機会を奪われているとともに、書かねばならないという責任感からも遠い地点にいたことになる。

このような見解をすぐさま日本にあてはめて考えることには留保が必要だろうが、少なくとも自叙伝を執筆した女性たちは、社会的な「成功」をはたし、書くという行為に対する自信と欲求をもった人物であったということはできるだろう。では、そのような女性たちは、自らの生い立ちをどのように語っているのだろうか。いったい彼女たちはどのように育ち、どこから何を学びとり、自らの人格や社会的地位を形成していったと考えているのだろうか。ここでは、特に三人の女性、すなわち鳩山春子（一八六一―一九三八）、相馬黒光（一八七六―一九五五）、神近市子（一八八八―一九八一）の自叙伝に注目し、このことを考察していくことにしたい。この三人の自叙伝を取りあげたのは、三人の生年には二七年の開きがあり、生まれ育った家も、旧藩士から新政府の高官へと転身を遂げた士族（鳩山）、明治維新後に没落した士族（相馬）、地方の漢方医（神近）とさまざまだからである。したがって彼女たちの自叙伝からは、多様な環境の下での育ち方、学び方というものを見てとることができるだろう。

もちろん序章で述べたように、自叙伝に書かれていることは、本人にとっての「真実」であり、そこでつぶさに語られていることは本人からみた自らの生い立ちである。他者から見ればまた違った把握の仕方があるだろうが、ここで重要なのは、何が正確で客観的事実なのかということではなく、自叙伝を書いた本人が自らの人生を形作ったものをどのように理解し、記しているのかということである。しかもその叙述は、二つとない人生の語りでありながら、それぞれの人間が生きた社会のあり方を写し出してもいる。つまり三人の自叙伝を検討するということは、単に三人の生い立ちを語ることではなく、「世に出る」という女性の人生を生み出したものは何だったのか、それを社会的文脈において理解することであるといえるだろう。このことを以下、考察していきたいと思う。

二　一九世紀後半生まれの女性たちが育った時代

小学校教育の普及

本章で主に検討する三人は、一八六一（文久元）年から一八八八（明治二一）年に生まれているが、彼女たちが育った時代とはどのような時代だったのか、自叙伝を検討する前に、その一般的な状況を、学校教育に焦点をあてて簡単に述べておきたい。

後で詳しく述べるように、鳩山ら三人はいずれも中等教育や高等教育を受けているが、このことは同時代の女性たちに比べると驚くべきことであった。というのも、この当時、小学校教育すら受けられない女性が多数存在していたからである。近代的な学校教育制度は一八七二（明治五）年に開始されたが、小学校教育の普及の仕方は男女で大きく異なっており、まずは男子から普及しはじめ、女子の就学はなかなか広まらなかった。女子の小学校就学率を一八七五(明治八)年から五年間隔でとると、以下の通りになる。

一八七五年……一八・八％　一八八〇年……二一・九％　一八八五年……三二・一％
一八九〇年……三一・一％　一八九五年……四四・五％　一九〇〇年……七一・七％
一九〇五年……九三・三％　一九一〇年……九七・四％(4)

この数字は名目上の数字であり、実質的な就学率（通学率）や卒業率はもっと低いが、それでも二〇世紀に入ると急速に女子の小学校への就学が定着したことがわかる。言葉を変えていえば、一八九〇年代までは、女子は義務教育を受けることすらままならない状況であり、多くの女性たちは、学校教育ではなく、それぞれの家族や地縁・血縁によって結ばれた人々、あるいは奉公先や労働の場を通して、生きる術を身につけていったといえるだろう。たとえ読み書きはできなくとも、労働に関わるコツやカン、裁縫のわざ、共同体でのつきあいやしきたりなどを、経験を通して学ぶことこそが重要だと考えられていたのである。しかし一九〇〇年代半ばになると、就学することは当たり前のことになり、学びの場は、従来からの家族や共同体だけではなく学校にも広がり、次第に学校が教育という営みにおいて重きをなしていったことがうかがえる。つまり、生まれが一八九〇年代半ば以前か以後かで、女子の教育環境には大きな変化が起こったことになる。

女子中等教育の確立

また、女子への学校教育の影響という点から特筆すべきなのは、一八九九（明治三二）年に高等女学校令が公布され、女子中等教育が制度的に確立したことである。それまで女子中等教育は、主にミッションスクールに代表される私立の女学校によって細々と担われていたにすぎなかった。しかし、高等女学校令が一九〇四（明治三七）年までに各道府県に公立の高等女学校の設立を義務づけた結果、一九〇〇年代に入ると、公立の高等女学校が次々と設立され、女子中等教育は急速に整備されていく。たとえば、高等女学校本科の生徒数は、一八九九年に七四四六人だったのに対して、五年後の一九〇四年には二万三八五四人となっている。[5] といっても、六年前の尋常小学校入学者に対する高等女学校（本科）入学者の割合は、一九〇五年＝一・八％、一九一〇年＝二・九％、[6] でしかなく、高等女学校とは、まだまだ特権的な人々が通う学校であった。しかしそれでも、女子中等教育制度が成立したことの意義は大きかったのではないだろうか。たとえ良妻賢母主義を標榜している高等女学校であったとしても、そこに通い、学ぶこと、級友たちと語らうことは、女性が家族や労働から「自由」な時間と空間を獲得することを意味していたからである。それを制度的に保障するものとして、高等女学校令は存在していた。つまり、一八九〇年ころを分水嶺として、それ以前に生まれた者と以後に生まれた者とでは、中等教育を受けるチャンスが決定的に違っていたのである。

さらにいえば、高等女学校のみならず、女子のための高等教育機関や師範学校が整備されはじめたのも、世紀転換期であった。たとえば、女子高等師範学校が設立されたのが一八九〇（明治二三）年であり、一九〇〇（明治三三）年になると女子英学塾と東京女医学校、翌年には日本女子大学校が開校している。そういう意味では、一八八〇年代生まれの者が、高等教育を受けることが可能になった第一世代ということになるだろう。また一八九七（明治三〇）年の文部省訓令第一二号によって女子師範学校の設置が奨励された結果、徐々に女子師範学校が各府県に設立されていき、女子師範学校は、経済的な理由から高等女学校に通うことができない、向学心に燃えた少女たちの受け皿となっていった。

三人の女性たち

このように、生年によって女子教育をめぐる状況は大きく違うのだが、ここで検討する女性たちは、いずれも小学校教育が普及せず、女子中等教育も制度的に整備されていない時期に子ども時代を過ごしている。にもかかわらず、彼女たちはこのような一般的な傾向とはかなり異なる教育状況を生きており、中等教育や高等教育を受けていた。鳩山春子は一八七四（明治七）年に官立東京女学校に入学し、一八七七（明治一〇）年に同校が廃校になると東京女子師範学校へ移り、一八八一（明治一四）年に卒業している。相馬黒光は一八九一（明治二四）年に宮城女学校に入学した後、フェリス女学校を経て、一八九七（明治三〇）年に明治女学校を卒業した。そして神近市子は一九〇三（明治三六）年に長崎の活水女学校、一九一〇（明治四三）年に女子英学塾に入学し、一九一三（大正二）年に同校を卒業している。

彼女たちは、女学校に通うということ自体がまれな時代にあって女学校を卒業し、高等教育も受けた、驚くべき高学歴者であった。そして彼女たちはこの学歴を足がかりとして、自らの職業を切り拓き、社会的な地位を形成していった。このような生き方をした女性は、当時において圧倒的な少数派であったが、彼女たちはいったいどのように自らの生い立ちを語っているのだろうか。

三　「男の子のように」育つ

鳩山春子（旧姓多賀）は、一八六一年、信州松本に、松本藩士である父渡辺幸右衛門（明治初年に多賀努と改名）、母賢子の五女、七人きょうだいの末子として生まれた。彼女は、一九一六（大正五）年より一九一八（大正七）年まで、『新家庭』に自叙伝を連載したが、それを一九二九（昭和四）年に、夫の鳩山和夫の伝記である『鳩山の一生』の付録として出版したものが、『自叙伝』である。

父による教育

『自叙伝』を読んで興味深いことは、一つには彼女が「男の子のように」教育を受けたと述べていることであり、二つには母親の生き方に対して批判的なまなざしを注いでいることである。

では、「男の子のように」育つということはどういうことだろうか。江戸時代の武士家族における子どもの教育は、その子どもが男子であるか女子であるかによって、大きく異なっていた。男子の場合は、将来の家の跡取りとして、漢籍の素読や武芸の稽古、礼儀作法などを、幼いころからしつけられていく。それに対して女子の場合は、将来、男子のような社会的役割を担うわけではないので、読み書きや裁縫の技術の習得、婦徳の養成が行われていった。

しかし鳩山春子の場合、幼少期を過ごした幕末維新期の激動期にはこのような教育の規範が崩れつつあり、しかも彼女が末子であり、二人いた兄のうち一人が夭折したという事情もあって、父親は彼女を跡取り息子と同様に教育してみたいと思ったようだ。彼女は次のように語っている。「(父には、息子が——引用者)一人ではいかにも物足らぬから、もう少し何者かを教育して見たい、という観念が離れなかったのです。幸い私が末っ子に生れついて居るもの故、これに教育して見ようということになって、私は男子同様に教育をうけることになったのでありました」(①三二八—三二九頁)。ただ明治初年において、父は家族を松本に残して単身、石巻や東京で生活しており、彼女は上京して父のもとで学校に通うまでは松本で育っている。

彼女は母親から読み書きの手ほどきを受けた後、一八七二(明治五)年ころから近所の私塾で漢学と習字を学びはじめた。漢学塾への通学を望んだのは彼女自身であり、「ある日の曝書に、四書や五経をちらと見まして、こんな書物を読んで見たいと云う気が萌したものですから、ちょっとそのようなことを母に申しました」（①三三〇頁）ことが、漢学塾に通うようになったきっかけだった。そして彼女は、「一軒の先生に教わる位では満足が出来ぬ処から」（①三三一頁）、「論語や孟子は別々の処を一日に三軒も廻って稽古」（①三三〇頁）している。それらの塾では「女といえば私がたった一人でありましたが、少しもそんな事は怪しみませんでした」（①三三五頁）という。非常に熱心に漢学に取り組んでいたことがわかる。

父は跡取り息子を東京に呼び寄せて慶應義塾に入学させていたが、松本に一時的に帰った折りに彼女に漢籍の素読をさせ、その上で、彼の眼鏡にかなった彼女を東京で勉強させることにした。もちろん彼女の姉たちとは異なる扱いである。そして彼女は一八七四（明治七）年に上京し、父親と二人で暮らしながら、官立東京女学校（いわゆる竹橋女学校）に入学した。彼女にとって学校へ通うことは何よりの楽しみであり、彼女はどんどん飛び級して学校生活を満喫している。また東京女子師範学校に移ってからは、漢学と英語の個人教授も受けていた。彼女が予習をする際には、「父が忙しい身にも拘らず親しく教えて下さる」（①三五一頁）し、父は「書物であれ

鳩山春子
（出典：『共立女子学園の一〇〇年』非売品、共立女子学園、1986年）

鳩山春子
（出典：『共立女子学園の一〇〇年』）

ば何でも、殊に学校の参考書の如きに至っては価を構わず、云うままに買って下すった」（①三五二頁）という。恵まれた環境の中で、彼女はいわば「二番目の息子」として最高の教育を受けたのである。

　上京から結婚（一八八一年）までの自叙伝の叙述は、家族のことと彼女が受けた教育のことを中心になされているが、学校に対して、彼女は「競争遊戯の場所の如くに感じまして、常に楽しく愉快に勉強した有様を今から考えても夢のように思われます」（①三五三頁）と述べている。また予習をして学校に行き、「輪講の場合人の間違を摘発するということが私にとっては大なる楽しみで、且つそれを子供心に名誉として居たのです」（①三五一頁）とも語っている。彼女が、「競争」という、学校を支配する業績主義的な原理に対して好感をもち、勉学に励んでいたことがわかる。

　同様の記述は、竹内寿恵（一九〇四―一九七〇）の自叙伝にも見いだすことができる。時代は下がり、小学校での経験であるが、彼女は学校を次のようにとらえていた。「何にしろ、学校は自由の天地です。封建的な束縛が殆んどないと言っていゝ位です。……そして何事でも男（たとえ先生でも）に一歩もヒケをとりませんでした」（⑯六三頁）。ただ竹内の場合、学校に対するとらえ方は複雑であり、このように、学校の業績主義的な原理を封建的束縛のないものとして評価しつつも、他方では、一番になるために努力した学校は、「あまりたのしくありませんでした。高等小学校の二年までやって、ほんとうにくたびれてしまったのです」（⑯四六頁）とも言っている。矛盾した感情というよりは、どちらもが、正直な気持ちであろう。

これらの叙述からわかることは、学校に通い、勉学に励むということが、性別という属性に縛られずに、自らの能力をためすことができるということを意味していたことである。そしてそれは、江戸時代には考えられないことであった。学校という空間は、たとえ小学校であったとしても、性別を超えた、個々人の能力が評価される新しい世界であり、そのことを体現できる場であったといえるだろう。[7] 女子への小学校教育すら定着していない一九世紀後半にあって、このことは当時の大多数の女性には未知の世界であったが、鳩山春子はごく少数の非常に恵まれたエリートとして、その世界に足を踏み入れ、かつ明確にそれを認識することができたのだった。そしてそれは大多数の女性にとっては縁がないものであったがゆえに、彼女は「男の子のように」育ったと形容したのだろう。[8]

「女らしくない」女性たち

ところで、「男の子のように」というのは、女性の自叙伝でしばしば書かれることであり、自叙伝執筆者たちは、自分のことを「女らしくなかった」と告白している。たとえばガントレット恒子（一八七三―一九五三）は桜井女学校に入学したころ、「旨縞の上つぱりを着て紫の兵児帯をしめてゐたから、ひとは男の子のつもりと思つてゐた」[9]（④二二頁）と述べているし、福田英子（一八六五―

一九二七）は次のように語っている。「妾はその頃先生達に活発の子といわれし如く、起居振舞のお転婆なりしは言うまでもなく、修業中は髪を結う暇だに惜しき心地せられて、一向に書を読む事を好みければ、十六歳までは髪を剪りて前部を左右に分け、衣服まで悉く男生の如くに装い、加も学校へは女生と伴うて通いにき。近所の子供等のこれを観て異様の感を抱き、さてこそ男子とも女子ともつかぬ、所謂『マガイ』が通るよとは罵りしなるべし」（③五頁）。また高橋鏡子（一八八四―？）は、「兎角女らしくもなく、家兄たちの間にまじつてベースボールの仲間入りをしたり、魚つりの時に蚯蚓箱を持つてお供をして行つたり、そしてたうとう『女将軍』といふあだ名を男生徒たちから私は奉られたりした」（⑨一五頁）と語っている。あるいは、「母は、私には、わざと男の髷に結わせて、髪の先を切っておりました。これは一つは、子供が二人とも女ですから、一人だけ男の児のような風をさせたかった加減もあります。それで私はいつも男の児のように筒袖を着せられていたものですから、自然、気性まで活発になってしまって、柿の木に登ったりする事は平気でありました」（②二九頁）という、ラグーザ玉（一八六一―一九三九）の証言もある。

このように、鳩山春子以外にも「男の子のように」育ったと述懐している人がいたが、実をいえば、鳩山はこのことを手放しで肯定しているわけではなかった。彼女は勉学に励み、読書に耽った日々を幸福だったととらえつつも、「小さな私の頭を余程生意気に致しました」（①三五四頁）と述べ、次のように語っている。「この幸福らしい生活状態は、他日私をしていかに苦しめた事でしょう。私は世の多くの日本婦人のように世辞もなければ遠慮もなく、礼儀にも詳かならず、まるで男子の如き言語挙動で、充分これを改めようと絶えず努力しますけれど、気の付く時は既に実行後という有様で、四十年来実に苦心の継続で未だに自ら満足と安心とが出来ません」（①三五三―三五四頁）。また相馬黒光も、「男のようであるということが、私の一生を貫く一つの悲劇でもあったと思います」（⑥一五六頁）と述べている。

つまり、「男の子のようだった」と語るその語り口には、男の子のように積極的だったという誇らしげな気持ちと、「女らしくない」という否定的な感情とが入り混じった、微妙なニュアンスが含まれていたことがわかる。社会的に名を成し、自叙伝を書いた女性たちは、ジェンダー・ヒエラルヒーが存在する社会にあって、いわば「男の世界」で活動した人々である。だからこそ、「男の子のようだった」と回想することには肯定的な意味づけが与えられているのだが、それはとりもなおさず、女というジェンダーからの逸脱をも意味していた。女というジェンダーに違和感をもっていたから「男の世界」で活動し、「世に出た」のか、それとも、進学し、社会的活動をすることによって女というジェンダーとの間に齟齬を生じたのかは定かではない。ただ自叙伝を書いた女性たちは、「世に出た」自らを「男のようだった」ととらえることで肯定しながら、他方では既存の「女らしさ」との間に葛藤を抱えていたといえそうである。そしてこのことは、鳩山春子の自叙伝にかいま見える母親の生き方に対する批判的なまなざしとも関わっていた。

「昔の女」への批判的なまなざし

これまで述べてきたことからもわかるように、鳩山春子の育ち方は母親の子ども時代とは大きく異なっており、その生き方も当然のことながらまったく違う。彼女によれば、彼女の家は非常に男尊女卑の風が強く、両親は「君臣か主従の関係の如き観があった」（①三三七頁）という。それゆえ、彼女の上京についても、「父自らが独りぎめで別に母には一言の相談もせなかったようでした。……東京へ連れて行かれるという事になっても母はそれに反対することが出来ず……母は私を手放すのが案じられてか唯悲しそうな顔ばかりして居りました」（①三四四頁）と述べている。ある意味、彼女は母親に同情しているのだが、しかしそのような母は、「常に慎み深く、気に入らぬことがあっても黙従し、悪口を云われても忍んで居り、そして勤勉努力し曽て倦怠のなかった母は、昔の女としては申分のない性質」（①三四〇頁）だったのである。そして、「今の世の中ではこれでは第一家庭教育に困ります」（①三三九頁）と述べ、彼女は次のように、母親に対する思いを吐露するのである。「（父は——引用者）遂に母を捉えて『お前は馬鹿だ』と私の前で嘲ったりしました。それでも母は怒らずに苦笑して済まして居るのです。一言の申開きもせない有様ですから、私の目にも頭にも、母は賢いとは思いません。それで心から愛して居ても尊敬する事を知りませんでした」（①三四三頁）。

彼女が母親を愛していたことは紛れもないことであったろうが、母の姿は模範とすべきものではなかったことがわかる。そして彼女は母の生き方を反面教師としつつ、主従関係とは異なる、もっと対等な夫婦関係を作り、子どもに尊敬される母親となることをめざすことになる。それが鳩山春子流の良妻賢母だったと思われるが、彼女自身は父親の薫陶を得て学問の世界に入り、母親のような「昔の女」とは訣別していく。すなわち、彼女は官僚であった父親がもっていた、近代的な文化、学問の世界に親近感を感じ、母が象徴していた「昔の女」の生き方、「女の世界」から離脱していったのである。

このような、「昔の女」に対する批判的な言辞を述べているのは、一人鳩山春子だけではなく、木内キヤウ（一八八四—一九六四）や神近市子も同様であった。神近については後で詳しく述べたいと思うので、ここでは木内の記述にふれておきたい。木内の生家は江戸時代から続く豪商であったが、彼女は祖母について、『『まっすぐな心でまっすぐに生きて行くものですよ。』祖母はこう言い聞かせた。私はその言葉をいつまでも忘れないでいる」（⑧三二頁）と語っている。このように彼女は祖母からの大きな影響について述べながら、他方で、着道楽である祖母に対して次のような批判的な言辞も残している。「着もしない着物を一ぱいしまって置いて、しかもその手入に没頭しているような女の生活が、一番女を愚劣にする生活ではあるまいか。子供の頃からだんだんそんな考え方が育ってきたようでもある」（⑧三一頁）。彼女が祖母の生き方を見つめ、反発しながら、自立的な生き方（木内の場合は小学校教員になること）を選択したととらえていることがうかがえる。自叙伝執筆者の多くが、社会的に「成功」した女性であり、明治以降の新しい女性の生き方を体現していることを考えるならば、彼女たちと母や祖母の人生には断絶があったと見るべきであろう。ただそこには、母や祖母への愛を語りながら母や祖母とは異なる生き方を選択していく、といった微妙な意味合いがあった。次に述べる相馬黒光は、鳩山春子とは異なる表現で、母から受けた影響について語っている。

四　学校教育の希求

相馬黒光の家

相馬黒光（旧姓星、本名良）は、一八七六（明治九）年、仙台で、元仙台藩士である父星喜四郎、母巳之治の三女として生まれた。三人の兄と二人の姉、弟妹が一人ずつおり、八人きょうだいの六番目である。彼女の祖父である雄記はもともと漢学者であり、仙台藩の評定奉行などを勤めた人物であったが、廃藩後、家は急速に没落し、彼女は没落士族の娘として育つことになる。養子であった父は県庁の役人を務めた後、会社員となって単身赴任をしていたが、家の中では極めて影の薄い人物であり、家を実際に切り盛りしていたのは家付き娘であった母である。しかし、士族としての体面を保つのが精一杯の生活であり、母は、祖父の隠居所を貸して家賃収入を得ながら、家財・絵画・樹木などを売却したり、内職として賃機を織ったりすることで、没落していく家を必死になって支えていた。しかも生活に困窮していただけでなく、父が亡くなり、きょうだいたちが次々に不幸に見舞われるなど、経済的にも精神的にも大変困難な生活を彼女は強いられている。

彼女によれば、「士族の家に生れたものは、町の子供と遊ぶことを許されなかった」（⑥二五頁）という。しかし彼女の自叙伝[10]である『広瀬川の畔』（一九三九年）には、屋敷の内外で行われていた遊び、市や祭礼の様子、あるいは屋敷に出入りする、金銭や色恋をめぐるさまざまな大人同士の人間模様が詳細に記されていて、読む者を飽きさせない。とりわけ興味をそそられるのは、大人と子どもの世界の境界が不分明な点であり、彼女は遊郭をのぞきに行ったり、遊郭に売られた同級生のところに遊びに行ったりしている。

そういう意味では、相馬黒光の自叙伝には、育ちや学びという観点からすると興味深いことがらがたくさん記されているのだが、ここでは三つの点に絞って検討していきたいと思う。その三点とは、祖父母や母から受けた影響、キリスト教信仰によって結ばれた人間関係、進学に対する強い欲求である。というのも、彼女が次第に困窮の度を深めていった境遇を脱し、自らの人生を切り拓いていく際に大きな力となったものが、この三点だったからである。それがいかなるものであったのか、第一の点から述べていこう。

相馬黒光
（出典：『相馬愛蔵・相馬黒光著作集５』郷土出版社、1981 年）

祖父母と母からの影響

彼女は六番目の三女ということもあり、「祖父には問題にされなかったので、祖父に就いての記憶は極めて薄いにかかわらず、その言行は祖母や母を通じて知って、それはついに私の生涯を貫くほどの力強いものになった」（⑥七四頁）と語っている。彼女が幼いころ、祖父はまだ存命していたが、彼女は祖父から直接に薫陶を受けてはいない。しかし、家の中では繰り返し祖父の剛直さや清廉さなどが語り継がれており、それを聞いて育った彼女は、「無言で示した祖父の教訓がつねに指針となっています」（⑥四四頁）という。父の影の薄さと対照的に、武家における家長としての祖父の存在感が家に満ちていたと思われる。[11]

また、祖母について彼女は次のように語っている。「私から見ればお祖母さんは豊かな空想の世界に童心を誘導し、幼い魂に無限の滋味を与えてくれる唯一の人でありました。また厳格な母としては出来ないところを祖母は性来持っていて、ふんわりと包まれるような暖かさがあった」（⑥一五頁）。代言人というあだ名がつくほどに、祖母は孫のいたずらの弁護を一手に引き受けてくれる、孫にとってやさしい存在であった。が、ただ柔和だったのではなく、「外柔にして内剛とでもいうか、普通の者には到底堪えられないような難儀にあっても、苦労に負けるということがなかった」（⑥一七頁）ことを、彼女は見抜いている。

そしてこの強さを祖母以上に示していたのが、母であった。母は休みなく働き、借金の返済などに常に頭を悩ませていたが、そういう母の姿を彼女は次のように語っている。「事ごとにおちぶれを感じながらも、うろたえるところは微塵もなく、今日よりは明日へともちこたえて行く、母の強さはこれと指摘していわれるものではなかったけれど、あらわれた勝気でないだけに、底深かった感じがあります」（⑥五五頁）。貧乏に立ち向かっていく母の姿に底深い強さを見てとっている。

しかし鳩山春子と同様、相馬黒光にとっても、母は「昔の女」だったようだ。彼女は母の強さを学びながらも、母のことを「伝統に住する母」（⑥七一頁）と表現しており、彼女が母とは異なる、もっと別の生き方を模索していたことがうかがえる。またフェリス女学校に入学後はじめて帰省した時のことを、「いつまでもこの廃屋に執着していては、家中残らず自滅するばかり、私一人でも早くこの没落のどん底から起き上らねばと、むしろ潔く故郷を後にして、まっすぐ横浜に戻りました」（⑥一五一頁）と、彼女は述懐している。母が苦労している様子を痛切に知っているがゆえに、母の強さに感嘆し、母に対して深い愛情を抱きながらも、それだけ母とは異なる人生への希求が強かったということだろう。

ところで、他の多くの自叙伝にも、母の言葉や生き方から学んだことが言及されている。たとえば木内キヤウや田中路子（一九〇九—一九八八）は、次のように述べていた。

「一身の外に頼りになるものはない。おキヤウちゃん、しっかりしなくては駄目ですよ。」三つ児の魂百までのたとえで、この母の教は、私の魂の奥深く刻みこまれ、それが私の成長と共に、いよいよ根強く私を支配している。自主独立の志が、多少なりとも私にあるとすれば、それはとりもなおさず母の賜ものである。（⑧二五頁）

母は、よく女が将来一人で立って行く上には、何か一つ身につけておかなければ——と云っていましたが、それは先に申し上げたような母の歩んだ道の喜びと悲しみの中から得た結論なのでしょうね。つまり尊い体験から、わが子にはみじめな思いをさせまいという親心だったと思います。女は結婚して旦那様が職がなくなつたような時にも、お前が一つの芸をもつていれば立つてゆけるという持論の母でしたから。（⑰四三頁）

このように、彼女たちは自立の心を母の言葉から学びとっていた。西崎緑（一九一一―一九五七）や高橋鏡子も、独立精神が強く、信念をもって最後までがんばれという方針をもっていた母の生き方や、武士の妻としての気高い気品、崇高な節操、正しい礼節をもっていた母の姿に言及している。[12] 自叙伝には父からの影響なども語られているのだが、[13] やはり、母に関する語りが多く見られ、母から受けた影響がさまざまに述べられていた。もちろんその内実は一義的ではない。しかし、興味深いことは、木内キヤウや田中路子のように自立心を母の教えから学びとったにしろ、鳩山春子のように母を「昔の女」ととらえて母の人生を乗り越えるべきものと考えたにしろ、いずれにしても自らの職業人としての自立的な生き方に影響を与えたものとして、母の思い出を語っていることである。母の存在は彼女たちにとって重いものであり、良きにつけ悪しきにつけ、母の言葉、母の生き方を念頭におきながら、彼女たちは自らの人生を歩んでいったということができるだろう。もちろん相馬黒光も例外ではなかった。そして、彼女が母とは異なる生き方を模索していく際のバネとなったものが、キリスト教との出会いであり、学校教育であった。

キリスト教との出会い

彼女がキリスト教に関心をもちはじめたのは、尋常小学校時代である。通学の折りに教会の前を通り、「讃美歌の声に満ちる法悦……その感激、何か常態を超えた光景に、強く強くひきつけられた」(⑤三三八頁)という。そして家から反対されたものの、日曜学校に通うようになった。キリスト教に本格的に接近したのは高等小学校に入ってからであり、一八八九(明治二二)年には押川方義から洗礼を受け、熱心なクリスチャンになっていった。「受洗後の私は、熱烈な信仰を求めて、いやが上にも熱し、もはや、日曜学校や日曜午前の説教だけでは満足出来ず、夜の説教や、水曜日夜の祈祷会、その他臨時の演説、説教、一つも欠かさず出席しました」(⑥八八頁)という。

とりわけ押川の高弟であった島貫兵太夫と出会ったことは、良き相談相手を得たという意味で、彼女の人生にとって重要な意味をもっていた。彼はことあるごとに彼女の相談にのり、彼女の進学・結婚の際のキー・パーソンになっている。ちなみに彼女は島貫のことを次のように評している。「ある優越感を懐いている男性が、年下の少女の指導者を以て自ら任じ、妹よといって一貫して面倒を見ることは、明治のその時代の男女交際の一つの傾向であったということが出来ますが、中でも島貫さんは最もその態度の適まっていた人で、実にいま思い出しても親切な、それも深い精神的親身の兄であったという気がします」(⑥一三〇頁)。また彼女が仙台を離れた後に知り合った星野天知も、彼女の精神的な支えになるなど、彼女は多くのキリスト教関係者たちと人間関係を築き、彼ら・彼女らから大きな影響を受けていった。

このように、彼女の生活は多くの人々によって支えられていたが、ここで注目したいのは、この人間関係が地縁・血縁に基づいたものではなく、キリスト教信仰という個人の意思によって結ばれた、近代的な人間関係だったことである。自叙伝を書いた女性の中でクリスチャンは相馬黒光だけでなく、星野あい（一八八四―一九七二）、ガントレット恒子、久布白落実（一八八二―一九七二）などがいるが、相馬黒光の場合は、彼女らと異なり、当初は家族に反対されながらも、自ら教会に通い、人間関係を作っていったことが特徴的であった[14]。

この人間関係に彼女は随分と助けられているが、このような、家族以外の者との精神的な交流は、他の女性の自叙伝にはあまり書かれていない[15]。相馬黒光や次節でふれる神近市子の自叙伝がむしろ例外的なケースであり、一般的には女性が書いた自叙伝は、家族と学校という枠組みで書かれることが多かった[16]。そういう意味では、女性の自叙伝と本書の第二章で描かれている自叙伝の語りとは、様相を異にしていた。もちろんそれは、彼女たちには家族や学校以外の多様な人々との交流がなかったということではなく、「世に出た」自らの生い立ちを語るにあたって、それを書いておかなければならないと認識されていなかったということだろう。というのも、男性が社会に出るにあたって活用することができた、地縁・血縁の人々や友人・知人からもたらされる、引き立てや金銭的援助、精神的支えを、女性は享受できなかったからではないだろうか。

このような一般的な傾向の中で、相馬黒光の自叙伝には、自分の人生に影響を与えた、家族以外のキー・パーソンとの関係性が詳細に描かれており、それは珍しい部類に属する。そしてそれが、既存の地域共同体や親族共同体の人々との関係性ではなく、個人の意思で結ばれた近代的な人間関係であったことは、注目すべきことのように思う。新しい生き方をした女性が家族や学校以外の人間関係から受けた影響を描くとすれば、旧来の共同体における関係性とは異なる、新しい、自らの意思で形成した関係性とならざるを得なかったのである。このことを相馬の自叙伝は教えてくれる。そしてこのキリスト教信仰を通して作った人間関係の延長上に、彼女の女学校進学への道が拓けていくことになる。

進学への欲求

すでに述べたように、彼女の家は経済的に非常に困難な状況であり、当初、彼女は高等小学校へ行くこともままならず、裁縫学校に通うことになった。そのことについて彼女は次のように述べている。「私は諄々と母に説き聴かされて、不精《マ》不精《マ》に諦め、好きでもない裁縫学校に通いました。裁縫学校の方が、高等科より費用がかからぬとはいえなかったと思いますが、母はひとえに小兄圭三郎に遠慮し、男でさえも学問をあきらめて働いているのに、まして女の子は一日も実際的方面に向って、役に立つようにならねばならぬと、説かれて見れば私も返す言葉はないのでした」(⑥七九頁)。本意ではないものの、家の事情からやむをえず、裁縫学校に行くことになったことがわかる。しかし彼女はそれに満足できなかった。あまりに裁縫に身が入らないために、彼女は「とうとう母に、何でもお手伝いをしますからと云ってせがみ、母も内々、裁縫学校にやっておくことが必ずしも得策でないのに気がついて」(⑥八〇頁)、高等小学校に通うことができたのだった。高等小学校に通学する過程で、キリスト教に接近していったことはすでに述べた通りである。

彼女は高等小学校へ通うようになると、次第に女学校への進学欲求が高まっていき、当時、女子教育界に燦然たる光を放っていた明治女学校に憧れていく。また東京の叔母(佐々城豊寿)のところへ行っていた祖母から東京の様子を聞いて、上京したいと強く思うようになった。しかし結局のところは、一八九一(明治二四)年、家の事情のために、自宅から通学できる宮城女学校に入学している。ただ翌年、ストライキ事件のために宮城女学校を退学し[17]、「押川先生の御配慮と島貫さんの激励により」(⑥一四二頁)、仙台を離れ、横浜のフェリス女学校に入学した。その後、ミッションスクールの型にはまった教育のあり方に疑問をもったために、一八九五(明治二七)年にフェリス女学校を退学し、明治女学校に転校している。その間、彼女は苦学を強いられ、編み物や裁縫の内職、洗濯などの賃仕事をして、学費や生活費を捻出していたが、女学校を変わりながらも、充実した学校生活を送り、一八九七(明治三〇)年に無事、明治女学校を卒業した。

あこがれの明治女学校が彼女の目にどのように映っていたのか、その一端を示すものとして、明治女学校校長の巌本善治の講話の時間についての彼女の感想を、以下に紹介しておきたい。「普通の学校でなら校長先生のお修身というところで、大抵は無味乾燥にきかれてしまうものが、先生の場合は大変な違いで、みなその時間の来るのを待ち、お話がすんで講堂を出て来る時は、誰も誰も感激に眼をかがやかせ、人生のよろこびを深く感じ、ある時はまた先生の非凡な才気に全く敬服して、この学

黒光が憧れた明治女学校
（出典：『相馬愛蔵・相馬黒光著作集５』）

校に来たことの幸福を今更のように強く感じて、うつつの如く足を運ぶという風でした」（⑤三六七頁）。

このように、彼女にとって女学校は仙台での悲惨な生活とは別世界のものであり、新たな生活の足がかりとなるものであった。しかし読者の中には、彼女の生家は困窮していたのにどうして進学できたのか、いぶかしく思う人がいるかもしれない。いくらアルバイトをしていたからといって、一九世紀末に仙台から横浜や東京に娘を遊学させるということは、並大抵のことではない。が、それが可能となったのは、本人の進学への強い意欲、その進学意欲を後押しするキリスト教関係者たちの存在、そして最初は不承不承ではあったものの、結局は進学を許容する家庭の理解、文化度の高さがあったからではないだろうか。

それは、一つには彼女の家が士族だったことによる。明治維新後に社会的転身を迫られた士族は、学校教育を通して、子どもに社会的地位を獲得させようとしたし、[18] 何といっても、学校教育と親和的な文化をすでに江戸時代後期に形成していた。しかしこのような一般的傾向だけで、彼女の進学が可能になったのではない。重要なのが、相馬黒光の家の個別事情であった。それは、母の妹、つまり相馬黒光の叔母は、東京婦人矯風会（後の日本キリスト教婦人矯風会）の書記を務めた佐々城豊寿であり、彼女は相馬黒光の母と異なり、明治初年にフェリス女学校で学んだ人物だったことである（男装して母とともに徒歩で上京したという逸話が残っている）。そういう意味では、娘が学校教育を受けることに対して違和感をもたない家庭環境に、相馬黒光は生まれていた。彼女の生家は経済的に不遇ではあったが、その経済的困難さを乗り越えるだけの恵まれた文化的な条件を彼女はもっていたのである。

生年が異なるがゆえに単純に比較はできないが、本書の第四章で論じられている高学歴の男性の進路選択についての語りに比べると、鳩山春子も相馬黒光も、学校教育に対して熱を込めて語っている。恵まれた家庭環境に育ち、「男の子のように」教育を受けた鳩山と、進学への欲求に抗いがたく、苦学をした相馬とでは、おかれた状況に大きな相違があるが、彼女たちの学校教育への思いは、第四章で述べられている男性とは随分と違っていた。いったい女性が学校教育を受けるということはどういうことなのだろうか、そして女性の学歴獲得を可能にするものは何なのだろうか。もう一人、神近市子の自叙伝を検討しながら、このことを考えていきたい。

五　家族との精神的訣別

神近市子は、一八八八年、長崎県北松浦郡に、漢方医である父神近養斎と母ハナの三女として生まれた。兄二人、姉二人の五人きょうだいの末子である。三歳の時に父、九歳の時に一家の生活が託されていた長兄が亡くなり、その翌年には、長兄の死後、一家を扶養していた次姉の夫、さらには頼りとしていた長兄の義父も死亡するなど、神近の家は経済的に困窮していった。長姉の夫も亡くなっており、寡婦となった二人の姉たちが機織り、裁縫、賃仕事などをして一家の生活を支え、一時、末子であった彼女が他家に預けられたこともある。このような状況の中で、彼女がどのように育っていったのか、『私の半生記』（一九五六年）と『神近市子自伝』（一九七二年）から明らかにしていきたい。

「女らしさ」からの逸脱

「不器量な上に、手のつけられないあばれ者だつた」（⑪九頁）。『私の半生記』は、この文章からはじまる。かわいらしく、おとなしいことが、女の子に期待される姿であったことを考えるならば、彼女が、このような「女らしさ」とは無縁の存在であったことを宣言する文章から自叙伝を書きはじめたことは、すこぶる印象的であるとともに興味深いことである。

すでに述べたように、男の子のようだったという表現が、女性の自叙伝にはしばしば見られるが、神近市子の場合もそれは同様であった。彼女は、「おとなしい子ではないと将来お嫁にいけない、といわれても、私には納得ができなかった」（⑫一三頁）と語っているし、木登りが大好きで、シイやクリの実をたたき落として遊び、凧あげも竹馬も、男の子のする遊びは何でも得意だったという。また尋常小学校時代には、登校する際に、最年長となった彼女がリーダーシップをとったことから、「おとこおなご」と呼ばれるようになっていた。そしてある時、教室で女の子の一人が男の子にいじめられたために、彼女がムチを奪い取って、反対にその男の子を泣かせるという事件が起きる。その時、校長と彼女との間で次のようなやりとりがあったと、彼女は述べている。

「神近、君は男女同権をふりまわすそうじゃが、何か考えがあってのことか」……

「私は男女同権にせろといったことは一度もありまっせん。男の子が仲間にそそのかされて、わけもなく暴れたからなぐりました。あれがよくないといわすとでしょうか」……

「理屈はどうであれ、女の子が男の子を泣かすのはようなか」

「なら、男の子が女の子を泣かすのはどうでっしょう」

「それもようなか。ばってん、男の子が打ったから打ち返さねばならんという考えは、男女同権たい。そう考えるのがようなかというとるとたい」

「それが男女同権なら、私には男女同権が悪かとは思えまっせん。でも男の子を泣かしたのが悪かなら、これからはいたしまっせん」

（⑫四八―四九頁）

この日、彼女は家に帰ってから、姉たちから「できそこないの子」とこっぴどく叱られたというが、このエピソードは、女性運動家としての彼女の原点といえるものかもしれない。このように、彼女は元気のよい、「女の子らしからぬ」子どもであったが、このことは、「母は、内心ひそかに私を生んだことを悔んでいたにちがいない」(⑫一六頁)と想像するほどに、彼女にとっては気になることであった。

そしてこの「女の子らしからぬ」子どもという自己規定には、不器量であるということも関わっていた。「私は自分が醜いことが、いつも悲しかった」(⑫二四―二五頁)し、義姉やその妹たちが怠け者や嘘つき、意地悪であっても、「美しいということは何よりも長所のように思われた」(⑫二五頁)と彼女は述懐している。また一時預けられていた家では、女中から「奥さまはあなたを養女にするおつもりでしたろ。ばってん、あなたはお器量はわるし、躾はなし、もうその気にならんっていうておいでですばい」(⑫三九頁)と聞かされ、情けない気持ちにもなっている。

久布白落実の自叙伝にも器量についての

神近市子
(出典:『神近市子自伝　わが愛わが闘い』講談社、1972年)

叙述があるが、[19] 神近市子の自叙伝には、何度も不器量だといわれた思い出が記され、他人の容貌についても言及されている。それほど、彼女がこのことを気にしていたということだろう。鳩山春子について論じた際に述べたように、「女らしさ」の規範からずれていて「男のようだった」という自叙伝の語りには、微妙なニュアンスが含み込まれていたが、それは不器量だという言葉にもあてはまるのではないだろうか。神近の場合、美しくないことは悲しいことではあったが、女というジェンダーからはずれた人生を選ぶ際の都合のよい理由づけとなっているようにも思える。

読書との出会い

ところで、彼女は預けられていた家で、偶然、本がいっぱいに入った本箱を発見する。彼女はこのことを、人生にとって非常に重要な意味をもつものとして語っている。というのも、彼女はこれがきっかけとなって読書の愉しみを知ることになったからである。彼女は本との出会いを「新しい世界を知る」(⑫四〇頁)と表現しているが、本箱にあった『文芸倶楽部』をむさぼるように読んだという。

その後、彼女は実家に帰されたが(読書のために豆ランプを部屋に入れて預け先の怒りをかったことが、直接的な理由である)、実家でも亡くなった長兄の蔵書を発見し、「新しい鉱脈を発見したように心を躍らせた」(⑫四二頁)。『文芸倶楽部』をはじめ、川上眉山、江見水蔭、巌谷小波、野口米次郎、村上浪六、広津柳浪の作品に接し、義兄が取っていた『万朝報』を借りて、平木白星や岩野泡鳴が書いたものも読むようになった。また小学校の新任の裁縫教師にかわいがられ、「彼女から借りた『一葉全集』を抱いて二階の部屋にとじこもり、息をつめるようにして読みふけった」（⑫四四頁）。そしてこのような日々のことを、彼女は次のようにとらえていた。

> 私は家族とすつかり離れて自分ひとりの世界に立籠つてしまつた。この袂別《ママ》は誰が宣言したのでもきめたのでもなかつたが、永久のものとなつた。私と家族とはそれぞれちがう世界に生きて、僅かに部分的な愛情を交わす間になつてしまつた。後日、小学校を出て長崎の宗教学校に進学する時も、母や姉はよい結婚の資格をえさせようという考えであつたらしいが、私の方はさらにその先きに芸術の世界にすすむ準備をする一つの段階に自分を入れるつもりだつた。そして、一人で自分の人生をつくる闘いをそこではじめていた。（⑪二三頁）

彼女が読書の愉しみ、新しい世界を知ったのは一〇～一一歳のころであったが、徐々に、彼女は読書を通して自らの人格を形成し、独自の精神世界を作っていったことがわかる。そしてそれは、結婚のことをまず考える母や姉との違いを感じとることにつながり、家族の中で孤高の精神を育んでいくことを意味していたのである。

ところで、このような文学への目覚めは、同じく文学好きであった上級生との出会いも生み出している。神近はこの友人から島崎藤村の『若菜集』、木下尚江の『良人の自白』や『火の柱』、徳冨蘆花の『不如帰』などを借り、互いに読後感を書いて交換しあうとともに、平木白星、薄田泣菫、土井晩翠などの詩を愛誦して、自分でも詩を書くようになったという。神近は、母や姉たちよりも、彼女の方に精神的な親密さを感じ、お互いの内面世界を彼女と見つめ合っていたのではないだろうか。前節において、女性の自叙伝では家族以外のものとの精神的交流があまり書かれておらず、書かれる場合には、自らの意思で形成した人間関係であることを指摘したが、読書を通した友人関係を描いている神近の自叙伝にも、これはあてはまりそうである。

学校への憧れ

ところで、読書の愉しみを知った神近は、勉強が好きになっていく。しかも先にふれた裁縫の女性教師にかわいがってもらったために、ますます学校が好きになり、「人に愛される喜びが、私の感情の成長に大きく作用したことは忘れられない」（⑪二二頁）と述べている。勉強の楽しさ、教師から愛される喜びを知った彼女は、次第に学問に憧れ、女学校への進学を夢見るようになっていくが、それには、二人の上級生の存在も大きく影響していた。

一人は、近所に住んでいた女性であったが、彼女は県立女子師範学校に入学している。縮の筒袖に紫紺の袴をつけ、靴をはいた彼女の颯爽とした姿に、神近は目を奪われ、同じ服装をした女学生たちの写真を見せられて、「私の心は（進学に――引用者）いっそう掻きたてられた」（⑫五一頁）という。またこの上級生は、「長崎のヤソ学校（活水女学校のこと――引用者）では、貧乏人の子どもは無償で勉強させておるふうでした」（⑫五三頁）という情報を神近にもたらし、それは「私に新しい希望の灯をともしてくれた」(⑫五三頁)。もう一人は、先に述べた文学好きの上級生であり、彼女は東京の三輪田女学校に入学した後、胸を病み、帰郷していた。彼女が貸してくれた文学書は、東京の女学校文化の香りを神近に届けたのであった。

このように、読書に触発されながら勉強の楽しさを知り、この二人の女性と交流することで、進学の夢は膨らんでいったが、彼女自身は、高等小学校卒業後、小学校教員の助手となったものの、三日でやめてしまい、「朝夕の家事を形ばかり手伝うと、あとは本の虫になっている毎日」(⑫五四頁)を過ごしていた。この様子を見かねた姉が、学資の半分を従姉に、残りの半分を自分の夫に出してもらうという提案をし、神近は活水女学校への入学がかなうことになったのである。彼女は一六歳で、初等科三年に編入され、「女学生時代は、生涯のうちで一番楽しい時であつた」(⑪四九頁)と述べるほど、充実した日々を過ごすことができたのであった。

ではなぜ、彼女は進学を願ったのだろうか。その心の内を次のように語っている。「何よりも『未知』のものへの憧れだつた。次には知識の門としての語学だつた。外国には、もつと沢山小説があるに相違ない。それを読むことができたらどんなによかろう!」(⑪四六頁)。読書から導かれていく未知のものへの好奇心、外国の小説への興味、これらを満たしてくれるものとして学校が存在していたことがわかる。そしてこの学校への熱い思いを生み出したものが何だったのかといえば、それは、相馬黒光とはまた違った意味での、家からの脱出欲求であった。彼女は、進学について次のように語っている。「私は、その時代の文学少女がしたとおり、家を逃げ出した。結婚にしばられるより、苦しくても自分の自由を守るためだった。当てがわれる人生に背中をむけ、自分で自分の人生をつくることになった」(⑪四八―四九頁)。このように、彼女は結婚というものを束縛として感じており、内面の自由を守り、育てるものを、文学、ひいては学校に見いだしたのである。

学歴の獲得を支えたもの

相馬黒光の家と同様、神近市子の家も、決して経済的にゆとりがあるとはいえない状況であったが、彼女の進学が可能となったのは、やはり、彼女の学問に対する強い意欲と、医者の家という、学校教育に対する親和的な家庭文化のためであったと思う。女性の進学が珍しい時代に進学するということは、経済的条件もさることながら、何といっても本人の意欲や家庭の理解が必要不可欠であり、経済的に余裕があるからといって、女性の進学がかなうわけではないのではないだろうか。この問題を、神近市子の自叙伝から離れるが、最後に検討しておきたい。

まず、東山千栄子(一八九〇―一九八〇)が語る面白いエピソードを一つ紹介しておこう。彼女は学習院女学部に在籍していたが、同級生で一人だけ日本女子大学校に進学した人のことを、同級生たちは次のように評していたという。「みんな『わざわざ上級学校へいくなんて、あの方おかしいわ』と、首をかしげたものでした。当時の女学生は、卒業すれば、おヨメにいくものとばかり考えていたのです」(⑬一二四頁)。高等教育機関への進学であるから、中等教育機関への進学と同列に論じることはできないが、このエピソードは、女性の進学が経済資本によってのみ決まるものでないことを教えて

明治 37,8 年当時の在校生
前列左端＝中山マサ、後列右から 6 人目＝神近市子
（出典：白浜祥子『長崎活水の娘たちよ』彩流社、2003 年）

くれる。学習院女学部に通っているのであるから、家庭は裕福であったと思われ、彼女たちの兄や弟の中には、高等教育機関に進学した人が少なくなかったであろうことは、容易に想像がつく。しかし、女性が高等教育機関に進学することは当たり前ではなく、むしろ珍事として認識されていた。そういう意味では、女性が進学するにあたっては、それを違和感なく許容する家庭の雰囲気が、経済的条件に劣らず重要だったということであろう。そして自叙伝執筆者たちの生家は明らかに学校教育に対して親和的な家庭であった。

たとえば、生家の生活難を語っていた高橋鏡子の家は（といっても、彼女の父は村の助役から村長になった人物である）、旧庄内藩の士族であり、母が仕立物をしたり、裁縫を教えたりして家計を助けていたが、当然のように、兄は中学校へ、彼女は高等女学校へと進学している。また栗山津禰（一八九二―一九六四）の家でも、旧上山藩の士族であった父は小学校教員や中学校の書記など、母は裁縫の教員として働き、家計のやりくりをしながら、五人の娘全員を東京に遊学させ、中等教育や高等教育を受けさせている。[20] これは当時にあっては驚異的なことであったといわねばならないだろうが、彼女は娘の教育に支援を惜しまなかった母について、次のように語っている。「母は、私等子供に何うしても、学問だけはさせたいと云ふのが切望であつた。これからの世は、女子も教育が必要だからと云ふ考からでもあらうが、それよりも、母が幼時父を失つて、学問を思ひにまかせなかつた事が、原因になつてゐる」（⑭一九五―一九六頁）。母父もまた、娘の自立を願い、「余り子供を厳格に束縛しては、大きく育たぬ」（⑭一九四頁）という教育方針をもっていた。

そのほかあげていけばきりがないが、自叙伝を執筆した女性たちが育った家は、文化度の高い家だったことは間違いなく、娘の進学をさほど違和感なく受け止めていたといえるだろう。ただ、文化的に恵まれた環境であれば、誰でもが進学が可能だったというわけではない。相馬黒光や神近市子の例をみても明らかなように、肝心なのは、勉強したいという強い思いであった。たとえば竹内寿恵は、女学校に行きたかったが、言い出せなかったことを次のように語っている。「今にして思えば、その時だだをこねれば、あるいは上の学校に入れてくれたかもしれません。けれども、子供のときから、そういう分別がはっきりして、親には絶対服従の観念のもとに育てられ、そういうだだを言っちゃやアいけないというふうに教育されて来たのです」（⑯四七頁）。親の意向がいかに絶対的なものだったのかかわるとともに、その親の意に逆らい、だだをこねてまでも自分の欲求を主張しなければ、なかなか進学がかなわないことを教えてくれる回想である。[21]

女性が中等教育や高等教育を受けることは、経済的にも文化的にも恵まれた家庭環境、父母からの後押し、自らの勉学意欲、これらの条件が満たされてはじめて実現するものであった。そしてそれは男性よりも遙かに必要な条件であった。だからこそ、女性は男性以上に、その困難さや進学に対する意欲を語らねばならなかったのである。

六　おわりに

女性が社会的「成功」を収めるということ、それは女性に期待されていた役割、すなわち家事や育児、子どもの教育などの家庭内役割を果たすことや、農家や商家において家内労働に励むこととは、ある意味、反することである。にもかかわらず、鳩山春子や相馬黒光、神近市子らは、社会的地位を獲得し、自叙伝を書いた。自叙伝に書かれていることは、彼女たちの人生そのままの姿ではなく、書いておかなければならないと認識されたことであるが、その自叙伝の内容から明らかになったことは、女性が「世に出る」ときの学校教育のもつ決定的な重要さである。彼女たちが自叙伝に書いている育ちや学びのありようは、きわめて近代的であり、学校教育を可能にした家庭環境や人間関係、学校教育に対する熱い思いが、自叙伝では語られていた。そしてそのような彼女たちの意欲の基となっていたのは、「昔の女」とは異なる、新しい生き方への希求であった。

つまり、女性にとって学校とは、「昔の女」の生き方と訣別し、新たな人生を踏み出すにあたってのバネ、現状から脱却するための手段として認識されていたのである。このようにいうと、それは何も女性にだけ当てはまることではなく、男性にもいえることではないかという声が聞こえてきそうである。しかしやはり男女で、学校教育の意味するところは異なっていたのではないかと思う。というのも、学校に存在する業績主義的な原理は、たとえ不十分なものであったとしても、身分や階層という属性だけでなく、性別という属性をも超えるものとして存在しているからである。学歴を足がかりとして社会的地位を形成していくことができた女性は数少ないが、女性が自立的な生き方をしようとすれば、学歴に頼るしかなかったのではないかと、自叙伝を読んでいると思えてくる。その結果、彼女たちはある意味「男の子」のようであり、価値観を共有しえない家族の中では孤独感を味わわなければならないことにもなった。

しかも、いつの時代にあっても、男性に比べると女性が学歴を得ることは困難であり、女性が「世に出る」ということは、社会からも家族からも期待されていないことであるがゆえに、男性が得ていたさまざまな人間関係からもたらされる援助を女性は活用できない。こういう状況のなかで女性が学歴を取得するためには、恵まれた家庭環境や本人の勉学意欲が、男性以上に必要不可欠であった。そうであるからこそ、彼女たちは、進学への動機づけを行い、進学を支えた家族、あるいは自らの意思で作った人間関係を書かなければならなかったのであり、それは男性の語りとはずいぶんと異ならざるをえなかったのである。

今回、女性の自叙伝を検討してきて痛切に感じたことは、女性にとって学校教育、とりわけ中等教育以上の学校教育とは何だったのかということである。女子中等教育は良妻賢母の育成を教育目標に掲げており、女性の学歴は一般に地位表示機能をもっているといわれている。[22] しかし自叙伝を執筆した女性たちは、学歴をバネとして自らの社会的地位を形成したまったくの少数派であった。このような女性たちは、近代的な学校教育制度がなければ生まれることはなかったであろう。ということは、単純に良妻賢母養成とはいえない性格を、女子中等教育は有しているということである。

学歴研究は豊かな研究蓄積をもつ研究領域であるが、そこでは、男性の学歴がもっぱら研究されてきた。しかしながら、ジェンダーによって学歴の意味の違いが存在することは当然であり、わずかな自叙伝を検討しただけでも、女性の学歴のもつ多様な意味が浮かび上がってくる。女性にとって学校教育とは何であったのか、女性にとっての学歴の意味をさらに明らかにしていくことの必要性を改めて感じている。

しかも、ここで主に検討した三人は、女子中等教育が制度化される以前の世代に属しており、彼女たちの教育経験や学校教育に対する思いは、高等女学校教育が定着した後に進学した世代とは、異なっていることが予想される。制度化された後の公立の高等女学校教育については、未だ語られていないことになるし、さらにいえば、自叙伝を残さなかった数多くの女性たちの教育経験は、埋もれたままである。人はどのように育ち、学んでいくのか、そのプロセスに学校教育はどのように関わっているのか。いつ、どのような学校に通ったかによって、学校教育の意味は大きく異なっているだろうし、教育という営みのなかでもつ学校の意味も異なっているだろう。明らかにすべきことが、山積しているといわねばならない。

引用自叙伝一覧（生年順）

①鳩山春子『自叙伝』一九二九年→『日本人の自伝 七』平凡社、一九八一年。
②ラグーザ玉『ラグーザお玉自叙伝』一九三九年→木村毅編『ラグーザお玉自叙伝』恒文社、一九八〇年。
③福田英子『妾の半生涯』一九〇四年→『日本人の自伝 六』平凡社、一九八〇年。
④ガントレット恒子『七十七年の想い出』一九四九年→大空社、一九八九年。
⑤相馬黒光『黙移』一九三六年→『日本人の自伝 六』平凡社、一九八〇年。
⑥相馬黒光『広瀬川の畔』一九三九年→『相馬愛蔵・相馬黒光著作集 五』郷土出版社、一九八一年。
⑦久布白落実『廃娼ひとすじ』中央公論社、一九七三年。
⑧木内キヤウ『教育一路』一九二九年→『教育一路／汎太平洋婦人会議に列して』大空社、一九八九年。
⑨高橋鏡子『感激の思ひ出』一九四二年→大空社、一九九二年。
⑩星野あい『小伝』一九六〇年→大空社、一九九〇年。
⑪神近市子『私の半生記』一九五六年→大空社、一九九二年。
⑫神近市子『神近市子自伝』講談社、一九七二年。
⑬東山千栄子『新劇女優』一九五八年→大空社、一九九九年。
⑭栗山津禰『拓きゆく道』一九四〇年→『拓きゆく道／紫式部学会と私』大空社、一九八九年。
⑮高群逸枝『火の国の女の日記』一九六五年→『日本人の自伝 七』平凡社、一九八一年。
⑯竹内寿恵『私の歩んだ道――女社長三十年』一九五四年→大空社、一九九五年。

⑰田中路子『私の歩んだ道——滞欧二十年』一九五四年→大空社、一九九九年。
⑱西崎緑『酔うて候』一九五七年→大空社、一九九九年。

注

(1) ただし、『日本人の自伝』『伝記叢書』「日本人の自伝三〇〇選」には重複もあるので、これらに記載されている自叙伝を執筆した女性は五四人となる。

(2) Vincent, David, *Bread, Knowledge, and Freedom : A Study of Nineteen-Century Working Class Autobiography*, Mehtuen, 1981. →デイヴィド・ヴィンセント『パンと知識と解放と——一九世紀イギリス労働者階級の自叙伝を読む』川北稔・松浦京子訳、岩波書店、一九九一年、一三頁。

(3) 同、一四頁。

(4) 文部省『学制百年史 資料編』一九七二年、四九七頁より作成。

(5) 私立女学校の中には、高等女学校の認可を受けずに、高等女学校レベルの教育を行っていた学校もあるが、そのような学校に通学していた者は、この数字に含まれていない。また一八九九年における七四四六人という高等女学校の生徒数は、中学校生徒数の約八分の一である。

(6) 各年度の『文部省年報』より計算。ところで、高等女学校への進学率を計算するためには、六年間の小学校教育修了者(一九〇七年までは高等小学校二年の修了者、それ以降は尋常小学校卒業者)を分母として計算するのが妥当であろう。しかしこの時期は多様な就学経験を経て入学する者が多いだけでなく、六年間の小学校教育修了者がさほど多くなく、統計も不十分であるので、便宜的に分母を六年前の尋常小学校入学者として計算した。なお、同様の方法で一九二〇年と一九三〇年の進学率を計算すると、それぞれ五・四%、一二・二%となる。一九二〇年代に高等女学校への進学が普及したことがわかる。

(7) もちろんこのことは、学校では性別が意味をもっていなかった、男女が平等であったということではない。ジェンダーと教育に関する研究が明らかにしている通り、現代においても、学校は性別を超えた業績主義的な原理が支配しながら、ジェンダー秩序の再生産が行われている場である。このことは当然、この時期の学校にもあてはまるし、教育制度上の男女平等が達成されていない戦前においては、前者の側面は弱いものであった。しかしたとえそうであったとしても、近代的な学校に業績主義的な原理が存在していたことは、学校以外の社会、あるいは近代以前の教育のあり方に比べて画期的なことであり、それは新鮮な体験であったと思う。

(8) 鳩山春子よりも三〇歳以上若い栗山津禰は、男子学生に混じって東洋大学を卒業したが、女子がなかなか高等教育の機会を得られないことに対して次のように述べている。「何故、男子に生まれなかつたらうと、痛切に悲しくなつた。あまりに女子の権利を疏《ママ》外する現代には、誰しも女子の感ずる事と思ふ。……女子を精神的に導かうとする学校は、男子に比すれば殆ど皆無である。入学して見たいと思ふ所は、皆男子の学校ではないか。嗚呼、私は女子であるけれども、矢張り男子同等に教育を受けたいものである」(⑭七―八頁)。この文章には彼女の思いが滲み出ているが、とすれば、上級学校へ進学するということは、「男子のように」勉強すること、「男の世界」に入っていくことを意味していたことになる。

(9) なお、桜井女学校には数人の男子も在学していたという。

(10) 彼女の自叙伝には『黙移』(一九三六年)、『広瀬川の畔』(一九三九年)、『穂高高原』(一九四四年)があるが、家庭環境や子ども時代の叙述が豊かなのは、『広瀬川の畔』である。

(11) 同様の記述を栗山津禰の自叙伝にも見てとることができる。栗山の祖父は、上山藩の漢学者であり、彼女が生まれたときにはすでに亡くなっていたが、厳格な漢学者としての祖父の存在感が家庭内に残っており、それは重いものであったことを指摘している。詳しくは、⑭一九三頁、を参照のこと。

(12) ⑱三九―四〇頁、⑨二〇頁、を参照。

(13) 父親からの影響について、木内キヤウの叙述を紹介しておきたい。彼女の父は、風流人・自由人であり、趣味の世界をもった、時間とお金に不自由しない、いかにも大店の主人という人物である。その父から学んだことについて、彼女は次のように述べている。「『何でも自分でやらなくては駄目だ』と言う父の教訓は、私の精神のすみずみにしみ通っている。私の『自由人への成長』を基礎づけた意味では、父も、やはり教育者であったかと思い当たり、今更に感激している。……(父は――引用者)どんな家業、どんな階級の人達にも差別感を持たず、むしろ自分にない社会経験に興味を覚えて、それぞれの人達の人生観を学ぶ風があった」(⑧三四―

三六頁)。

(14) 星野あいらは、いずれも家族の者が先に洗礼を受けており、その影響の下にクリスチャンとなっている。

(15) 今回検討した自叙伝の中での例外は、高群逸枝(一八九四—一九六四)の自叙伝である。彼女の父親は郡部の小学校の校長であったが、彼女の自叙伝には、親類縁者や村の人々をはじめとした多くの人たちとの濃密な人間関係が、詳細に描かれている。自宅で父親は夜学を、母親は裁縫塾を開いており、両親は身の上相談的な雑事を引き受けるとともに、多くの人々が家庭に出入りするなど、家庭は社交場としての性格をもっていた。父親は村の知識人として、村人たちとの間に啓蒙的な関係を結んでおり、校長の娘としての彼女は、このような環境の下で育っていく。そしてそのことを彼女は、「私は父母のまなごとして、弟らとともに、前記の人びとにかわいがられ、頭をなでられ、何かを貰い、精神的にもいろいろな知恵を与えられて大きくなっていったのだった」(⑮三五頁)と述べている。このように彼女は多くの人々との豊かな人間関係とそこから得られた人生の糧について記しているのである。しかしこのような叙述は女性の自叙伝の中では例外的なものであり、ほとんどの女性は、地域共同体や親族共同体の人々などから、どのような影響を受け、何を学んだのかについて、何も記していない。なお高群の自叙伝には、人間関係の豊かさとともに、芝居などの興業、もぐら打ちや左義長などの行事、妻問婚の風習、山窩たちとの交流なども描かれており、それらから当時の村の様子をうかがい知ることができる。

(16) この点について詳しくは、拙稿「女性が『世に出る』ということ」『家と家庭における人間形成史の研究』(科学研究費補助金研究成果報告書(基盤研究(c)課題番号16530500))二〇〇七年を参照されたい。

(17) このことについては、⑤三三九—三四三頁に詳しく叙述されているので、参照されたい。

(18) たとえば、園田英弘・濱名篤・広田照幸『士族の歴史社会学的研究』名古屋大学出版会、一九九五年、を参照されたい。

(19) 久布白落実は、女子学院に入学する際のエピソードを次のように綴っている。「(校長が——引用者)『この人はあまり器量がよくないからつづくでしょう』と独り言のように言われた。そのころの女学校は、良い嫁入りぐちのある人はたいてい中途退学をしてしまい、全科高等部卒業までいる人は、多少オールドミス型にできている人と相場がきまっているみたいに思われたものだ」(⑦四〇頁)。

(20) 栗山津禰には男の兄弟はおらず、女だけの五人姉妹(彼女は次女)である。ちなみに、姉妹の学歴と職業は以下の通りである。長女……東京女子高等師範学校卒業→女子師範学校や高等女学校の教員、三女……東京女子師範学校卒業、東京女子高等師範学校中退→小学校教員、四女……東京女子師範学校卒業、日本大学卒業→東京やアメリカで教員、新聞記者、五女……東京音楽学校卒業→高等女学校教員、渡米後、日本語学校の教員。詳しくは、水野真知子「解説」『拓きゆく道/紫式部学会と私』大空社、一九八九年、参照。

(21) 彼女には兄が一人いたが、その兄は大学に進学し、医者となっているので、明らかに子どもの性別によって、進学の可否が異なっていたことがわかる。

(22) 天野正子「婚姻における女性の学歴と社会階層」『教育社会学研究』第四二集、一九八七年、を参照されたい。

第四章　生きられた「学歴エリート」の世界
――学歴社会黎明期における高学歴男性の教育経験――

石岡　学

一　はじめに――本章の課題と史料

学歴社会黎明期における教育経験の意味

幕末の動乱から明治維新を経て日本社会に押し寄せた近代化の波は、さまざまな制度の変革をもたらした。教育についても例外ではなく、従来の藩校や寺子屋での教育にかわる、近代的学校制度の整備・普及が進められていった。その端緒となった一八七二（明治五）年の「学制」以降、日本社会における教育のあり方は大きく変貌を遂げていくこととなる。国家レベルでみれば、これは「近代学校教育制度の推進」と堅苦しく表現されるのだろう。しかし、子どもを教育の主体として見る本書の立場からは、このような制度史的な語り口とは違った視点が導かれる。つまり、教育を受ける人々にとって、こうした現象がどのような意味をもったのかということである。それは、端的にいえば、ライフコースにおける「学校」の意味の増大にほかならない。

では、「学校」の意味の増大とは具体的にどういうことなのか。それは、学校教育こそが「よりよい人生」をもっとも保証するものになったということである。もう少しくわしくいえば、高い学歴を獲得することが立身出世、あるいは確実な将来を約束するという事態が出現したということだ。要するに、「学歴」が社会的な意味や機能をもち、なおかつその意味や機能が増していったということであり、端的にいえばそれは「学歴社会」の到来である。このような学歴取得をめぐる競争とそれがもたらす「学歴社会化」という状況は、日本ではすでに一九〇〇年代に頭をもたげ始めていた現象だった。そのわかりやすい例としては、旧制高等学校の入試倍率の変化がある。旧制高校の入試倍率は一九〇〇年代前半までは二倍前後で推移していたのが、一九〇〇年代後半から徐々に上昇し始め、一九一〇年代には平均して三倍を超える倍率となり、年によっては四倍を超える倍率となっている。[1]まさに一九〇〇年代から一九二〇年代にかけての時期というのは、「学歴」の重要性が社会的に広く認識されるようになり、多くの男子学生が学歴取得をめぐる競争に参入するようになり、そのことによってますます「学歴」が重要性を帯びていく……という循環構造が形成されていった時期、いわば学歴社会黎明期なのである。

ところで、一九世紀においては、高学歴男性、特に帝国大学の卒業者がまずめざしたのは国家官僚になることだった。この段階で学歴社会の原形はすでにできあがっていたといえる。しかし、「学歴

受験の日の一高門前
（出典：『中学世界』第20巻第11号、1917年）

による報酬の違いを制度化し、学歴主義的な秩序を社会全体に押し広げ、確立する上で決定的な役割を果たした」のは企業であった。[2] 二〇世紀に入って以降、実業界に進む場合においても学歴の効用が増大することによって、本格的な「学歴社会化」の時代が訪れたのである。

また、こうした企業社会における学歴の価値の増大は、ビジネス・リーダーの来歴からもうかがい知ることができる。すなわち、一八八〇（明治一三）年にはビジネス・リーダーのうち五七％が「創業者型」であったのに対し、一九二〇年代にはそれが三二％にまで減っている。かわって台頭してきたのは、高等教育を受けた後に企業に入り昇進してトップの地位についた者たちで、その割合は一八八〇年には二〇％だったのが一九二〇年には四四％にまで上昇しているのである。[3]「高学歴取得→経済界における成功」という男子にとっての立身出世ルートがこの時期しだいに形成されていき、そのことが「学歴社会化」をもたらす大きな要因となったということが、教育の面からも企業社会の面からもはっきりとわかるだろう。

このように、学校の意味の増大とは「学歴社会化」という現象を軸としてとらえることができる。こうした学歴社会化の歴史的分析というテーマに着手してきたのは、主として教育社会学の研究者であった。ここでその成果のすべてを網羅することはできないが、代表的な研究としては天野郁夫や竹内洋による一連の研究があげられよう。[4] これらの研究においては、帝大・私大間あるいは「正系」・「傍系」間の位階構造[5]や、「立身出世主義」のメンタリティー、さらにはそれがもたらした「苦学」の実相といった点に焦点があてられてきた。

しかし、人々にとっての学校ないし学歴の意味という観点からいえば、これまでの研究では語り尽くされてこなかったことがあるように思う。それは次のようなことだ――実際に「学歴エリート」の世界を生きた高学歴男性自身にとって「学歴社会化」はどのように経験されたのか、いいかえれば、この学歴社会黎明期に高等教育に進み経済界で成功を収めた「学歴エリート」男性は、実際のところどのような動機あるいは契機からそうした道を選択したのだろうか。また、かれらにとって学校教育の経験はどのような意味をもっていたのだろうか。

史料としての自叙伝がもつ豊かさは、このような疑問を解き明かすのにうってつけである。それは、進学動向などの統計資料からだけではわからない「学歴エリート」個人の側から見た「学歴社会化」の意味を探ることができるからであり、当事者の視点を主軸にすえることでこれまで十分には明らかにされてこなかったかれらの教育経験に光をあてることができるからである。

もっとも、先にあげたような研究において自叙伝が史料として用いられてこなかったわけではない[6]。しかし、そこではあくまでも数人の自叙伝が傍証的に用いられるにすぎず、本章のように一度に一〇〇人近くの人物の自叙伝を対象としたものはこれまでなかった。本章の分析は自叙伝を史料の主役として用いることによって、高学歴男性の教育経験をこれまでにない広がりと深みをもってすくい上げるものになるだろう。

史料について

本章の課題をいま一度整理すれば、一八九〇―一九二〇年代という時期を対象として、高学歴男性にとっての学校教育の意味および進路選択の契機について考察することである。このテーマ設定に最もふさわしい史料として、本章では『私の履歴書 経済人編』第一巻―第一八巻[7]（日本経済新聞社、一九八〇―一九八一年刊、新聞紙上初出一九五六―一九八〇年）を取り上げ、そこに収録された全一三四人の人物のうち高等教育修了者の九四人を対象としたい[8]。

周知のように『私の履歴書』は、各界の著名人にその半生を自叙伝形式で綴ってもらう、『日本経済新聞』紙上の人気コーナーの一つであり、一九五六（昭和三一）年三月の連載開始以降、現在にいたるまで掲載が続いている。連載開始当初は一、二週間交代であったが、現在は一ヶ月に一人のペースで掲載されており、二〇〇八（平成二〇）年七月現在までの執筆者は総勢約七〇〇名にのぼっている。

では、この『私の履歴書 経済人編』がなぜ本章で用いる史料として最適なのか。第一に、自叙伝である『私の履歴書』は、客観的な経歴や第三者の記述による伝記からはなかなか見えてこない点を明らかにするうえで貴重な史料だからである。進路選択の局面における動機やきっかけ、あるいは個人にとっての教育経験・学校教育の意味など、本章で考察したいと思う事象を分析するのに『私の履歴書』は格好の史料であるといえる。また第二に、収録されている人物の少年期―青年期にあたる時期がおおむね一八九〇年代―一九二〇年代にあたり、「上の学校へ行く」ことの重要性が増大していく時期とぴったり重なっているという点である。[9] また、収録された執筆者全体に占める高等教育修了者の割合も高く、[10] まとまった人数を対象とすることができるということも『私の履歴書 経済人編』の大きな利点である。

ただし、『私の履歴書 経済人編』は第一期（一九八〇―八一年）に第一八巻まで刊行された後、第二期（一九八六―八七年）に第二四巻まで、三期（二〇〇四年）に第三八巻まで刊行されているが、第二期・第三期では収録されている人物の生年がやや後方にシフトしており、[11] これらを含めると年代範囲が広くなりすぎるので、本章ではこのうち第一期の一八巻分のみを扱うこととしたい。

さて、『私の履歴書 経済人編』にはいま述べたような史料としての意義があるが、これを史料として用いるには注意すべき点もある。一つは、執筆時の年齢が平均約七一歳と高齢なことである。[12] この時点から子ども時代・学生時代について記述するということは、数十年前の出来事を振り返るということであり、忘却や記憶違いの程度もそれなりに大きくなっている可能性を頭に入れておく必要があるだろう。もう一つは、執筆者がすべて男性ということである。この点は、戦前期の高学歴者がもっぱら男性によって占められていたという事情からいたし方ない面もあるのだが、本章での分析があくまでも「男性の経験」に限られたものである、ということには留意しておきたい。さらに、『私の履歴書』は全国紙である『日本経済新聞』に掲載されたものであり、序章で述べられた選択性の強さ、書き手の主観性の度合いは自叙伝一般に比べても大きいと思われる。そのことは序章でも述べられているように、必ずしも研究の価値を低めるものではないが、一応は念頭に入れておくべきであろう。

二　進学の動機・契機

（一）中等教育機関進学の動機・契機

マイノリティとしての中等教育機関進学者

ではいよいよ本題に入っていこう。まずは学歴エリートたちの進路選択の動機・契機とはどのようなものであったのか、それを追っていきたい。物事の順序として、中等教育機関への進学動機・契機から始めていくこととしよう。

そもそも中等教育機関への進学時点というのは、戦前期の人々が最初に岐路に立たされた場面にあたる。いうまでもなくこの時期の義務教育は尋常小学校のみであり、小学校卒業に際しては、仕事に従事するか、高等小学校へ行くか、実業学校へ行くか、それとも中学校へ行くか、可能性としてはさまざまな選択肢がありえたからである。といっても、中学校へ進学した者は一九一〇（明治四三）年の時点で同年齢人口の約二・九％、中等教育機関全体に範囲を広げても進学率は一割にも満たなかった。[13] その後進学率は少しずつ上昇してはいくのだが、全体的に見れば中等教育進学者が相対的に少数派であったことにはかわりない。大多数の人々は尋常小学校か、せいぜい進学しても高等小学校までで学校教育の経験を終えていたわけである。では、このような状況のなかで、高学歴男性たちは一体どのような動機・契機によって中等教育機関への進学をはたしたのであろうか。

家の経済力に左右される動機の強弱

当然ながら、自らの強い進学意欲によって中学校へ進学した者たちがいた。例えば五島慶太（東京急行会長、一八八二―一九五九年。肩書は執筆時、以下同じ）は、家計に余裕がなかったので「私は普通なら小学校を出て、家業を手伝うか、丁稚小僧にでも出されるところであったが、勉学の志やみがたく、父に特別に頼んで上田中学に入学させてもらったのである」（第一巻、一〇頁）と記している。あるいは、越後正一（伊藤忠商事会長、一九〇一―一九九一年）は「小学校時代から、私は医者か薬剤師になる決心であった。しかし小学校を終えると、家の事情もあった、高等科へ入れられたが高一を終わった時も、上級学校進学の夢を捨て切れなかった。いや一層熾烈だった」（第一六巻、一六五頁）と述べている（越後はその後伊藤忠兵衛に気に入られ、伊藤忠付きで八幡商業へ入学する）。引用中にもあるように、二人はどちらかといえば貧しい家の生まれであるが、自らの強い希望から中等教育への進学をはたしたのであった。またここで、かれらの進学欲求はあくまでも「上級学校」というところにあるのであって、中学校か商業学校かでその意味付けがさほど違っていないということも指摘しておいていいだろう。

しかし、このように進学意欲をあらわにしていた人物がいる一方で、中学進学に際してさほど強い動機がなかったことを述べている者もいる。稲垣平太郎（日本ゼオン相談役・日本貿易会会長、一八八八―一九七六年）は「高等科二年のとき、祖父が『中学を受けてみい』と言うので、言われるままに岡山一中の入試を受けると、すんなりはいってしまった」（第一一巻、二八八頁）と記しているし、石毛郁治（東洋高圧社長、一八九五―一九八一年）にいたっては「この町で平凡に高等小学校二年をおえた私はボンヤリと銚子中学に入れられました」（第二巻、二九六頁）とかなり消極的な様子を示している。石毛の生家は海産物製造業を営み「家業はかなり盛大」（同）であったらしく、小学校卒業の段階でさほど将来について思い悩む契機はなかったのだろう。さきほどの五島や越後の例と石毛の例を対比すれば、こうした動機の強弱は一つには家庭の経済力に左右されるものだったことがわかる。

上級学校進学の意味に自覚的な家族の存在

とはいえ、このように家族が中等教育機関への進学を勧めるのは、家が裕福な場合に限られたことではなかった。親や兄弟が「上の学校へ行く」ことの社会的意味に対し自覚的で、経済的に多少無理

加藤辨三郎（小学６年の頃）と父
（出典:『私の履歴書　経済人編』第12巻411頁）

をしてでも進学を勧めることもあったのである。

例えば、加藤辨三郎（協和発酵工業会長、一八九九―一九八三年）は、はじめは「中学へ入れてもらえるとは思っていなかった」が、父から中学行きを勧められる。父は「中学を卒業したら、師範学校の二部へはいって先生になるのだ」といったが、それは「田舎で商売などしたって一生うだつが上がらん」という思いからであった（第一二巻、四一一頁）。島根で小売業を営む加藤の父親は、自らがはたせない社会的上昇の思いを辨三郎に託した。それを達成するのに必要なのは上級学校への進学である、ということに父親は自覚的だったわけである。

また、田口連三（石川島播磨重工業会長、一九〇六―一九九〇年）はやはり家計が苦しかったため農業につくつもりでいたが、「苦しいのはわかるが」「学費はおれがなんとかしよう。とにかく進学だけはしておけ」と兄からいわれ、山形工業学校へ進学している（第一六巻、八九―九〇頁）。この場合も、上級学校への進学が社会的上昇の手段であると意識されていたことがわかるだろう。

教師・知人からの勧めが持った大きな意味

進学を勧めるのはなにも家族だけではない。家族以外の親類・教師・知人などが熱心に勧奨する場合もあった。二人の事例をみてみよう。

○木下又三郎（本州製紙社長、一八八九―一九七七年）の場合

（当初は、家庭の事情から進学は断念するつもりであった）

「ところが卒業間際になって救いの神が現れた。近くに篠田という師範付属高等小学校の先生がいて、私の家とは親しく行き来していたが、その先生がある日私の家に来て『お宅の子供は成績がいい。愛知一中は競争のはげしいところだが、又三郎君なら合格すると思うから入学させなさい。家計は苦しくても方法はいくらもありますよ』と、両親に熱心に勧めて下さったのである。最初は渋っていた父も、篠田先生の熱意に次第にほだされて『それならやってみようか』と言った。私は喜び勇んで、愛知一中の入試を受け、幸いにも十倍という難関を突破して入学することができた。」

（第一二巻、一〇三頁）

木下又三郎（愛知一中時代）
（出典：『私の履歴書　経済人編』第12巻107頁）

○大槻文平（三菱鉱業セメント会長、一九〇三―一九九二年）の場合

「尋常科を卒業し、さらに高等科に進んだ。父が中学進学に反対したからである。（…）当時、私の町から中学校に進むのは、一クラスから一人か二人ぐらいしかいなかった。だから、私もしいて中学校に行きたいとは言わなかった。ところが、高等小学一年のとき、予定が変わった。当時、父は町会議員をしていたが、その友人の斉藤宏という人が、なぜか私を見込み、毎晩のように父のもとにやって来て、『これからは学問だ、文平を是非中学に入れろ』とやかましく説得した。父もついにその説得に負けた。」（第一六巻、三一七―三一八頁）

このように教師や知人などから勧められて進学した者の中には、当初から進学意欲のあった者も、そうでもなかった者もいる。したがって、そのことはあまり重要ではない。むしろ注目すべきは、こうした経緯で進学した者たちの経験においては、このときの進学が自分の人生にとって大きな転機となったことがはっきりと自覚されているということである。先に挙げた木下、大槻はそれぞれ「このとき篠田先生が現れなかったら、私の一生はまるで違ったものになっていたであろう」「齋藤さん、それに沼崎先生、これらの方々がいなかったら、私の運命は、当然別の方へ行っていたであろう」（「沼崎先生」とは、大槻が小学校四年のときの恩師で、中学への編入試験のために英語・漢文を特別に教えてくれた人物のことである）と記しているし、同様に知人から父への進言により中学へ進学した犬丸徹三（帝国ホテル社長、一八八七―一九八一年）も、「私は過去を回想して、このときのことに思い

及ぶたびに、運命の不可思議さを痛感せずにはいられないのである。もしそのまま学を中道にして廃していたならば、私はおそらく草深い山野の一田夫として終わったかもしれない。私の人生行路を半ばにして転ぜしめたもの、それは中学入学であった」（第四巻、三九二頁）と回顧している。

このように、義務教育ではない中等教育機関、特に中学校への進学がその後の人生を左右する大きな分岐点としてはっきりと認識されていることは非常に興味深い。特に知人や教師の勧めで進学した者がこのような認識を表しているのは、それが家族の勧めや自分の意志によって進学した場合に比べてより不確定要素の強い、言いかえれば偶然性の高い契機によるものだったからではないかと思われるのである。

（二）高等教育機関進学の動機・契機

明記されない動機と「あたりまえ」の感覚

いま見たように、中等教育機関、とりわけ中学校へ進むことは非常に大きな意味をもっていた。それは、その後につづく高等教育への道が大きくひらけることを意味したからである。しかし、逆にいえば中等教育修了段階で学業を終えるのは「中途半端なもの」として意識されていたと思われる。そのことは、神戸高商への入学を希望しながらも両親の反対で進学を断念した石橋正二郎（ブリヂストンタイヤ社長、一八八九―一九七六年）が「いまでもあのとき入学できればよかったのにと思うんだが……」（第二巻、一一頁）と未練の思いを表していることからもうかがえよう。このように道なかばに

表 4-1　中学校卒業者の進路

年度	卒業者	就職			進学				その他
		実業従事	学校職員・官公吏	幹部候補生・兵役	高校・大学予科	専門学校	陸士・海軍学校	その他学校	
1913	18,477	2,497 (13.57)	2,075 (11.23)	289 (1.56)	1,162 (6.29)	4,056 (21.95)	248 (1.34)	811 (4.39)	7,223 (39.09)
1918	22,243	4,328 (19.46)	2,197 (9.88)	312 (1.40)	1,428 (6.42)	6,324 (28.43)	369 (1.66)	428 (1.92)	6,857 (30.83)
1923	25,781	3,986 (15.46)	3,287 (12.73)	315 (1.23)	4,689 (18.19)	9,334 (23.13)	112 (0.44)	604 (2.34)	6,826 (26.48)
1928	49,989	10,475 (20.98)	3,421 (6.84)	435 (0.87)	7,275 (14.55)	9,817 (19.64)	290 (0.59)	2,281 (4.57)	15,995 (32.00)

※（　）内は%

※谷口琢雄「大正・昭和前期の中学校」、仲新監修『学校の歴史　第三巻　中学校・高等学校の歴史』第一法規出版、1979 年、54-78 頁、表 26 より作成。卒業者数とその右欄の合計が合わない年度があるが、原表のまま引用している。

して学を絶ったという感覚は、明治後期において高等小学校や中学校卒業の段階で職業に従事しなければならなくなった者たちに煩悶が広がったという竹内洋の指摘[14]とも符合する。

そしてそのことは、『私の履歴書』において特別な事情がない限り高等教育機関への進学動機が語られないのはなぜなのかを説明してくれる。つまり、中学校へ進学したからにはさらに上の高等教育をめざすことはいわば「当然」の目標なのである。当然というと語弊があるかもしれないが、要するに「是非とも高等教育に進学したい」という欲求が募るということだ。参考までに、中学校卒業者の進路を示した**表4―1**を見てほしい。ここからわかるように、中学卒業後就職する者は三割弱、進学する者は三〜四割であった。気になるのは「その他」の多さだが、このうちで受験準備者の占める比率はかなり高く、その数は受験浪人数の近似値であったという[15]。したがって中学卒業後のルートは就職、進学、受験浪人の三つに大きく分かれていたのであり、中学校卒業後すぐ就職するというルートは相対的にマイノリティだったのである。

とはいえ、家計の都合や親の反対で高等教育機関への進学を断念しつつあった者ももちろんいた。そうした者たちに対しては、やはり教師などが親を説得しに来ている。例えば和田恒輔（富士電機製造相談役、一八八七―一九七九年）は、学資の関係から上級学校への進学はあきらめかけていたが、「柴田先生から、金は何とか方法があるから、是非、高商へ行くようにとのお勧めがあったので、進学する決心を固めた」。父は反対したが、それを聞き柴田をはじめ三人の教師が父を説得しに来ている（第一四巻、二四七―二四八頁）。また、それ以上の上級学校へは進学しないという条件つきで中学に進学した大槻文平の場合も、義兄のほか「中学の先生方も勧めてくれたらしい」ということで、一高へ進学している（第一六巻、三二〇頁）。しかし、先に見た中等教育機関への進学の場合と比べて、高等教育機関への進学の場合はそれが人生の大きな転機になったことはあまり強調されない。やはり、中等教育まで進学したからには高等教育にも進学するものだ――そのような思いが強かったのではないだろうか。

就業経験がもたらす高等教育へのインセンティブ

そうしたなかで、高等教育機関へ進学する前の段階で一度仕事についた経験のある者の記述からは、かなり明瞭な進学動機があらわれていて興味深い。

中山幸市（炭屋での小僧時代）
（出典：『私の履歴書　経済人編』第10巻11頁）

例えば、中学中退後家業の手伝いをするなかで三井物産の社員らと親しくなった原安三郎（日本化薬社長、一八八四―一九八二年）は、「向うは大学や高等商業出が多く、こういう連中を相手にするにはこんな程度の学問ではだめだ、もっと人生を大きくみなければいけないと考えるようになった」といい、のちに早稲田大学へ進学した（第一巻、一二七頁）。また、高小卒業後炭屋で奉公していた中山幸市（太平住宅社長、一九〇〇―一九六八年）は「その間私の頭にはこのままでは将来、独立してもたかが炭屋のおやじではないか、それでお前はいいのか、という考えがよぎるようになった。私はどうしても学校に行きたかった。そしてインテリと呼ばれる階層にはいらないことには、これからの将来はないように思われた」と、その進学動機を記している（第一〇巻、一一―一三頁）。中山はその後猛勉強の末「専検」（専門学校入学者検定試験）に一発合格し、関西大学専門部商業科に進学した[16]。自分で生活費をかせぎながらの通学は大変なものであったようだが、「ともかく、学校さえ出ればなんとかなる」と、「通学――卒業にしがみついた」という。

もう一人、最終学歴は中央大学中退のため正確には高等教育修了者ではないが、市村清（理研光学社長、一九〇〇―一九六八年）の場合についても見ておこう。市村は、中学中退後、銀行の事務見習いをしていたが、その中で「やはり勉強しければ《ママ》一人前の世渡りはできない」ということを痛感し、「いつまでこんなことをしていてもしようがない、と気づくと、私は猛烈に向学心が燃えてくるのを自覚した」という。その後市村は本社の常務に認められ、東京本店に勤務しつつ中央大学の専門部（夜間）に通学することになるのだが、その時の気持ちを「全く天にものぼるような気持ちだった」と記している（第五巻、四二六—四二七頁）。

いま見てきた三人の事例からは、かれらが「高学歴＝出世のパスポート」という認識をはっきりと持っていたことがありありとわかる。一度就業した経験を持つ者たちからこうした動機が明言されるのは、実際の職業世界においては学歴の重要性を如実に目の当たりにする機会が多かったということなのだろう。上にあげた三人のうち世代的に最も上なのは一八八四（明治一七）年生まれの原であるが、中学二年で中退後しばらくたってのことであるから、おそらく一九〇〇（明治三三）年ころのことだと推測される。中山と市村はちょうどその一九〇〇年に生まれており、彼らの経験は一九一〇年代後半のことと思われる。まさに、「学歴」のもつ意味がその大きさを増していった当時の時代状況を反映したものだといえよう。

ステータスシンボルとしての学歴の社会的機能

しかも、学歴の機能は社会的上昇の手段というだけにとどまらなかった。「学校に行かなくてもりっぱな一人前になれると思っていたので、自分の進学志望を捨ててしま」い、中学卒業後堺税務署に勤務していた坂信弥（大商証券社長、一八九八―一九九一年）は、自身の高等教育への進学動機を次のように述べている。

いったんは進学希望を捨てたものの、考えてもみると私も男、いずれは女房を持たなければならない。そのとき兄二人は大学を出て私だけが中学しか出ていないとなると、兄弟同士はいいが、私の女房は兄嫁らにひけ目を感ずるだろう――これは考えなくてはならないと思ったのが、ふたたび上級学校への進学を決心するきっかけである。

（第六巻、三七七頁。その後坂は八高から東大に進学）

もちろん、これは非常にユニークな事例ではある。しかしこの坂の例も、高等教育の内容にあこがれたなどというのではなく、高等教育を受けることに社会的機能――この場合は学歴のステータスシンボルとしての機能――があるがゆえに進学を決意した者がいたことを示している。つまり、学歴を獲得することの意味が、社会的上昇という実利的な面だけでなく、象徴的な面でもその重要度を増しつつあったことがこうした例から見えてくるのである。この時期の「学歴社会化」には、このような側面もあったということは見逃せないだろう。

三　学校の選択

ここまでは、学校段階の上昇ということに焦点をしぼり、その動機や契機について分析してきた。しかし、上級学校進学の動機・契機としてもう一つ注目すべきポイントがある。それは、具体的にどの学校に進学するのかという問題、つまり学校選択の問題である。一口に高等教育を目指すといっても、「高等学校→帝大」という「正系」コースを選ぶか、私立大学へ行くのか、あるいは専門学校へ進学するのかと、いくつかの道があるわけであり、そこに何らかの違いはないのだろうか。本節では、こうした学校選択の動機・契機について見ていくことにしたい。

目立つこだわりの弱さ

結論を先取りしていえば、学校選択に関して強いこだわりがあったことを語っている人物は意外なほど少ない。もちろん、「外交官への大志をいだいて高等学校進学を決め」たという北沢敬二郎（大丸会長、一八八九―一九七〇年）のように、明確な目的意識をもって学校を選択した人物がいないわけではない（第九巻、一七一頁）。しかしそうした強い動機をもっていた者は少数派であり、なかにはかなり消極的な動機を語っている者もみられる。

まず、第一志望の学校がありながら何らかの理由でそこへ行かなかった者の場合を見てみよう。たとえば宇佐美洵（前日本銀行総裁、一九〇一―一九八三年）は、八高受験を決めたあと「調べてみると、少し前に慶応予科の試験のあることがわかり、まずものはためしと、慶応を受けたら合格した」。その後入学手続きをせずにいたところ八高に落ちてしまい、あわてて補欠試験を受けて慶應へ入学している（第一四巻二〇頁）。また高畑誠一（日商岩井相談役、一八八七―一九七八年）は、当初東京高商に行くつもりで「ひやかし半分」に神戸高商を受験したが、その時たまたま神戸高商にいた中学の先輩に会い、神戸に来るよう強くすすめられて神戸高商入りを決めた（第一五巻、九〇頁）。さらに、一高をめざしていた小林節太郎（富士写真フィルム会長、一八九九―一九七七年）は、徴兵のがれのために入学した関西学院高等商業部の教授から、実業界に入るなら「一年でも早く実社会に出た方がいい、むだなことはやめて、勉強することだ」といわれ、関西学院に腰を落ち着けたという（第一六巻、三九六―三九七頁）。このように理由は様々ではあるが、これらの人々は結果的に第一志望ではない学校へ進学することとなった。第一志望の学校があったとはいえ、それに対するこだわりはさして強くはなかったように見受けられる。

それどころか、そもそも最初から特に志望校がなかったという人物もいる。水上達三（日本貿易会会長、一九〇三―一九八九年）は東京商大予科の受験について、「半信半疑、成り行きとでもいおうか、気安く受けた。別段、他の大学に特別の希望を持っていたでもなく、のん気な学生であったのだ」と記している（第一五巻、二三二頁）。また福岡県出身の倉田主税（日立製作所相談役、一八八九―一九六九年）は、仙台高等工業学校へ進学したことについて「九州生まれなのに、どうして仙台の学校へはいったのか」とよく聞かれたらしいが、「せっぱ詰まって仙台を受けたら、どうにか合格したので、はいったというに過ぎない」と語っている（第一二巻、三三七頁）。こうした学校選択に対する消極的な態度からは、かれらの「はじめに進学ありき」とでもいうべき姿勢がうかがえるだろう。いいかえれば、かれらにとっては「どの学校段階に進むか」が重要なのであって、「どの学校に入学するか」は大きな問題ではなかったのである。もっとも、「代々庄屋の任にあったらしい」という水上の生家や、「私の子供のころは昔の威勢はなくなっていた」とはいえ「それでも家の敷地はまだ三千坪ぐらいあって、旧家の面影はとどめていた」という倉田の生家の様子を見ると、かれらの学校選択における「お気楽さ」が経済的余裕によって支えられていた面があることは否定できない。

水上達三（右、甲府中学卒業の頃）
（出典：『私の履歴書　経済人編』第15巻232頁）

また、当然ではあるが、親などの反対にあい当初の志望の変更を余儀なくされた者もいた。そうした例としては、横山通夫（中部電力相談役、一九〇〇―一九八三年）のケースがあげられる。横山は「世界の海を渡り歩き自由に活躍してみたい」という「少年らしい希望」から商船学校行きを志望していたが、父からの大反対にあい「少年のユメも、瞬時にしてつぶれてしまった」と記している（第一七巻、一八頁)。結局横山は慶應への進学を決めるが、それは「役人になることに気が進まなかった」ために官学を忌避するという、やはりどちらかと言えば消極的な選択の結果であった。

また、これとは反対に親の意向にそわずに学校を選択した者の例としては、河田重(日本鋼管社長、一八八七—一九七四年)があげられる。河田は、父親からは医者になれといわれたが、「私は医者の生活を見ていて、彼らの生活には自分の時間というものがないし、それに病人ばかり扱う仕事なのでいやだった」という。河田は知人のすすめで四高をめざすが、義理だてのために慈恵医専も受験、しかし最終的には四高へ入学している(第二巻、四三八—四三九頁)。

自分の意志で進学先を決めた者にしても、消極的な傾向は同様である。東京の銀座に生まれた稲山嘉寛(八幡製鉄社長、一九〇四—一九八七年)が仙台の二高へ進学した理由は、「なんとしても一度は親元から離れてみたかったことと、誘惑の少なそうな所へ行きたかったからである」というものだった(第八巻、二二六頁)。また、当初一高理科をめざしていた川又克二(日産自動車社長、一九〇五—一九八六年)は、「先天的に字がへた」「技術屋になるには頭脳がきれる人でなくてはだめだ」などといった理由から、東京商大へ志望を変更している(第七巻、二一三頁)。いずれも、自分の意志で進学先を決定したとはいえ、消去法的な決め方であったことがわかるだろう。

学校選択の重要性の相対的低さ

このように、学校選択の契機はさまざまであった。しかしいずれの例からも、最終的な学校選択の局面における強烈な志望動機は意外なほどに見られない。すなわち、「校風に憧れた」「〇〇学を勉強したかった」といった積極的な選択理由のあった者はそれほど多くはなかったのである。いったいその理由はどこにあるのだろうか。

一つは、「どの学校か」ではなく「どの学校段階か」ということの方がより重要だとかれらに認識されていたのではないか、ということである。ただ、すでに明治末期には「学歴」ではなく「学校歴」による賃金格差が生まれていたという指摘と照らしあわせると、[17]このような解釈は妥当ではないと思われるかもしれない。しかし、先にあげた倉田主税は一九一二（明治四五）年に日立製作所に入社したとき、東大出身の新入社員が倍の月給をもらっていることを知り、「われわれ高専出は当然それを差別待遇と受け取った。受け取るなという方が無理である」と憤慨している（第一一巻、三四七頁）。この例からは、「学校歴」による賃金格差の存在が、実際に職につくまで学生たちには明確に認識されていなかったことがうかがわれる。しかもこの賃金格差はその後しだいに解消されていく傾向にあり、一九二三・二四（大正一二・一三）年には三菱と三井のグループ企業が初任給差別撤廃に踏み切っている。[18]こうしたことをふまえれば、やはり学生たちにとっては「どの学校か」よりも「どの学校段階か」の方が大きな意味をもっていたように思える。先行研究で強調されてきた帝大・私大間の格差は、実際に当時を生きた学生たちにとってはあまり明瞭には認識されていなかったのではないだろうか。

もう一つ、学生たちにとっては進学にあたって「入学試験」という現実が立ちはだかっていたことも見逃してはならないだろう。八高受験に失敗し慶應予科へ進んだ宇佐美洵の例は先に見たとおりである。また、和田恒輔は東京高商か神戸高商かで迷った末に神戸を選んだのだが、その理由は「東京は三角、代数等を特に勉強しなければならなかったのが、商業学校出の私にはいささか荷が重かった」というものであった（第一四巻、二四八頁）。このように、試験科目の設定という不可抗力や入試における落第が進学先を決定づける要素となったことは、単なる動機だけでは進学できないという受験生活のきびしい一側面を示しているといえよう。

ただ、いま少し史料の内容そのものから距離を置いてみるならば、このような消極性の表明は一種の「見栄」であるという可能性もある。実際は若い頃にいろいろと悩んだり迷ったりもしただろうが、年月を経るうちにそれらは記憶の中である程度整理づけられているものだ。ましてや、ここで取り上げている人物たちはみな「人生の成功者」である。余裕をもって青春時代を振り返っているということもあるだろう。こうした事情が選択の動機を強く押し出さない要因になっているのかもしれない(19)。

四　「就職」の様相

「受動的就職決定」

学校教育段階の最後において待ちうける進路選択、それが「就職」である。考えてみれば、「就職」というのもすこぶる近代的な現象だといえる。近代以前においては、大半の者が家業継承という形で職業へ自然に水路づけられていたからである。もちろん、近代に入ってもしばらくの間はこうした形態が一般的であった。「就職」が多くの人にとって重要かつ不可避な現象となっていったのは、少なくとも、職業紹介事業や学校における職業指導が開始された一九二〇年代以降のことである。そういった意味では、本章がターゲットとしている「学歴エリート」たちは「就職」という経験を先どりした人物たちでもあった。

ところで、二一世紀初頭の現代では、「就職」に対してことに過剰な意味づけがなされている。もはや陳腐ともいえる「自分探し」などという謳い文句にしても、若者には妙に訴求力のある言葉らしい。つまり、「就職」は「本当の自分」に出会うためのものであり、それに対して積極的・能動的にのぞまねばならないという観念がコンセンサスになっているのだ。

ではひるがえって、学歴社会黎明期の「学歴エリート」たちが経験した「就職」とはどのようなものだったのだろうか。これも結論からいえば、学校選択の場合と同様、就職にあたって強い動機を語っているものは存外に少ない。自分の意志よりも、家族の助言や知人・教師からの勧誘・推薦が最終的な決定要因となっている場合の方がはるかに多いのである。こうした就職のあり方を、現代との対比でさしあたり「受動的就職決定」とでも呼んでおくこととしよう。

豊富な社会関係資本に基づく「受動的就職決定」

とはいえ、この「受動的就職決定」の内実はさまざまであった。まず、豊富な社会関係資本をもっていたがゆえに、就職に際してさしたる苦労をせずにすんだという事例を見ていきたい。そうした社会関係資本の豊富さは経済資本・文化資本の豊かさをも意味しているが、その典型例は宇佐美洵であろう。彼は就職に際して父親からおじに相談せよといわれるが、彼のおじとは池田成彬・加藤武男という錚々たる人物であった。宇佐美は池田のもとへ行き、『お前は何になりたいか』と問われたが、特にぜひなりたいものはない。その通り答えると、銀行はどうだと言う。けっこうですと答え、それで私の以後五〇年近い銀行との付き合いが決まったわけだ」という（第一四巻、二四―二五頁）。「卒業後の進路については、とりわけ悩まなかった」というのもむべなるかな、である。

また土川元夫（名古屋鉄道社長、一九〇三―一九七四年）の場合は、いずれ「一宮市会議員ぐらいにして、市政にタッチさせようと考えていたらしい」という父や伯父から　　を反対され、「郷里に帰り、当分ブラブラしてたくさんの知り合いをつくれ」と命令され故郷に帰ってきた。しかし、「この様子を見てかわいそうだということになり、私の親族で、かつて名古屋鉄道の常務を長くやっていた、岡本清三の紹介で、名古屋鉄道に入社することに」なったという（第一三巻、二六〇―二六一頁）。かれらの成り行き任せともいえる入職経路はこのように潤沢な社会関係資本を背景としていたものであった。

ただ、かれらの事例を見て一つ興味深いのは、このように学歴をバネにする必要のない上層の人々においても、高学歴取得がめざされていたということである。宇佐美の父は士族出身で東京帝大卒業後内務官僚となった人物であり、土川の父は医師で医学専門学校の助教授も兼ねていた。かれらが高等教育に進学した背景には、こうした家庭の学校教育に対する親和性もあったのだろう。

好況期の「受動的就職決定」

しかし、かれらほど資本に恵まれた境遇にある者でなくとも、明治後期ころまでは教師の推薦などで比較的簡単に就職が決まる場合もあった。たとえば高畑誠一は、神戸高商の水島校長から鈴木商店を推薦されて入社している。入社にあたっての面接も「学校のことや郷里のことなどを簡単に聞かれた程度で、その場で採用が決まった」という「あっさりしたものだった」（第一五巻九三頁）。高畑の場合も、自分の意志というよりは「尊敬する水島校長の推薦」というのが鈴木商店に決めた理由であり、みずから「鈴木商店に入ったのもひょんなきっかけで、そうなっただけの話である」と語っている（同、七七頁）。

こうした就職事情は、大正期以降二段階の変化を見せる。第一段階の変化は、一九一四（大正三）年の第一次世界大戦勃発による好景気によってもたらされた。以後一九二〇（大正九）年の戦後恐慌までつづいていくこの好況期には、大卒者が官界ではなく実業界をめざす趨勢が決定的となり、「官立大学ですら、官員養成所よりも経営者養成所の色彩が濃厚となった」といわれている。[20] しかも、松尾博志が「学生の就職市場も、今日からは考えられないくらいの『天国』で、帝大、東京高商、慶応などの一流校の学生なら、ほとんどがどこでも自分の好きなところへ就職できた[21]」と述べているように、この時期の就職市場は完全な売り手市場であった。

となると、この時期には自分の行きたいところを主体的に選択した人物が増えたのではないかと想像したいところだ。しかし、『私の履歴書』の記述からはあまりそうした変化は見られない。一九一七（大正六）年に東大を卒業した時国益夫（麒麟麦酒社長、一八九三―一九八九年）は東大応用化学科河喜多教授からのすすめでキリンビールに入社しているし（第一一巻、三六七―三六八頁）、同じく一九一七年に東大を卒業した佐藤喜一郎（三井銀行会長、一八九四―一九七四年）も父の知人からの紹介で三井銀行に入社している（第八巻、二九三頁）。英文科専攻であった佐藤は、「商法はもちろん、そろばんの使い方も知らず為替手形を見たこともなく、簿記の知識も皆無であった」というから（同）、三井銀行への入行がいかに自分の意志と無関係なものであったかがうかがわれる。

もっとも、京大卒業は戦後恐慌の起こった一九二〇年だがまだ「勤め先に困るということはな」かったという広瀬経一（北海道拓殖銀行会長、一八九六―一九八六年）は、「学生の間では就職先に対して『行ってやる』という気概があり、つぎつぎと試験を受けて回り、気に入らなければ書留郵便で入社を断ったものである」という当時の雰囲気を伝えている（第一一巻、二三六頁）。しかし、彼は日本信

時国益夫（麒麟麦酒入社当時）
（出典：『私の履歴書　経済人編』第11巻370頁）

託銀行、満鉄など断り続けた結果、「なんだかんだと注文をつけているうちに残るのは役所しかなくなり、最終的には大蔵省へ入省した。「学生当時は実際のところ役人になるつもりなんか全然なかった」というから（同、二三六―二三七頁）、これも結果的には自分の意志とはいいがたい。そもそも「気に入らなければ断る」という発想が消去法的である。いずれにせよ、この時期の高等教育修了者にとって「就職に困る」という状況がなかったのは確かであろう。

不況期の「受動的就職決定」

しかし、一九二〇年代に入ると学生たちの就職の様相は暗転、第二段階の変化がおとずれる。一九二〇年の戦後恐慌以降、日本社会は慢性的な不況に見まわれることとなったからである。殺到する就職希望者を選別するために、入社試験が広範に行われるようになったのもこの時期であった。[22]「就職活動」がいよいよ本格化し、かつ苛烈になっていったわけである。当然、この時期の「受動的就職決定」はそれ以前とは質を異にするものとなった。例として、同じ一九二九（昭和四）年に日本興業銀行に入社した川又克二と日高輝のケースを見てみよう。

○川又克二（一九二九年東京商大卒業）

「商大生のあこがれの的はまず三井物産、三菱商事といった商事会社だった。私も三菱商事を志望して受けたが、就職難時代で激甚なる競争率である。みごとに落とされてしまった。すると父の知人で、大蔵省の役人から興業銀行の理事になった松本弘造さんという人がいて、父がこの人に私の就職斡旋を頼み込んだらしい。興銀といってもそのころはまだぱっとしたところがなく、私も銀行はあまり希望していなかったので、いわば入れてくれたからはいったというようなものだった。」

（第七巻、二一九―二二〇頁）

○日高輝（山一証券会長、一九〇五―一九八七年。一九二九年東大法学部卒業）

「興銀を選んだのは特に深いわけがあったからではない。第一、どこに本店があって、どんな銀行かも知らなかった。次の就職先探しに大学へ行ったら求人がきていたのと、提出する願書は履歴書と学業証明書だけと、至って簡単だったからである。」

（第一六巻、二二二―二二三頁）

このように、この時期の「受動的就職決定」は、平たくいえば「採用してくれる会社であればどこでもいい」という類のものであった。しかも、川又は一度三菱商事を落とされているし、日高も「とりあえず受けた」という高等文官試験をパスしたものの、「中ぐらいの成績では大蔵省にははいれない。商工省を受けたがダメ。鉄道省では補欠だった」ということで、「官庁はあきらめて、民間を選んだ方がいい」と考えて興銀に入っている（同）。「学校出」であれば就職活動らしい就職活動をしなくても職が決まっていた、という時代はもう終わっていた。[23] こうした時代状況が、「採用されればどこでもいい」という一九二〇年代の「受動的就職決定」をもたらしたのである。

大きかった教師の権限

ここまで見てきたように、就職の様相は学歴社会化の進行、景気の動向、企業社会の展開などの影響をうけながら変化をみせた。しかし、いずれの時期においても目立つのは「受動的就職決定」である。すでに見たようにその内実はさまざまではあるが、自分が就く職種や業種を主体的に決めていた者が思いのほか少ないことは注目に値するだろう。それは、社会関係資本の豊富さゆえであったり、就職市場の逼迫ゆえであったりしたが、こうした高等教育機関においては教師が就職先の紹介をするという慣行があったことも一つ見逃せない事実である。

たとえば、住友財閥は帝大出の新卒を採用するため矢作栄蔵や新渡戸稲造などの教授にコネクションを作っていたし[24]、慶應義塾などでは明治四〇年代から「大学就職課の元祖ともいうべき人物」である山名次郎が活躍し、一九二五（大正一四）年まで「その間の慶応卒業生のほとんどは彼の世話になった」といわれている[25]。

こうした教師からの推薦が大きな影響力をもっていたことは、立石一真（立石電機社長、一九〇〇―一九九一年）が当時熊本高工電気科長であった野田清一からの電気化学会社の紹介を断った際、野田から「こんな不景気なときに就職口を断るなんて、けしからん。君の世話をやめた」といわれたことからもうかがえる[26]（第一五巻、三三二頁）。また慶應の山名次郎も「学生の志望先を変更させるぐらいの権威をもっていた」といわれている[27]。

結局、かれらの就職のあり方が「受動的」に見えるのは、このようにそれが現代とはだいぶ異なる要素を含んでいたからであろう。いやむしろ、就職に際してやたらと積極性・能動性を求められる現代の方が特殊だともいえる。そういう意味では「受動的」と評したのは不当かもしれないが、しかし、よくありがちな「成功者は自分をしっかり持っていてそれを貫いたのだ」などというのは所詮あとづけの理屈にすぎない、ということはかれらの就職のあり方から逆に示せるのではないだろうか。

五　学校における教育経験

ここまで、「学歴エリート」たちの進路選択場面における動機や契機について見てきた。ここからは、進路選択の「局面」から学校教育における経験の内部に分析の照準をシフトさせることにしよう。小学校教育修了程度で学校時代を終えていた同時代の大多数の人々と比べて、かれらははるかに長い学生生活を送った。そんなかれらにとって、学校における教育経験はどのような意味をもったのだろうか。一体かれらはそこで受けた学校教育での経験をどのようにとらえているのだろうか。この節では、こういった点について見ていくこととしたい。

淡白な家族への言及

その前に、ここでかれらの家族への言及についても少し触れておきたい。学校での教育経験以外に、家族関係のなかでの人間形成はいかなるものであったのかについても見ておく必要があると思うからだ。

といいつつ正直に告白すると、『私の履歴書 経済人編』の記述では、家族への言及は驚くほど少なく、また淡白である。したがって、ここで十分に論を展開させられるほどの史料の厚みが実はないのだ。もちろん、人によっては家族に関する記述を多く割いていることもある。父親である井上角五郎の思い出を六頁にわたって記している井上五郎（中部電力会長・中経連会長、一八九九—一九八一年）などはその例にあたる。しかし、多くの人物は両親や祖父母のことを非常に淡々と書くにとどまっており、あったとしても、性格や仕事の内容などについてエピソードを交えつつ描写的に書くくらいのものなのである。

ただ、このような家族に対する言及の少なさは、かれらにとっての主たる人間形成の場がもはや学校に移ってしまっていることを逆に示してもいる。今回は特に高学歴男性を対象としているだけに余計にそうなのかもしれないが、かれらが学校時代のことには多くの紙数を費やしているのに家族にはあまり触れないということは、そのような経験認識に裏打ちされたものなのではないかと思えるのである。

感銘・影響を受けた教師への言及

では、その学校における教育経験を「学歴エリート」たちはどのようにとらえていたのだろうか。

まずいえるのは、感銘ないしは影響を受けた教師についての言及が多いということである。中学時代の教師について「私は社会に出てからも、機会あるごとに先生をたずね、先生がなくなるまで親しくご交際を願った。そして思想面、芸術面、あるいは社会問題など、人間形成のうえで多くの啓発を受けた。私が今日あるのは、北先生の師恩にあずかるところ大である。深く感謝の意をささげる」（第八巻、一四二頁）と述べている高杉晋一（三菱電機相談役、一八九二―一九七八年）や、同じく中学時代の教師について「感受性の強い小・中学校時代における先生の影響力は殊のほか大きい。塚原校長と谷島先生がおられなかったら、私の人生の行路は全く変わっていただろう」（第一八巻、三八七頁）と記している江戸英雄（三井不動産会長、一九〇三―一九九七年）がその好例である。また、それはなにも中学時代に限られたことではなく、出光佐三（出光興産社長、一八八五―一九八一年）や市川忍（丸紅飯田会長、一八九七―一九七三年）らは高商時代の教師についての感銘を記しているし（それぞれ第一巻、三二四頁。第一三巻、一〇〇頁）、大学時代の教師についても北沢敬二郎（第九巻、一八一頁）などが言及している。当然のことではあるが、影響を受けた年齢については一様ではなく、それはそれぞれなのだろう。ただ、こうした教師への言及において共通に特徴的なのは、教え方のスキルなどではなく人生観に代表されるような人格面における感銘を述べているということである。

「学生時代」に対する肯定的評価

もう一つ、かれらの教育経験について特徴的なのは、学生時代を「楽しかった」「貴重だった」「幸福だった」などと非常に肯定的にとらえているものが目立つということである。これに関しても、すべての学校段階について言及が見られる。しかし、圧倒的に多いのは高等学校時代についてのものである。これはたくさんあるので、いくつか引用しておこう。

○伊藤保次郎（三菱鉱業社長、一八九〇―一九七二年）・一高時代

「おもえば、私の高等学校生活は、幸福そのものであった。よき師、よき友にめぐまれ、なんの不安も心配もなく、学業にスポーツに打込むことができた。」

（第三巻、四三二頁）

○諸井貫一（秩父セメント社長、一八九六―一九六八年）・一高時代

「東京に生まれて東京に育った私にとって、一高の寮生活はまさに新しい環境であり、またたのしくもあった。全国から集まった同年輩の若人たちのなかで、私は全く異なったものを知り、そして多くのものを学びとった。それは私の人生にとって、まことに貴重な一時期であった。」

（第五巻、一三二頁）

○広瀬経一・三高時代

「三高時代は、いま思い出しても胸のわくわくするような楽しい生活だった。」

（第一一巻、二三二―二三三頁）

第六高等学校、生徒寮の寝室（昭和２年）
（出典：旧制高等学校資料保存会監修『白線帽の青春　西日本編』国書刊行会、1988年、92頁）

○木川田一隆（東京電力社長、一八九九―一九七七年）・山形高校時代

「だいたい旧制の高校生活は、今日とちがって、試験地獄に悩まされることもなく、人生の目覚めに、青春の哀歓を謳歌する最も純粋で価値の高い時代であった。」（第一三巻、一〇頁）

これらの記述もさきほどの教師の影響と同じように、具体的な学科教育に対してではなく、学生生活全般、すなわち「学生時代」に対する肯定的評価が多いという点に特徴があるのがわかるだろう。「教授からいただいた知識よりも、級友相互の間における切磋琢磨が彼を成長させた[28]」という五高時代についての栗田淳一（日石社長、一八八八―一九六五年）の回想が、こうしたかれらの教育経験を端的に言いあらわしている（第四巻、二二五―二二六頁）。

では、こうしたかれらの教育経験にあらわれた二つの特徴に共通していえるのは何だろうか。それは、教育内容やカリキュラムなどに対してではなく、学生生活の中における経験――教師や生徒同士との間における人格的交流――への評価がきわだっているということである。このことは、第三節で見た学校選択における動機の消極性との関わりを考えると非常に興味深い。学校選択における動機の弱さは、最初から「これを勉強しよう」と決めて進学した者が少なかったことを示唆していた。教育内容が動機となっていなければ、学校に入ってからもそれ以外の部分に興味が向いたと考えるのは自然であろう。こうしたことが、学校での教育経験に対するかれらの認識傾向をもたらしているように思える。

「苦学生」のアンビヴァレンス

もちろん、同じ高等教育修了者といってもすべての者が高等学校に行ったわけではない。先にみたように「インテリと呼ばれる階層にはいらないことには、これからの将来はないように思われた」という動機で関西大学に進学した中山幸市はいわゆる「苦学生」であったが、「ともかく、学校さえ出ればなんとかなる」（同一五頁）との思いからあの手この手で学資・生活費をかせぎつつ通学した。そのような中山には、高等学校出身者のような学生時代へのノスタルジアはない。それどころか、中山は「おそらく、私が一高―東大のエスカレーターに乗っていたら、今日の私はなかったであろう」とも記している。ここには、自身の歩んできた人生への自負とともに、いわゆる「エリート街道」に

瀬川美能留（大阪高商在学の頃）
（出典：『私の履歴書　経済人編』第13巻167頁）

対する中山のルサンチマンをも読みとることができよう。

同様に「苦学生」であった瀬川美能留（野村証券会長、一九〇六—一九九一年）も、「だいたい、大阪高商には、大阪の裕福な商家のボンボンが多く、彼らはそれぞれ青春を楽しんでいた。一方、私のこの時期は、世俗的な楽しみから一切隔絶され、まさしく刻苦勉励、勉学と生活にみっちり追われていたのである」と記している（第一三巻、一六八頁）。ただその一方で瀬川は、「人間の奥深い情緒の世界に遊ぶ機会がないままに三年間の青春を過ごしてしまったため、無粋無骨な人間になってしまった」（同）とも述べており、苦学ではなく「楽学」をしていた同時代の高学歴者に対する瀬川の認識はアンビヴァレントである。それは、モラトリアムとしての学生時代＝青春時代というものが多くの者たちには経験しえない特権として妬ましく思われていたと同時に、それゆえに一種のあこがれをもってイメージされていたことを示している。先にあげた旧制高校時代の思い出とは、悠長な「学生時代」などとは縁遠い大多数の同世代たちの経験を捨象した上に成り立つ共属感情——「学歴貴族であるという共通意識」[29]——であったことも見逃してはならない。

無味乾燥な大学時代

ところで、こうした高校時代の経験に対して、大学時代はどのように経験されたのだろうか。これについては、高校時代のような肯定的評価とは異なる意見が登場してくるのが特徴である。それがどのようなものかというと、「私は型のごとく大学三年の課程を終え」（第七巻、四三二頁）という大屋敦（日銀政策委員、一八八五―一九七〇年）の記述や、「東大応用化学科の学生としては、誠に平々凡々で特筆することもない」（第一八巻、三二五頁）という安藤豊禄（小野田セメント相談役、一八九七―一九九〇年）の記述にあるような、「とりたてて言うほどのことはない」という類の回顧である。もちろん、「鳩山先生の明快な講義や、美濃部、牧野両教授の簡潔で余計なことは一つも書いていない教科書から受けた感銘も今もって忘れない」（第一八巻、三九五頁）という江戸英雄のように、大学時代の経験をプラスととらえている人物がいないわけではない。しかし、高校時代に関してはあれほど肯定的評価が多かったのに比べると、大学時代に関して「言うほどのことはない」という類の回想が登場してくることはどうしても気になる。

では、なぜ高校時代とうってかわってこのような評価が登場してくるのだろうか。その理由は、どうやら大学における教育方法にあったようである。たとえば、東大時代についてやはり「その三年間は特に記すほどのことはない」と記している井上五郎は、「短時間の詰め込み教育ですっかり勉強がいやになった。（…）私は、それ以上学究生活を続けることはまっぴらであった」と述べている（第九巻、三四三頁)。同様に、高杉晋一は「大学では直接先生に接して教育を受けるのではなく、何百人もの学生といっしょに先生の講義を聞き、ノートをとって試験を受けるのだから、先生の顔も知らないで試験に合格する者もいた。したがって教育という点からいえば味気ないものがあった」(第八巻、一四二頁)といい、佐藤喜一郎も「大学というところは講義を聞いてノートをとるだけ。いわばノートの虫みたいな毎日だった」と大学での授業風景を伝えている(第八巻二九〇―二九一頁)。そのため佐藤は「大学に長居する気は毛頭なくなった。早く卒業したいと思っていた」という。

このように大学での教育は、中学校のような教師との密なつきあいなどもなく、さりとて高校のようにゆったりとしているわけでもない、無味乾燥なものとして彼らの目には映じていたようである。もとより、高等学校に入学すれば大学はほぼ自動的に進学できたということもあり、緊張感や新鮮味には欠けていたのかもしれない。いずれにせよ、中学校や高等学校に比べて大学という場があまり魅力的なものとして経験されなかったことは確かなようである。この点はこれまであまり指摘されてこなかったことであるが、高学歴男性の教育経験における興味深い一面として強調しておいてもいいだろう。

六　「学歴エリート」の教育経験と教育観

本章で明らかになったこと

本章では、一八九〇―一九二〇年代における高学歴男性の教育経験に焦点をあてて分析を行ってきた。さまざまなことが明らかになったが、本章でえられた知見のうち、特に注目すべきいくつかの点についてもう一度振り返っておこう。

まず、義務教育修了後の上級学校進学にあたって、学歴が持つ社会的意味への認識が明確にあらわれていたことに注目したい。中等教育、わけても中学校への進学は、「学歴エリート」への階梯の第一歩であった。学校的価値に親和性の高い教師たちが進学を勧めることも多かったが、家族やその知人などが進学を勧める場合もあり、かれらにおいては学歴の重要性がはっきりと認識されていた。そして進学した本人にとっては、本文での引用にもあらわれているように、中学校への進学がその後の人生を決定づける大きな転機として経験されたのである。

また、こうした他人からの勧めではなく、自らが学歴の重要性を明確に認識したうえで進学を決意した場合もあった。特にそれは一度就業したあとに高等教育機関へ進学した者の経験において顕著であったが、かれらの経験は「学歴」の実際上の効用を如実に示しているだけにきわめて興味深い事例ということができる。

その一方で、具体的にどの学校を選ぶか、あるいは就職の際にどの業種・会社を選ぶかといった局面においては、その経験があまり重要なものとして認識されていなかったこともまた強調しておきたい。その理由については、すでに本文でも指摘したように、学校選択に関しては「どの学校か」よりも「どの学校段階か」の方が相対的に重要であったということ、また就職に関しては教師の権限も大きく、かつそのときどきの好不況にも左右される性質のものであったということである。また竹内洋は、戦前期の学歴エリートを取り巻く教育の世界はすでに「受験がシステム化された社会」であり、それゆえ「なんのためにとか何をするとかという関心は蒸発・解体していった」と述べているが、[30]本章で見た学歴エリートたちの学校選択・職業選択の局面における動機の弱さは、こうした「受験社会」の特性に裏付けられた面もあったのかもしれない。

とはいえ、学校における教育経験が受験一辺倒のものだったわけではないことも、本章の分析では明らかにされている。『私の履歴書』においては、教師から受けた感銘や影響についての記述も多く見られ、「学生時代」という時期もおおむね肯定的にとらえられていた。学歴エリートたちの個人的な経験としては、学校での教育経験は「受験社会」という言葉がもつイメージほどに悲壮なものではなかったといえよう。もっともそうした評価がなされるのは、執筆者の大半が老齢に達してから学生時代を回顧しているという『私の履歴書』の史料的特質とおそらく無関係ではない。「人生の成功者」が、若かりし日々を「古き良き時代」として振り返るのはごく自然のことだからである。そうした意味では、学校での教育経験をトータルに把握するためには同時代の史料などとの比較・検討が必要となるだろうが、本章ではそこまで踏み込むことはできなかった。この点については、他日を期したい。

先行研究における「学歴社会化」イメージと教育経験とのズレ

以上に見てきた高学歴男性の教育経験を全体として見た場合、指摘できる点がいくつかあるだろう。一つは、総じてかれらはやはり「エリート」であったということである。たしかに、これはごく当たり前のように思えることではある。しかし、これまでの学歴社会化研究において強調されてきた帝大・私大間の格差や進学率の時期的変化が、当事者にとってはそれほど重要なものとして認識されていなかったということには注目すべきだろう。結局のところ戦前期における大学・専門学校の卒業者とはごく限られた「エリート」だったのであり、初等教育のみで学校を修了していた大多数の人々と比較すれば、帝大・私大間の差などは相対的に小さなものだったのだ。

もう一つは、「立身出世」として語られるイメージとのズレ、乖離である。これは、本章で検討した人物たちが少年期・青年期を生きた時期が、「経済的条件が、就学や進学の規定要因として重要性をもちはじめていた」という一八九〇年代以降であったことと無関係ではないだろう。[31]『私の履歴書』の記述においては家庭の経済状況が明確に述べられていないものも少なくないため断定はできないが、本章で検討した高学歴者に関していえば、やはり階層的に上層の者が多かったと思われる。すなわち、本文でも取りあげた中山幸市や瀬川美能留のような「苦学」をへて成功を収めた「立志伝中の人物」が出現する土壌は、しだいに失われつつあったのである。『私の履歴書』の記述における立身出世イメージとのズレや乖離は、こうした状況を背景としたものであったといえるだろう。ただこのことは、先の第三章でみた女性にとっての「学歴」の意味とはずいぶんと異なるものであり、男性に特有の経験でもあったことには注意しなければならない。

この点に関してもう一つぜひとも指摘しておきたいのは、本章で対象とした時期においてすでに男性にとっての学歴の意味とは地位形成機能にとどまるものではなかったということである。いま述べたように、経済的に恵まれない者が進学しにくくなるという状況が一八九〇年代にはすでにあらわれていたし、逆に第四節で見た宇佐美洵や土川元夫の例に端的にあらわれているように、学歴が必ずしも必要ではないような経済的上層の人物において高学歴の取得がめざされていた。つまり、男性にとっての学歴にも少なからず地位表示機能の側面があったということになる。その意味では、日本における「学歴社会」とはその当初からすでに再生産的なものだったということであり、そもそも純粋な「学歴社会」ではなかったのではないか、ともいえる。むしろ、第三章で指摘されていたように、学歴が地位形成機能を果たしていたのは女性の場合により当てはまるのかもしれない（といっても、やはりその前提には経済的・文化的条件が抜きがたく存在しているのであるが）。

経済的成功者たちの教育観

最後に、本章で見た経済的成功者たちの教育観について触れておきたい。これは蛇足と思われるかもしれないが、「学歴社会化」の先頭を走ったかれらがその経験をふまえてその後どういった教育観をもつにいたったか、そのこともまたかれらの教育経験の意味を考えるうえでどうしても興味をそそられるのである。もう少しだけおつきあい願いたい。

さて、経済人たちの教育観といってまっ先にイメージされるのは、「学校での勉強や学歴より、社会に出てからの経験の方が重要である」といった類の言説ではないだろうか。しかし、こうした言説は期待するほどは見あたらない。「君らは三年か五年大学にいったためにうぬぼれ過ぎている。(…)ここの会社に入ったならばまずおれは大学を出た、卒業したという気持と卒業証書を捨てろという。人間社会の人情の複雑な中に飛び込んで、その中で鍛えて鍛え上げていくところに人間としてのえらさが出てくる。苦労をすればするほど人間は完成に近づくのだ」(第一巻、三二六頁)という出光佐三や、「大学で三年くらいやってもたいしたことはない、むしろ卒業してからの勉強のほうが、経験も豊富になるし、それだけ進歩が早いと思っている」(第四巻、三五六頁)という池田亀三郎(三菱油化社長、一八八四―一九七七年)の記述があるくらいである。ほかには、四高時代の成績がビリだったという河田重が、四高時代の友人の息子である社員に「それでよく社長になれたものですね」といわれたのに対し、「人間の価値なんてものは、学校の成績だけでわかるものではない。ほんとうの勉強はむしろ学校を出てからだ」(第二巻、四四四頁)と述べているものもある。しかし、河田はそれにつづけて「われながら、うまくこじつけられたものだとおもう」とも書いており、真意のほどは疑わしい。

ただ、田口連三は自らも高等教育修了者(米沢高等工業学校卒)でありながら、異例なほど学歴エリートに対して否定的である。具体的には、「私は今でも、踏みつけられても立ち、そのたびに強靭さを加える雑草のような生命力を持つ人間に信頼感を抱く。優等生タイプの平均的人間には創造力も少ないことが多い」（第一六巻、八二頁）「底辺の人間がやることはほとんど経験して、のちに、営業の仕事に進んだ時、その経験は非常に役立った。相手の気持ちをつかみ、こちらの誠意をぶつけて交渉するのは、青白いインテリの世界とは違うからだ」（同、九二頁）「（教育ママから――引用者）宿題は終わりましたか、一番になるんですよ、そう言われて育ってきた人間が世界にまかり通る大きな人間になるはずもなく、まして経営はまかせられない」（同、一五四頁）といった具合である。幼少期に医者であった父をなくし、「政治活動のためにできた父のばく大な借金」のため「青年時代を貧困とともにすごし、はいずり回るようにして生きてきた」という田口の生い立ちが、こうした「インテリ」への敵愾心の源泉となっているのであろう。

こうした教育観とも連続的だが、「優等生より劣等生の方が社会に出てからは大物になる」という言説も「社会人」が教育を語る際の常套句である。しかし、こうした言説も『私の履歴書』においてはほとんど登場しない。新関八洲太郎（第一物産社長、一八九七―一九七八年）が、「当時のクラスメートで、成績のよかったのは残っていないが、よくない方の連中では（…）などが、いまも悪運強く活動している。彼らはいずれも、人相こそ一ぱしだが、在学中、いっこうに学問などに身を入れた形跡のないものばかりである」（第一巻、八五頁）と述べているものがある程度である。むしろ反対に高杉晋一は、「当時、もみ上げを伸ばしたり、しゃれた格好をして女学生などと交際する軟派もいたが、結局その連中は一人として大成したものがいない。高等学校の友人でも女遊びに興味を持った連中は、不思議なくらい早死している」と述べている（第八巻、一四五―一四六頁）。このように相反する二つの言説が見られるわけであるが、こうした言説が厳密な調査・分析によって導き出されたものではない以上、結局は個々人の印象論の域を出るものではないということなのだろう。

このように、本章で見た経済的成功者たちの教育観は、学歴や学校教育に対して必ずしも否定的なものではなかった。やはり自らが学歴エリートであるだけに、「学歴は無意味」とも言えないところがあるのだろう。とはいえ、本文でも指摘したように、学校の教育内容やカリキュラム面に対する肯定的評価が多いわけでもない。結局、「世間でもよく学校の成績のよかったものより、かえってできなかったものの方が将来世に出るというが、これが必ずしも正しいかどうかはわからない。ただ学生時代の三年や六年の短期間の実績をもって、人生長期間の行路を律することはできないということだけは、言い得ると思う」（第三巻、八五頁）という大屋晋三（帝人社長、一八九四―一九八〇年）の意見が、かれらの学校教育に対する評価を最も的確に言いあらわしているのではないだろうか。

参考・引用文献
天野郁夫『学歴の社会史　教育と日本の近代』新潮社、一九九二年→平凡社、二〇〇五年。

天野郁夫『教育と選抜』第一法規出版、一九八二年→『教育と選抜の社会史』筑摩書房、二〇〇六年。

万成博「ビジネス・エリート補充の国際比較――経済成長要因の社会学的分析」、『関西学院大学社会学部紀要』九・一〇合併号、一九六四年、一〇九―一一八頁。

松尾博志『就職とは何だろうか――もう一つの明治・大正・昭和史――代表的企業人の職業選択』ＰＨＰ研究所、

一九八三年。

日外アソシエーツ編『二〇世紀日本人名事典』日外アソシエーツ、二〇〇四年。

日本工業倶楽部編『日本の実業家――近代日本を創った経済人伝記目録』日外アソシエーツ、二〇〇三年。

尾崎盛光『日本就職史』文藝春秋、一九六七年。

坂本藤良『日本雇用史（上）学歴と出世の物語』中央経済社、一九七七年。

坂本藤良『日本雇用史（下）年功制への長い道程』中央経済社、一九七七年。

竹内洋『学歴貴族の栄光と挫折』中央公論新社、一九九九年。

竹内洋『立身出世主義――近代日本のロマンと欲望』日本放送出版協会、一九九七年→『立身出世主義 増補版』世界思想社、二〇〇五年。

谷口琢雄「大正・昭和前期の中学校」、仲新監修『学校の歴史 第三巻 中学校・高等学校の歴史』第一法規出版、一九七九年、五四―七八頁。

『私の履歴書 経済人編』第一巻―第一八巻、日本経済新聞社、一九八〇―一九八一年（新聞紙上初出一九五六―一九八〇年）。

注

（1）竹内洋『学歴貴族の栄光と挫折』中央公論新社、一九九九年、一〇一頁の表より。
（2）天野郁夫『教育と選抜』第一法規出版、一九八二年→『教育と選抜の社会史』筑摩書房、二〇〇六年、二〇七頁。
（3）万成博「ビジネス・エリート補充の国際比較――経済成長要因の社会学的分析」、『関西学院大学社会学部紀要』九・一〇合併号、一九六四年、一〇九―一一八頁。ちなみに、世襲により地位を引きついだ者の割合は二三％→二四％とほとんど変化はない。
（4）天野前掲『教育と選抜の社会史』、天野郁夫『学歴の社会史――教育と日本の近代』新潮社、一九九二年→平凡社、二〇〇五年。竹内洋『立身出世主義――近代日本のロマンと欲望』日本放送出版協会、一九九七年→『立

身出世主義 増補版』世界思想社、二〇〇五年、竹内前掲『学歴貴族の栄光と挫折』など。
(5)「正系」とは中学校―高等学校を経て帝国大学に進学するルート、「傍系」とはそれ以外の学校（例えば高等師範学校、専門学校など）から帝国大学に進学するルートを示す。
(6) たとえば天野前掲『学歴の社会史』では、和辻哲郎や山川均らの自叙伝が史料として用いられており、竹内前掲『立身出世主義 増補版』でも『私の履歴書』から前尾繁三郎や安井誠一郎の自叙伝が引用されている。
(7) なお、収録された人物の生没年・最終学歴等のデータについては、章末の一覧表を参照。表中の項目のうち生没年・最終学歴・出身地については、日本工業倶楽部編『日本の実業家――近代日本を創った経済人伝記目録』（日外アソシエーツ、二〇〇三年）および日外アソシエーツ編『二〇世紀日本人名事典』（日外アソシエーツ、二〇〇四年）で確認したが、いずれにも記載のなかった三名（中山均、町村敬貴、松田伊三雄）については『私の履歴書』の記述によった。また、その他の項目については『私の履歴書』の記述によった。
(8) 本章でいう「高等教育修了者」とは、最終学歴が大学または高等専門学校の卒業・修了である者を指す。したがって、高等教育中退者はこれに含まれない。
(9) 第一八巻までに収録の全一三四人の生年内訳は、一八六〇年代が一人、一八七〇年代が五人、一八八〇年代が三九人、一八九〇年代が五一人、一九〇〇年代が三七人、一九一〇年代が一人である。
(10) 全一三四人中、低学歴者（小学校中退・修了、中等教育中退）は二三人、中学歴者（中等教育修了、高等教育中退）は一七人、高学歴者（高等教育修了）は九四人。割合はそれぞれ約一七%、約一三%、約七〇%になる。
(11) 全体の約七〇%が一九一〇年代―二〇年代生まれ。三〇年代、四〇年代生まれの人物もいる。
(12) 執筆時の年齢が最も若いのは永田雅一の五一歳、最高齢は岡野喜太郎の九三歳。
(13) 天野前掲『教育と選抜の社会史』二二五頁の表1を参照。
(14) 竹内前掲『立身出世主義 増補版』一二七―一三一頁。
(15) 谷口琢雄「大正・昭和初期の中学校」、仲新監修『学校の歴史 第三巻 中学校・高等学校の歴史』第一法規出版、一九七九年、六七頁。
(16) 中学校卒業資格である専検の実質合格率は一%にも満たないもので、「中学校を卒業するよりも難しかった」

という（竹内前掲『立身出世主義 増補版』一三七頁）。

(17) 天野前掲『教育と選抜の社会史』二二二頁。

(18) 尾崎盛光『日本就職史』文藝春秋、一九六七年、一二七―一三五頁。

(19) さらにいうならば、『私の履歴書』の執筆そのものに消極的だったことを表明している人物も何人かおり、そのこともこうした書きぶりに影響しているかもしれない。執筆に消極的であったことを述べているのは、大屋敦・稲山嘉寛・佐藤喜一郎・植村甲午郎（経団連副会長、一八九四―一九七八年）・本田弘敏（東京瓦斯会長、一八九八―一九八一年）・竹鶴政孝（ニッカウヰスキー社長、一八九四―一九七九年）などである。

(20) 坂本藤良『日本雇用史（下）』中央経済社、一九七七年、一六一頁。

(21) 松尾博志『就職とは何だろうか』ＰＨＰ研究所、一九八三年、八六頁。

(22) 坂本前掲『日本雇用史（下）』一六二頁。

(23) 『日本就職史』によれば、一九二五、二六（大正一四、一五）年の大学・高専卒の就職率はそれぞれ六七％、五九％であったという（尾崎前掲『日本就職史』一六六頁）。

(24) 松尾前掲『就職とは何だろうか』五〇頁。

(25) 同書、九六頁。山名の位置づけは職員というよりも教師に近く、『私の履歴書』でも松田伊三雄（三越社長、一八九六―一九七二年）が「山名次郎という就職あっ旋係の先生」と記している（第一四巻三三七―三三八頁）。

(26) もっとも、その後立石は野田から「兵庫県土木課はどうか。これが最後だぞ」と紹介され、兵庫県庁土木課技手となっている（同三二二頁）。

(27) 松尾前掲『就職とは何だろうか』九七頁。

(28) 「彼」とは栗田自身のことである。栗田の『私の履歴書』は全編三人称で語られており、非常に特徴的なものになっている。

(29) 竹内前掲『学歴貴族の栄光と挫折』一四二頁。

(30) 竹内前掲『立身出世主義 増補版』二五六頁。

(31) 天野前掲『教育と選抜の社会史』二二三頁。

『私の履歴書 経済人編』第1～18巻　収録人物一覧　アミカケは本章で検討対象とした人物

	人名	生年	没年	執筆時の肩書	最終学歴	出身地	成育地＊	親の職業＊＊
第1巻	五島慶太	1882	1959	東京急行会長	東京帝大法科	長野県小県郡青木村		「水呑百姓」
	杉 道助	1884	1964	ジェトロ理事長	慶應義塾大学理財科	山口県萩市	山口県山口市	県庁職員
	堤 康次郎	1889	1964	衆議院議長	早稲田大学政経学科	滋賀県愛知郡秦荘町		農業
	新関八洲太郎	1897	1978	第一物産社長	東京高商	埼玉県浦和市	東京→群馬県吉井村	埼玉県庁勤務
	原 安三郎	1884	1982	日本化薬社長	早稲田大学商科	徳島県徳島市		藍会社支配人
	松下幸之助	1894	1989	松下電器産業相談役	尋常小学校中退、関西商工学校予科卒	和歌山県海草郡和佐村		旧家→米相場に失敗→下駄屋→大阪盲唖院勤務
	山崎種二	1893	1983	山崎証券社長（ママ）	高等小学校	群馬県		「小さな百姓」
	石坂泰三	1886	1975	経団連会長	東京帝大法科	東京府牛込区		？中流
	出光佐三	1885	1981	出光興産社長	神戸高商	福岡県宗像郡赤間村		藍玉販売業
	伊藤忠兵衛	1886	1973	東洋パルプ社長	八幡商	滋賀県豊郷町		織物輸入業
	大谷竹次郎	1877	1969	松竹会長	小学校	京都府京都市三条		？貧乏
	高碕達之助	1885	1964	経済企画庁長官	水産講習所	大阪府高槻市		農家、紺屋
	遠山元一	1890	1972	日興証券会長	中学校中退	埼玉県比企郡川島郷		もと豪農。父が道楽
第2巻	石橋正二郎	1889	1976	ブリヂストンタイヤ社長	久留米商業学校	福岡県久留米市		「ちっぽけな仕立て屋」
	中山 均	1886	1966	日銀対策委員会員	早稲田大学政経学部	静岡県浜松市		浜松銀行経営。村長
	堀 久作	1900	1974	日活社長	大倉高商	東京		「ささやかな荒物商」
	山本為三郎	1893	1966	朝日麦酒社長	大阪・北野中学校	大阪市船場		ガラス瓶製造業
	河合良成	1886	1970	小松製作所社長	東京帝大法科	富山県福光町		酒造
	杉山金太郎	1875	1973	豊年製油会長	大阪商業学校	和歌山県海草郡川永村		農業
	永田雅一	1906	1985	大映社長	大倉高商中退	京都市中京区		友禅の問屋→零落
	藤山愛一郎	1897	1985	外務大臣	慶應義塾大学中退	東京都北区		王子製紙専務
	石毛郁治	1895	1981	東洋高圧社長	東京高工	千葉県海上郡飯岡町		海産物製造業。「家業はかなり盛大」
	岡野喜太郎	1864	1965	駿河銀行頭取	韮山師範中退	駿河国沼津		名主
	足立 正	1883	1973	日本商工会議所会頭	東京高商	鳥取県境港市		酒造・地主
	河田 重	1887	1974	日本鋼管社長	東京帝大法科	茨城県稲敷郡		旅館経営、農業
第3巻	伊藤次郎左衛門	1902	1984	松坂屋社長	慶應義塾大学文学部	愛知県名古屋市		いとう呉服店
	大屋晋三	1894	1980	帝人社長	東京高商	群馬県邑楽郡明和村		尋小校長（のち窮乏）
	石田退三	1888	1979	トヨタ自動車工業社長	滋賀県立第一中	愛知県知多郡小鈴谷村		農家？
	平塚常次郎	1881	1974	日魯漁業社長	札幌露清語学校	北海道函館市		？
	安川第五郎	1886	1976	日本原子力発電社長	東京帝大工科	福岡県北九州市	若松	石炭事業に成功
	大川 博	1896	1971	東映社長	中央大学法学部	新潟県西蒲原郡中之口村		「代々村の庄屋」
	井上貞治郎	1882	1963	聯合紙器社長	高等小学校	播州揖保川近くの寒村		？「豊かな方」

	人名	生年	没年	執筆時の肩書	最終学歴	出身地	成育地＊	親の職業＊＊
	藍沢彌八	1880	1969	東証理事長	日本法律学校	新潟県刈羽郡加納村		旧家
	伊藤保次郎	1890	1972	三菱鉱業社長	東京帝大法科	山形県鶴岡市		「名もない町屋」
第4巻	栗田淳一	1888	1965	日石社長	東京帝大文科	山口県楠町		本願寺派浄覚寺
	井村荒喜	1889	1971	不二越鋼材社長	行余学舎中退	長崎県南高来郡北有馬村		農業
	内ヶ崎贇五郎	1895	1982	東北電力社長	東京帝大工学部	宮城県黒川郡富谷村		造り酒屋
	青木均一	1898	1976	東京電力社長	東京商大	静岡県静岡市	小学校卒業まで何度か東京と往復	薪炭・材木業（幼少期は伯父のもとで育つ）
	山岡孫吉	1888	1962	ヤンマーディーゼル社長	高等小学校	滋賀県伊香郡南富永村		貧農
	池田亀三郎	1884	1977	三菱油化社長	東京帝大工科	山形県酒田市		小売業
	犬丸徹三	1887	1981	帝国ホテル社長	東京高商	石川県能美郡根上村		農業、機械工場経営
	奥村綱雄	1903	1972	野村証券会長	京都帝大経済学部	滋賀県信楽町		信楽焼の窯元→菓子製造販売業
第5巻	佐藤 貢	1898	1999	雪印乳業社長	オハイオ州立大学	北海道札幌市		北海道庁勤務→農場経営
	萩原吉太郎	1902	2001	北海道炭礦汽船社長	慶應義塾大学経済学部	埼玉県蕨市		「仕事を転々とかえては失敗」
	諸井貫一	1896	1968	秩父セメント社長	東京帝大大学院経済学研究科	埼玉県本庄市		日本煉瓦の支配人
	和田完二	1896	1968	丸善石油社長	豊岡中学	兵庫県城崎郡中竹野村		小学校長（薄給）
	石塚粂蔵	1886	1962	日本製鋼所会長	東京高商	東京・麹町		書店
	塚田公太	1885	1966	倉敷紡績会長	東京高商	新潟県頸城郡鳥坂村		雑穀商
	福田千里	1896	1992	大和証券社長	京都帝大経済学部	東京・赤坂丹後町	四谷愛住町	軍人→謄写業→台湾→京都府の役人
	松尾静磨	1903	1972	日本航空社長	九州帝大工学部	佐賀県杵島郡若木村		土木建築業社長
	市村 清	1900	1968	理研光学社長	中央大学中退	佐賀県三基郡北茂安村		貧農
第6巻	佐々部晩穂	1893	1979	松坂屋会長	京都帝大法科	福岡県山門郡塩塚村		医師
	奥村政雄	1879	1966	日本カーバイド工業社長	京都帝大法学部	熊本県下益城郡古保山村		私塾経営→小学校長→村長
	早川徳次	1893	1980	早川電機工業社長	小学校中退	東京市日本橋区久松町	東京・深川	ミシン業
	本田宗一郎	1906	1991	本田技研工業社長	高等小学校（工場長となってから浜松高工聴講生に）	静岡県磐田郡光明村		鍛冶屋→自転車屋
	三村起一	1887	1972	石油資源開発社長	東京帝大法科	東京・銀座尾張町	宮崎（宮崎市？）	養家は書店
	井深 大	1908	1997	ソニー社長	早稲田大学理工学部	栃木県上都賀郡日光町	愛知県碧海郡→東京→苫小牧→碧海→神戸市	古川鉱業（3歳のとき死去）。母の再婚相手は山下汽船課長
	坂 信弥	1898	1991	大商証券社長	東京帝大法学部	大阪府堺市		「中農」
	中部謙吉	1896	1977	大洋漁業社長	高等小学校	兵庫県明石市		魚の運搬問屋
第7巻	井植歳男	1902	1969	三洋電機社長	高等小学校	兵庫県津名郡東浦田		農業→船乗り（貿易）→農業（高小1年の時死去）
	小川栄一	1899	1978	藤田観光社長	京都帝大法学部	長野県上田市		大地主？
	江崎利一	1882	1980	江崎グリコ社長	小学校高等科	佐賀県神埼郡蓮池村		薬種業

	人名	生年	没年	執筆時の肩書	最終学歴	出身地	成育地＊	親の職業＊＊
	川又克二	1905	1986	日産自動車社長	東京商大	茨城県東茨城郡上大野村	東京・小石川（9歳の時移住）	水戸専売局勤務兼農業→会社員（9歳時）
	鹿島守之助	1896	1975	鹿島建設会長	東京帝大法学部	兵庫県揖西郡半田村		「篤農家」「地方では相当な財産家」
	松永安左エ門	1875	1971	電力中央研究所理事長	慶應義塾大学中退	長崎県壱岐郡石田村		交易、酒造業、水産業等
	大屋 敦	1885	1970	日銀政策委員	東京帝大工科	東京・上野桜木町		大審院判事
第8巻	石原廣一郎	1890	1970	石原産業会長・社長	立命館大学法科専門部	京都市郊外・吉祥院村		農業
	町村敬貴	1882	1969	北海道・町村牧場主	ウィスコンシン州立農科大学	北海道真駒内牧牛場（札幌郊外）	札幌市（7歳から）	牧牛場長
	高杉晋一	1892	1978	三菱電機相談役	東京帝大法学部	茨城県筑波郡北条町		茨城県警警察官
	稲山嘉寛	1904	1987	八幡製鉄社長	東京帝大経済学部	東京・銀座		「稲山銀行」実権は祖父
	佐藤喜一郎	1894	1974	三井銀行会長	東京帝大法学部	神奈川県横浜市		銀行勤務→洋食品店経営（高小2年時）
	嶋田卓彌	1901	1983	蛇の目ミシン工業社長	小学校中退	京都市上京区		開業医（12歳のとき死去）
	岩切章太郎	1893	1985	宮崎交通会長	東京帝大法学部	宮崎県宮崎市		呉服商、貿易業→宮崎における新事業建設参加
第9巻	鮎川義介	1880	1967	中政連総裁	東京帝大工科	山口県山口市		防長新聞支配人
	松田恒次	1895	1970	東洋工業社長	大阪市立都島工業学校	大阪府大阪市	長崎市（小学校入学時）→大阪（高小時）	渡り職工→ポンプ製造業（恒次の籍は祖父母の実子。祖父は大阪砲兵工廠の職工）
	北沢敬二郎	1889	1970	大丸会長	東京帝大法科	山形県米沢市		旧士族。小学校長の経験あり
	久保田 豊	1890	1986	日本工営社長	東京帝大工科	熊本県阿蘇郡一の宮町		阿蘇郡役所書記
	井上五郎	1899	1981	中部電力会長・中経連会長	東京帝大電気工学科	東京		政治家・実業家
	法華津孝太	1903	1988	極洋捕鯨会長	東京帝大政治学科	東京・神田	東京・芝	森村組傘下の会社社長
第10巻	中山幸市	1900	1968	太平住宅社長	関西大学専門部商業科	岡山県・庭瀬	神戸（3歳から）	貿易会社勤務→独立（失敗し零落）
	野村與曾市	1889	1975	電気化学工業社長	東京高商	滋賀県愛知郡押立村	東京（中学以降）	代々の庄屋。酒造業
	三島海雲	1878	1974	カルピス食品工業社長	文学寮（西本願寺）	大阪府豊能郡萱野村	伊丹（小学時代）	寺。母親は伊丹で銭湯を開業
	植村甲午郎	1894	1978	経団連副会長	東京帝大法科	東京・飯倉	札幌（生後すぐから）→東京（小学3年より）	北海道炭礦鉄道勤務
	堀江薫雄	1903	2000	前東京銀行会長	東京帝大法学部	徳島県麻植郡鴨島町		地主。藍玉の製造販売
	岡崎嘉平太	1897	1989	全日空相談役	東京帝大法学部	岡山県吉備郡大和村		？
第11巻	中安閑一	1895	1984	宇部興産社長	東京高工	山口県厚狭郡沖宇部村		炭鉱経営
	本田弘敏	1898	1981	東京瓦斯会長	東京高商	熊本県上益城郡陣村		庄屋。農業
	竹鶴政孝	1894	1979	ニッカウヰスキー社長	大阪高工	広島県竹原町		造り酒屋

	人名	生年	没年	執筆時の肩書	最終学歴	出身地	成育地＊	親の職業＊＊
	広瀬経一	1896	1986	北海道拓殖銀行会長	京都帝大法学部	香川県大川郡石田村（高松近郊）		“千石持ち”の大庄屋
	稲垣平太郎	1888	1976	日本ゼオン相談役・日本貿易会会長	慶應義塾大学理財科	岡山県岡山市		祖父は様々な事業に手を染める
	時国益夫	1893	1989	麒麟麦酒社長	東京帝大工学部	石川県鳳至郡町野村	金沢（小学3年から）	大庄屋
	大谷米太郎	1881	1968	大谷重工業社長	小学校	富山県西砺波郡正得村		貧農
第12巻	永野重雄	1900	1984	富士製鉄社長	東京帝大法学部	島根県松江市	岩国→山口→広島（小学校は広島）	裁判官→弁護士
	木下又三郎	1889	1977	本州製紙社長	東京帝大工学部	愛知県名古屋市		商家→建築士
	司忠	1893	1986	丸善社長	高等小学校	愛知県豊橋市		小学校長
	砂野仁	1899	1979	川崎重工業社長	京都帝大経済学部	京都府与謝郡加悦町		府会議員→村長
	倉田主税	1889	1969	日立製作所相談役	仙台高工	福岡県宗像郡神興村		製糸業
	加藤辨三郎	1899	1983	協和発酵工業会長	京都帝大工学部	島根県簸川郡荒茅村		小売商
第13巻	木川田一隆	1899	1977	東京電力社長	東京帝大経済学部	福島県伊達郡梁川町		医師
	市川忍	1897	1973	丸紅飯田会長	神戸高商	茨城県北相馬郡布川町	（小学校入学直前より）福知山→綾部→布川→東京→布川→園部→布川	関西で鉄道建設に従事
	瀬川美能留	1906	1991	野村証券会長	大阪商科大学	奈良県五条市		小学校長
	土川元夫	1903	1974	名古屋鉄道社長	京都帝大法学部	東京・本郷元町	愛知・一宮	医師
	安西正夫	1904	1972	昭和電工社長	東京帝大法科	千葉県興津町		県会議長
	小原鉄五郎	1899	1989	城南信用金庫理事長	小学校高等科	東京・大崎		農業
第14巻	宇佐美洵	1901	1983	前日本銀行総裁	慶應義塾大学経済学部	東京市芝三田小山町	富山(小学2・3年)→東京・牛込（小4)→京城(小5から)	内務省勤務→富山県知事→韓国統監府参事官
	茂木啓三郎	1899	1993	キッコーマン醤油社長	東京商大	千葉県海上郡富浦村		農業（父は生まれる前に死亡）
	土井正治	1894	1997	住友化学工業会長	東京帝大法学部	兵庫県武庫郡大庄村（現在の尼崎）		僧侶（父母早世。祖父母、叔父叔母の家で育つ）
	和田恒輔	1887	1979	富士電機製造相談役	神戸高商	山口県厚狭郡厚狭		米・肥料・油・塩等の商い。初め隆盛も、恒輔12歳頃から傾く
	松田伊三雄	1896	1972	三越社長	慶應義塾大学	香川県三豊郡詫間町		塩業、農業（富裕）
	田代茂樹	1890	1981	東レ名誉会長	明治専門学校（九州工業大学の前身）	福岡県遠賀郡香月村		農業、村役場勤務（のちに村長）
第15巻	池田謙蔵	1893	1974	三菱信託銀行相談役	東京帝大法学部	奈良県吉野郡竜門村		製油業・タバコ商い
	高畑誠一	1887	1978	日商岩井相談役	神戸高商	愛媛県喜多郡内子町		小売業→生糸・木蝋製造業
	田口利八	1907	1982	西濃運輸社長	小学校高等科	長野県西筑摩郡読書村		「中級農家」
	水上達三	1903	1989	日本貿易会会長	東京商大	山梨県北巨摩郡清哲村		主として農業
	立石一真	1900	1991	立石電機社長	熊本高工	熊本県熊本市		盃屋（うまく行かず廃業）→母親が下宿屋開業

	人名	生年	没年	執筆時の肩書	最終学歴	出身地	成育地＊	親の職業＊＊
	神谷正太郎	1898	1980	トヨタ自動車販売社長	名古屋市立商業学校	愛知県知多郡横須賀町	名古屋市千種区（養家）	製粉・製麺業（養家）
第16巻	日高 輝	1905	1987	山一証券会長	東京帝大法学部	東京都港区	東京・大阪を転々（父親の仕事の関係上）	住友合資会社勤務の建築技師
	田口連三	1906	1990	石川島播磨重工業会長	米沢高工	山形県・天童市郊外		眼科医（6歳のとき死去）
	越後正一	1901	1991	伊藤忠商事会長	神戸高商	滋賀県愛知郡葉枝見村		小学校教員（校長も）。かたわら農業
	樫山純三	1901	1986	樫山会長	小学校（三越入社後、大阪貿易語学校）	長野県北佐久郡小諸町		商売らしい商売せず資産で生活（故に次第に没落）
	大槻文平	1903	1992	三菱鉱業セメント会長	東京帝大法学部	宮城県伊具郡丸森町		養蚕を主とした農業
	小林節太郎	1899	1977	富士写真フィルム会長	関西学院高等商学部	兵庫県小野市（現在）		農業
第17巻	横山通夫	1900	1983	中部電力相談役	慶應義塾大学理財科	栃木県那須郡馬頭町		農業・陸送問屋
	吉田忠雄	1908	1993	吉田工業社長	高等小学校	富山県魚津市（現在）		養鶏業
	黒沢酉蔵	1885	1982	雪印乳業相談役	京北中学	茨城県久慈郡世矢村		小農
	川勝 伝	1901	1988	南海電気鉄道社長	立命館大学法学部	京都府船井郡八木町		「中地主」
	西川政一	1899	1986	日商岩井相談役	神戸高商	兵庫県氷上郡竹田村		農業・小売業
	弘世 現	1904	1996	日本生命保険社長	東京帝大経済学部	東京・麹町		教育者？
第18巻	安井正義	1904	1990	ブラザー工業会長	名古屋市立熱田実業補習学校	愛知県愛知郡熱田町		東京砲兵工廠→独立しミシン修理店
	伊藤傳三	1908	1981	伊藤ハム栄養食品社長	高等小学校	三重県四日市市		漁師→海産物卸商
	川井三郎	1908	1998	協栄生命保険会長	東北帝大理学部	東京・八重洲		開業医
	北裏喜一郎	1911	1985	野村証券会長	神戸高商	和歌山県日高郡美浜町		？
	安藤豊禄	1897	1990	小野田セメント相談役	東京帝大工学部	大分県大野郡重岡村		村長
	江戸英雄	1903	1997	三井不動産会長	東京帝大法学部	茨城県筑波郡作岡村		地主？

＊記入なき場合は出身地と同じ
＊＊特に断りない限り父職。カギ括弧は文中表現

※表中の項目のうち、生没年、最終学歴、出身地については、日本工業倶楽部編『日本の実業家——近代日本を創った経済人伝記目録』（日外アソシエーツ、2003年）および日外アソシエーツ編『二〇世紀日本人名事典』（日外アソシエーツ、2004年）で確認したが、いずれにも記載のなかった三名（中山均、町村敬貴、松田伊三雄）については『私の履歴書』の記述によった。また、その他の項目については『私の履歴書』の記述によった。

第五章　近代学校と男性のセクシュアリティ形成

前川直哉

一　はじめに

性に関すること。もう少し詳しくいうなら、ある人が、性に関してどのような知識をいつごろ学び、どのような体験をいつごろしたのか。そしてそれらの知識や体験から、性に対してどのような態度を持つにいたったのか。これらは大変興味深いことであるが、なかなか歴史の表面には現れにくい。それは性に関する話題を公にすることがタブー視されているという次元の問題以前に、性に関することは「個人的」な経験とされることが多く、当事者以外によって記録されることは稀であるからだ。

たとえば俳優の森繁久彌（一九一三―　）が大阪府立北野中学校から早稲田第一高等学院に進んだことは、それぞれの学校の資料を調べれば分かる。また進学後に目白にある稲門塾という私塾の寮に住んだこと、劇研（演劇研究所）に入部したことなども、第三者によって記録されているかもしれない。だが、彼が進学した一八歳のときに童貞だったことを私たちが知ることができるのは、彼が自叙伝の中でこのことを記録してくれているからだ。「個人的」な経験とされた性に関する出来事を調べる際、自叙伝はライフ・ヒストリー（オーラル・ヒストリー）と並ぶ、最も重要な史料の一つとなるのである。

本章では『私の履歴書 文化人編』一五〇人分の自叙伝を史料として用い、近代日本のセクシュアリティについて検証する。具体的には、幼少期から学生期において、男性の性に関する知識や行動・態度のあり方、すなわち男性のセクシュアリティがどのように形成されていくのかを分析していく。

先行研究における自叙伝の位置づけ

本論に入る前に、先行研究を概観しながら、これまでのセクシュアリティ研究において自叙伝という史料がどのように扱われてきたのかを整理しておこう。なお、この項と次項〈史料について〉は、先行研究の検討や研究上の手続きについて述べた部分であるため、やや専門的で細かな説明が続く。それらの記述がわずらわしく感じられる場合は、先に〈二「子ども期」と性〉以降の本論から読み進めてもらっても差しつかえない。

わが国において、セクシュアリティの歴史的研究は一九九〇年代ごろからようやく本格的に行われるようになってきたが、依然として研究分野としての蓄積は乏しい[1]。これらの先行研究の中で、自叙伝史料はけっして無視されてきたわけではない。たとえば赤川学は『セクシュアリティの歴史社会学』

において、大杉栄の『自叙伝』ほか、複数の自叙伝あるいは自叙伝的な文学作品を取りあげている。[2]また古川誠や渋谷知美なども、文学者を中心とした複数の人物の自叙伝をその研究の中で扱っている。だが、これらはすべて断片的な利用にとどまっており、セクシュアリティ研究において自叙伝が積極的に活用されてきたとは言いがたい。

わが国でこれまで行われてきたセクシュアリティの歴史的研究は、一九二〇年代に流行した「性欲学」と呼ばれる性科学書・雑誌を主な史料として用いることが多く、研究手法としては言説分析が中心である。このような状況では、自叙伝史料は言説分析を補完する目的でのみ用いられるケースがほとんどで、言説分析によって得られた仮説を支持する傍証として自叙伝史料が扱われてきたというのが実態であった。それに対しこの研究では、一五〇人分という一定量の自叙伝を網羅的に分析する手法をとっており、自叙伝を脇役ではなく史料の主役として使用している。数多くの自叙伝を読み進める中で見えてくる、セクシュアリティのあり方を検証することが目的である。これは従来のセクシュアリティ研究における自叙伝利用とは、全く異なるアプローチであるといえよう。

今回の研究のような「自叙伝によるセクシュアリティ研究」によく似たアプローチとして想起されるのが、聞き取り調査やライフ・ヒストリーによって、性にまつわる習俗の歴史的研究を行うという方法である。性に関する聞き取り調査はこれまでも、おもに民俗学において活用され、多くの成果を上げることに成功してきた。たとえば赤松啓介は『非常民の性民俗』において、農村部や都市スラム街などの幅広い性民俗を聞き取りによって記録している。[3]また、このテーマにおけるライフ・ヒストリーの重要性については、すでに落合恵美子が指摘している通りである。[4] とりわけ落合はヨバイや男女関係について、女性が女性にインタビューすることの意義についてふれており、これは性に関する習俗が男性・女性のそれぞれにとってどのような意味をもっていたかを明らかにするという意味でも、重要な指摘というべきであろう。これらのような、聞き取り調査やライフ・ヒストリーによる研究の成功例は、自叙伝によるセクシュアリティ研究にとっても大きな参考となる。

自叙伝によるセクシュアリティ研究というアプローチの持つ大きな可能性を示したのが、二〇〇六年に邦訳刊行された『フィンランドにおける性的ライフスタイルの変容――三世代二〇〇の自分史による調査研究』である。[5] この本は一九九二年に行われた「人生における必要不可欠な要素としてのセクシュアリティ」と題する自叙伝コンクールに応募された二〇〇近い自叙伝を対象に分析を行っている。このように、複数の世代にわたる自叙伝をコンクールという形で一般から大量に募集し、それらを素材として検証していくのは、セクシュアリティ研究にとって非常に有効な研究方法であるといえよう。

今回分析対象とする『私の履歴書 文化人編』は当然ながら、セクシュアリテイを中心テーマとした自叙伝ではなく、性に関する記述はごく一部に過ぎない。最初から研究のために執筆され集められた自叙伝と比較すると、分析の対象となる記述そのものが膨大な自叙伝の中のごく一部にとどまり、研究の能率面でも迂遠な作業となってしまうことはやむをえない。だが、この史料には現在となっては聞き取りや自叙伝執筆の不可能な世代も多く含まれている。明治大正期の地域共同体や学校文化のあり方など、近代日本のセクシュアリティを研究する上で重要なエピソードもふんだんに描かれているという点からも、検証すべき豊かな素材であると考えられる。

史料について

この研究の題材は、『私の履歴書 文化人編』(日本経済新聞社)全二〇巻に掲載された一五〇人分の自叙伝である。(6) 史料の選定に当たっては、生年・地域・階層・学校歴などによる比較が行える点を勘案し、執筆者が多岐にわたり、なおかつ一定の共通体裁をとっている自叙伝として『私の履歴書』を取りあげることとした。特に本章で扱う「文化人編」は「経済人編」に比べ、セクシュアリティに関する記述も豊富であり、この研究の題材として最適な自叙伝の一つであるといえよう。また、今回分析の対象とした一五〇人の生年は一八六九(明治二)年から一九一七(大正六)年までであるが、この一五〇人の生年の分布もセクシュアリティ研究においては重要な意味をもっている。というのも、この一五〇人が少年期を送った時期の中には、一九〇〇年前後の学校教育の普及や女学生の増加、「学生風紀問題」の登場、あるいは一九二〇年代の「性欲学」の流行など、セクシュアリティに関して重要と思われる時期が多く含まれているからである。なお表5―1のとおり、今回の史料の執筆者の大半は男性であるため、今回は対象を男性のセクシュアリティに限定した。

この研究を進める際には、『私の履歴書』(旧版・経済人中心)を用いて「子供の交換」と「試験」について考察した尾中文哉の研究手法に着想を得て、「人物カード」の作成と活用を行った。(7) 具体的

表 5-1 『私の履歴書　文化人編』執筆者 150 人の生年および執筆時年齢の分布

執筆者の生年	男性	女性
1860 年代	1	0
1870 年代	8	0
1880 年代	34	0
1890 年代	41	1
1900 年代	47	8
1910 年代	9	1
計	140	10

執筆時の年齢	男性	女性
50 代	2	1
60 代	50	4
70 代	58	5
80 代	24	0
90 代	6	0
計	140	10

（単位：人）

には、自叙伝執筆者一人ずつについて、生没年・出身地域・階層・自叙伝内に書かれたセクシュアリティに関する記述などを項目ごとにまとめたカードを作成し、そのカードを用いて分析を行っている。

ここで注意すべきなのは、執筆者によってセクシュアリティに関する記述量が大きく異なることである。この記述量の多寡は、年代や階層による差というよりも、個人差が大きい。たとえば里見弴（一八八八―一九八三）のように「この稿に、一切「ヴィタ・セクスアリス」を除くのは、もしそれに触れだしたひには、この何層倍の長さになるか知れないから」（第一巻、三六頁）とわざわざ断り、セクシュアリティに関する記述を省く執筆者もいれば、村松梢風（一八八九―一九六二）のように「私の履歴書はどうやら恋愛履歴書になりそうである。どうせ人生の長丁場を三十枚には書き切れない」（第一巻、一〇五頁）と、性に関する記述こそを自叙伝の中心にすえる執筆者もいるのである。

そもそも、連載回数の限られた自叙伝の中で何を取りあげ、また何を省略するかは、当然ながら執筆者の主観に委ねられている。ある執筆者がセクシュアリティについて詳細に記し、またある執筆者がほとんどそれらのことがらにふれないとき、その背後にどのような動機が隠されているのかは非常に興味深い点ではあるが、これを実証的に解き明かすことは残念ながら不可能である。そこには執筆者の個性や執筆時の心理状態など、多くの要因が絡みあっている。また、小説家などは自身のセクシュアリティを私小説などの形で、すでに執筆しているケースも少なくない。この場合は当然、『私の履歴書』内でのセクシュアリティに関する描写が省略されがちである。

このようにセクシュアリティに関する記述量の多寡自体は、個人差によるものが大きいため、計量的な比較を行ってもあまり意味がない。そこで今回の研究では、自叙伝を用いた計量的な分析ではなく、書かれていることがらの中身に注目した、質的調査を中心に行った。具体例を挙げるならば、買春経験に関しての記述の有無を調査し、それらの記述の多い生年や地域を調査したりする方法ではなく、買春経験について記述された自叙伝そのものを豊かな史料として扱い、その内容を検討・分析していくというような方法である。そしてこのような質的調査を行うことで、執筆者一人ひとりが「個人的」に経験してきたセクシュアリティの実像に迫っていくことこそが、この研究の目的とするところである。

ところで『私の履歴書 文化人編』の執筆者の大半は、高学歴の男性である。自叙伝中に学校歴が明記されている男性執筆者一三五名のうち、八割（一〇八名）が中等教育以上の学校へ進学しており、高等教育へ進んだ者も三分の二(九〇名)にのぼる。[8] この時期に上級学校へ進学しているということは、当然ながら執筆者の出身階層も高い場合が多いことを意味する。そこで今回の研究では、出身階層が比較的高く、上級学校まで進学を続けた男性たちに特に注目しながら、彼らのセクシュアリティがどのように形成されていったのかを考察していくこととする。

まず二節では、幼少期や小学校期の記述に着目し、比較的高い社会階層を中心に見られる近代的な子ども観によって、子どもたちが性に関する話題から遠ざけられていった様子を概観する。三節と四節では中等教育以降の学校生活の中で、男子学生たちのセクシュアリティが形成されていく様子を検証していく。その際、学校以外の共同体(職場、地域など)における性のあり方を参照することで、学校という共同体が男子学生のセクシュアリティ形成にどのような役割を果たしたのかを、より鮮やかに描き出せるのではないかと考えている。それではいよいよ、自叙伝の分析に移ろう。

二 「子ども期」と性

子ども観と性的な話題

現代のモラルの、最大の厳格さと畏敬の払われている不文律の一つに、大人が子供を前にして性に関係したあらゆるほのめかし、ことに猥談を口にすることを強くいましめることがある。この感覚はまさしく旧社会のあずかりしらぬものであった。現代の読者は御用医師エロアールが若きルイ十三世の生活の些事を書きとめている日誌を目にした時、子供の扱い方の自由さ、下品な冗談、卑猥な仕草が公然と行なわれてしかも世の顰蹙をも買わず、それはそれで自然のように思われていたことに当惑を覚えるだろう。十六世紀末の何年か、加えて十七世紀初頭に、近代的感覚での子供時代が完全に欠如していたことを考えさせるこれ以上適切な資料はない(9)。

『〈子供〉の誕生』においてフィリップ・アリエスが指摘したとおり、子どもたちの前で性に関する事柄がどの程度話されているかは、その社会の子ども観を反映している。アリエスがヨーロッパ社会を題材に分析したことを無批判に近代日本へと当てはめることは、もちろん慎まねばならない。だが、大人どうしでは日常的に交わされている性の話題が子どもたちの前では避けられているとするならば、その背景に子ども期を他の成育段階とは異なる時期として認識し、特別な配慮を払う必要があるとする心性が存在しているのは確かである。この節では『私の履歴書 文化人編』における幼児期―小学生期ごろの記述に着目しながら、子どもたちの世界と性に関する話題とがどの程度の距離にあったのかを見ていくことにしよう。

まずは子どもたちの前で、セクシュアルな話題が話されている事例を見てみよう。今西錦司(一九〇二―一九九二)は、次のように幼少期の経験を記している。今西の生家は京都・西陣の大規模な織屋であり、家は工場を兼ね、職工を含む大家族であった。

今西錦司
（出典：『私の履歴書　文化人』第19巻153頁）

> 大家族というものは一つ屋根の下にいるためにとかく男女関係の問題が起きやすかった。奉公人から私もよく聞かされ、今日でいう性教育などもみな私の取り巻き連中から教えられた。「ゆんべ、だれとだれとが寝てはった」などということはすぐに広がった。（第一九巻、一五三頁）

奉公人らを合わせて「三〇人ぐらいの大家族」の中で今西は、「小さいときからもっぱら奉公人の手で育てられ、父母と三人きりになるような機会はほとんどなかった」という（一五一—一五二頁）。そうした大家族の中で起こる男女関係の話題について、奉公人から生々しい話を直接聞かされていた様子が分かる。

画家の熊谷守一（一八八〇—一九七七）も、これに似た幼少期の経験を述べている。熊谷の場合は父の経営する工場が家に隣接しており、「隣の工場には、若い使用人が多いから、色恋ざたとかけんかもよく見聞きしました。心中事件があって、その経緯を面白半分にくわしく聞かされ、なんともイヤな暗い気持ちになったこともあります」（第七巻、八一頁）と記している。二人とも、それぞれの経験が何歳ごろのことか詳細は書いていないが、前後の文章から推測すると小学生ごろの出来事であろうか。職住が分離しておらず、奉公人や使用人など親族以外の人間が身近に暮らす場合には、このように男女関係の話題を身近に見聞きする機会も少なくなかったようだ。とりわけ今西と熊谷の例では、大人どうしの会話が偶然子どもの耳に入ったのではなく、性的な話題が子どもに対して直接語られているという点も共通している。

それと比較してすぐに気付くのは、父母ら親族から性に関する話題が語られたという経験が、自叙伝にほとんど記されていないことである。石坂洋次郎（一九〇〇―一九八六）は、母親が行商について「百姓の男達は夜這いに来たりする」ので困ると父親につぶやく場面の記憶を記しているが（第五巻、四二頁）、このように性に関する話題が子どものいる前で父母によって話されたという場面の記述はきわめて珍しい。むしろ自叙伝を読む限りでは、谷川徹三（一八九五―一九八九）が書くように、「うちでは性的なことばは絶えて耳にしたことはなかった」（第一七巻、一七七頁）子どもの方が多かったのではないかと思われる。(10)

心性と階層差

子どもの前で大人が性を話題にする場合、その話し手の多くは父母や親族以外の大人である。これは、とりわけ自分の子どもの前では性に関する話題を避けるという、子ども期に対する父母の特別な配慮を示す証左であるといえよう。だが、ここでもう一つ指摘しておきたいのは、性に関する話題の話し手として描かれるのは、職工など特定の階層に偏っているという点である。先述の今西や熊谷の例のほか、田辺茂一（一九〇五―一九八一）も「新宿の遊里にちかかったので、床屋にいくと、眠っている子供と思って、職人たちは、色々の話をするのである。床屋性談だ」（第五巻、一七九頁）と幼少期の思い出を綴っている。ここからは、子ども観やセクシュアリティに対する態度に関して、階層による断絶があるという推測がなりたちうる。

ジョージ・L・モッセは、セクシュアリティに対する適切な態度および「礼にかなった正しい」作法・道徳であるリスペクタビリティ（市民的価値観）によって、中産階級は自らを下層階級や貴族階級から切り分け、正当化していったとする。[11] そしてこのリスペクタビリティのもとでは、書物の猥雑と見なされる部分を削除したり穏当に書き換えたりする作業（たとえば一八一八年には艶っぽい台詞が削除された『家庭版シェイクスピア』が編集された）に代表されるように、子どもたちの前でセクシュアルな話題を出すことがタブーとされていったのである。[12] 貴族階級の問題はここでは措くとして、『私の履歴書 文化人編』を執筆している人物の親の階層が比較的高い層に偏っていることを考え合わせると、モッセの指摘は近代日本においても十分当てはまると思われる。すなわち、中産階級など比較的高い階層の大人たちは、性に対して一種の厳格な態度をとり、子どもたちの前で性の話題を出すことをタブーとすることで、職工など労働者の階層と自らを区別していたという見方が成り立つのではないだろうか。

ここで参考になるのは、民俗学的な見地からの先行研究である。たとえば潮地悦三郎は「蕨市の教育的伝承」において、次のように述べる。

昔は生活全体が素朴であり粗野であった。よく言えばおおらかで、持って廻るような言い方はせずに、単刀直入そのものずばりであった。したがって、下層になればなるほど性に関する言葉も日常口にして意に介さなかった。祖母や母の昔話にも多分に性的の滑稽があり、子供たちも屈託なく打ち興じた。……酒盛りになると、わきに子供がいてもイロッパナシに花が咲いた。親父はふがいない息子に、「てめえキンタマどこにつけてやがる」と怒鳴り、十五、六歳ともなろうものなら、「ケー生やしやがって意気地なし」と奮起させようとした。[13]

ここには、子どもたちの前で性に関する話題を出すか否かには階層差が存在することが明確に描かれている。子どもたちに対して直接セクシュアルな話題を投げかけたり、あるいは子どもたちのいる前で「性的の滑稽」や「イロッパナシ」をする行為は、「下層」に見られる特徴であるとされているのである。とりわけここでは、親たちが自分の子どもの前でも性的な話題を避けていない点が注目される。

以上をまとめると、次のようになるだろう。子ども、とりわけ自分の子どもの前で、性的な話題を忌避するという心性には階層差があり、高い階層のほうがこうした価値観を強く持っていた。自叙伝の中でも、中等教育以降や成人してからは性的な話題にふれるケースが日常的に描かれていることを考え合わせると、やはり「子ども期」を特別な期間として見なし性的な話題から遠ざけようとする心性が、特に高い階層には強く存在していたのではないかと考えられる。このような心性がいつごろ一般化したのかをここで特定することはできないが、この史料の執筆者たちの多くが子ども期を過ごした一九世紀末から二〇世紀初頭にはすでに、比較的高い階層ではこうした価値観が共有されていたのではないかと推測できる。

子どもたちの世界

一方、子どもどうしの間では、性に関する事柄はどのように扱われていたのだろうか。ここでは子どもたちどうしの会話や遊びの中に登場するセクシュアルな要素について分析してみよう。

先述の石坂洋次郎は、自らが育った弘前での幼少期を回顧して、大人が留守にした家に集まった男女の子どもたちがオフルメッコ（お振る舞いごっこ）と呼ばれる遊戯を行っていたことを次のように記している。

女の子が畳の上に寝て男の子を誘う。男の子もそれに応じる。「タローさんはもうどいてジローさんが私の上にのるのよ」と、仰向けになった女の子が遊びを指導する。もちろん真似事だけであってそれ以外の何物でもない。（第五巻、二一頁）

子どもたちの間でこのように性交を模した遊びが行なわれているのは民俗学的にも興味深い記述と

小学校入学当時の田辺茂一。
左は父、鉄太郎
（出典:『私の履歴書　文化人』第5巻183頁）

いえるだろうが、この種の遊戯について記しているのは『私の履歴書 文化人編』一五〇人の中では石坂ただ一人である。しかし、だからと言って子どもたちの世界において、性に関する事柄が全く登場しないというわけではない。同じ石坂が小学生のとき、いたずら好きの仲間たちが「女性の性器を意味する指型」をつきつけるというからかいをしていたと述べるとおり（第五巻、二六―二七頁）、性に関する事柄はからかいの形で、あるいは冗談や軽口の形で、子どもたちの世界に登場している。

田辺茂一は裏の「六軒長屋」の子どもたちが「近くに新宿遊廓もあったから、卑猥のことも口にした」（第五巻、一七六頁）と記している。そしてその直後に「私の母親は、そういう子供たちと遊ぶことを、禁じもしなかったが、喜ばなかった」（同）と続けているが、子どもたちの間でも性を話題にするグループと話題にしないグループとがあり、両者の背景には親の階層や職業の差が存在しているのだと、子どもたち自身もうっすらと認識していたのかもしれない。田辺は、裕福な薪炭問屋紀伊国屋の長男である。田辺の母が「禁じもしなかったが、喜ばなかった」のは、こうした低い階層の子どもたちと自分の子どもが交流することを快く思わない心性の現れであろう。実際この後田辺は小学二年時、「街の子供達との交流で、私の日常の行儀や言葉遣いが、悪くなっていくのを、見てとった」母親の意見により、町立淀橋小学校から大久保の私立高千穂小学校へ転校させられている（同、一七九頁）。ここで忌避される「悪い」行儀や言葉遣いの中に、性に関する言い回しなども当然含まれたのであろう。また荻原井泉水（一八八四—一九七六）も、自らの小学校について「土地柄とて芸者屋の子やお茶屋の子が多かった。至って素朴なる男女共学であって、性の目覚めもみんな早かった」（第一巻、二六二—二六三頁）と記しており、子どもたちと性との関わりには、親の職業が強く反映すると実感していたようだ(14)。

一方、性に対する羞恥心について、都会と地方の差を述懐しているのは舟橋聖一（一九〇四—一九七六）である。彼は東京の出身ながら、帝大教授であった父の留学中は腰越（現在の神奈川県鎌倉市）の漁村の小学校に通っていた。

漁村や農村の少年達は、裸になるのを何とも思わない。殊に暑くなると、一日中裸で暮らしているようなものだ。ところが、都会の少年は裸になるのがイヤなのである。彼等のように簡単に着物が脱げない。股間の小さな一物を天日にさらすのが、うしろめたいのである。そういう羞恥がいかにも女女しく見えるのか、田舎の少年達は私のことを、

「女の子みたい、女の子みたい」

と揶揄《からか》ったり、冷やかしたりする。そのたびに私は屈辱を感じてワイワイ泣いた。（第四巻、一九頁）

ここには裸になること、とりわけ性器を露わにすることへの羞恥心について、都会と漁村・農村の間に大きな隔たりがあったことが記されている。[15] なお「女の子みたい」というからかいの言葉には、躊躇せず裸になれることを「男性的」であるとする価値観を見ることができる。そしてそれができない少年は「女の子みたい」な男性として、少年どうしのヒエラルヒーの下位に位置づけられるという、「男らしさ」を基準とした序列構造が少年たちの間にも存在していることが示されている。

また村松梢風は自らの生まれた「地方の純農村」にふれて、「今から半世紀以上前の日本の農村は、極端に封建的であったと同時に、おしなべて風紀が乱れていたものである」「旧七月の盆まつりの時は、村々の青年子女が夜通し浮かれ歩いて、そこら中の草原でも、河原でも、一大野合場と化してしまうのが普通であった。そういう農村に生まれた子供が、どうしても早く性に目覚めるのは当然である」（第一巻、九七頁）と記している。これらの記述から、セクシュアルな事柄や話題に対する態度は、階層や地域によって大きな差があり、ときにはその格差による文化的な摩擦や衝突が、子どもたちの世界においても起こっていたことがうかがわれる。

子どもと活字メディアの性情報

なお小学生の時期に、雑誌などのメディアを通じて性に関する情報にふれていたという述懐は、とくに文学者に多く見られる。村松梢風は「その当時の私の愛読書は「人情世界」という雑誌だった。その雑誌には稲妻強盗坂本慶次郎の伝記が連載されていて、強盗殺人はもとより、女の手を縛って強かんする場面などもことこまかに出ていた。私はそれを熟読した」（第一巻、一〇三頁）と記す。また、祖父が社長を勤める樺太日々新聞社の二階に住んでいた小学校時代の山口誓子（一九〇一―一九九四）は、東京から新聞社に送られて来ていた新刊雑誌を暗くなるまで読みふけっていたという。彼はそのころの記憶について「谷崎の小説には男が女の足を偏愛したり、かぜの女のかんだはな紙をなめるところが書いてあった。性学で言うフェティシズム（拝物主義）の世界をのぞいたのだ」（第三巻、二五一頁）と記している。

日本では一八九一（明治二四）年に「少年文学」叢書が刊行開始され、一八九五（明治二八）年に雑誌『少年世界』が創刊されている。この一九世紀末から、近代的な子ども観に裏打ちされた少年向け雑誌と、成人向け雑誌との本格的な分離が始まるといえるが、ここで少年向け・子ども向けとされる雑誌や読み物の大きな特徴の一つに、セクシュアルな事象を一切扱わないという点があげられる。(16)このような「教育的」配慮に基づく読み物の子ども向け／成人向けの切り分けは、セクシュアルな事柄を扱った文章にふれることを背伸びした行為だと子ども自身に感じさせたのではないだろうか。山口誓子は先ほどの文章のすぐ後に、「私は、東京以来「日本少年」や「少年」を読んでいたが、おとなの総合雑誌も読んでいたのだ。おませな少年だった」（第三巻、二五一頁）と記している。この感想は自叙伝執筆時のものであるが、子ども時代においても、性的な情報を子どもたちに伝えることを避ける規範を内面化した子どもには、セクシュアルな小説や記事を読む行為が子どもの領分を越える背伸びした行為、すなわち「おませ」な行為だと認識されたに違いない。

渡辺京二は『逝きし世の面影』の中で、幕末・明治期の日本を訪れた外国人たちの手記を豊富に引用しながら、当時の子どもたちが春画や春本、あるいは性的な玩具から隔離されていないことや、子どもたちが大人と一緒に「淫猥きわまる」劇を見ている様子を描き出している。(17) 男性器の形をした子ども向け駄菓子。卑猥な冗談に大笑いする子ども。春画の内容を熟知しているらしい子どもたち。欧米人たちを驚かせた幕末日本の光景に、現代に生きる私たちも驚き、途惑う。このような幕末期とは明らかに異なる心性が、階層や地域による時間差をともないながら、近代の日本には広まっていったのである。

三　学校の果たした二つの機能

男女交際の禁止

ここからは中等教育以上の学校における自叙伝記述を見ていきながら、近代学校が男子学生たちの性のあり方にどのような影響を与えたのかを検証していくことにしよう。

中等教育以上になると、学校は当然別学になる。それとともに、男女の交際に対しては厳しい視線が注がれることになるようだ。自叙伝を見ていると、小学校時代に比べ中等学校以上では、男女の交際とその抑制というテーマに関する記述が格段に増加する。

男女間の交際をとがめる価値観の現われとして言及されることの多い鉄拳制裁は、一高出身の執筆者を中心として記録されている。よく知られる一高・中堅会の鉄拳制裁の対象となった行為として、渋沢秀雄（一八九二―一九八四）は吉原での女郎買い（第三巻、四三頁）を、麻生磯次（一八九六―一九七九）は「不倫な関係」や「あやしげな場所に足を踏み入れ」ること（第一七巻、二四二頁）をそれぞれ挙げている。田崎勇三（一八九八―一九六三）は「破廉恥な行為のために退学に値するその生徒を、退学させないでもう一度改心させようとするために、涙をふるって鉄拳を加えたのである」（第一五巻、三六頁）と記しているが、この述懐からは一高における鉄拳制裁の背景に、一高生の誇りとする〈自治〉に基づく独自の論理が用意されていたことが分かる。

一方、やや時代が下り大阪府立園芸学校に通っていた小原豊雲（一九〇八―一九九五）は、「タコ釣り」と称する上級生たちによる鉄拳制裁について記しているが、これは「朝夕すれ違ったときに欠礼をしたとか、通学の電車の中で沿線の女学生と話をしていたとか、たわいのない理由」（第九巻、二四―二五頁）によって行われていたという。ここでは、鉄拳制裁が上級生による気まぐれな暴力に変容していると同時に、制裁の理由として登場する女性が遊廓などの女性から通学車内の女学生になっていることが注目されよう。一九二五（大正一四）年には高等女学校の生徒数が二七万人超と、一九〇〇（明治三三）年の一万人余から飛躍的に増加しているが、このような女学生の急激な増加が変化の背景にあると考えられる（二七〇頁の図5―1のグラフ参照）。

男女間の交流に対する処罰は、生徒間の私的な制裁のみではない。安積中出身の中山義秀（一九〇〇―一九六九）が「女の子と恋愛問題でもおこそうものなら、たちまち放校」（第一巻、三八八頁）と書くように、学校の規則として存在している場合もあった。沖縄県師範学校に通っていた大浜信泉（一八九一―一九七六）は、敷地内にある女子師範の学生との間のささいな交流が原因で退学となってしまったという。

> 女子学生のうちに私の従姪《まためい》がいたが、その従妹《ママ》を通じて心をこめて編んだシオリを送ってくれた一女性があった。しかもその女性は学校中で最も美人の評判の高い学生であったのである。大いに思い悩んだあげく、とにかく従姪を介してお礼の手紙を届けた。それが私にとっては身の破滅の種子になってしまったのである。三学年の学年試験も無事に終了し、学校もいよいよ休暇にはいろうとする日に主任の先生に呼び出され、懇々と説諭のうえ諭旨退学を言い渡された。
>
> （第一六巻、一六二頁）

大浜はさらに、その後の教師たちの対応について、「周囲の情勢上泣いて馬謖を切らざるをえなかったが、しかし君をこのままに朽ちさせるのはいかにも惜しいと思うので、力を落とさず東京に出て再起をはかるようにと、先生がかわるがわる激励」（同）してくれた、と記している。これらの記述がどれほど正確なのかは知るべくもないが、少なくとも女子学生とのほんのささいな交流であっても、学校による公的な処罰（しかも厳罰）の対象となりえたこと、そしてそれが当時の学生たちの間でも十分認知されていたことがうかがわれる。

また、大阪・北野中学校の森繁久彌は、阪急電車で「女学生の尻を追っかけて」二日間の停学を受けたと述べている。これは「その女どもが「私の降りる駅までついてきました」と自校の先生に言いつけたので、その学校から北野に電話があり」発覚したのだという（第一四巻、一四〇頁）。通学する鉄道内での男女学生の交流に学校側が神経を尖らせていたことは、猪熊弦一郎（一九〇二―一九九三）の通っていた香川県丸亀中学校で「通学の汽車は二等の前が男、女は後部と分けられていた」（第八巻、五一八頁）という記述からも分かる。[18]

こうした制裁や規則の存在を通して、学生自身が男女間の交流をとがめる規範を内面化しているケースも少なくなかった。「家族的に知り合い同士の中学生と女学生がたまたま路上で会って立ち話をしただけでも、道行く大人たちは非難の眼で振り返った」（第五巻、五〇八頁）というように、男女交際に関して特に厳格な環境の中で育った藤沢桓夫（一九〇四―一九八九）は、大学生になっても「修行中の身で異性のことを思うのは悪事だといった反省が心のどこかにあった」と述懐している（同、五三六頁）。「男女七歳にして席を同じうせず」の規範は、このように制裁や規則、あるいは道行く人々の厳しい視線という形でくりかえし学生たちにすり込まれ、内面化されていったと考えられよう。松前重義（一九〇一―一九九二）は東北大学時代、下宿先の美人姉妹と親しくなるにつれ「私自身もすこし気分が迷いはじめたのを自覚するようになった」と述べ、次のように述懐している。

「これはいかん。まだ一年生のくせに、うっかり女に迷ってはとんでもないことになる」――そう思うと、親に対してもまことに相すまない、という殊勝な気持ちがわいてきた。そこで、急いでほかの下宿をさがして移ってしまった。（第一七巻、九二頁）

「女に迷う」ことを危険であると感じ、その危険から遠ざかるために下宿を引っ越してしまう筆者の姿。男女交際は学問や立身出世の妨げであるとする価値観が、男子学生自身にも完全に内面化されている様子がここでは見てとれよう。

性知識の伝達・性経験の共有

ここまで、学校および学校的な価値観が、男女の交際を禁止する方向に作用していた事例を多数見てきた。だが、ここで指摘しておきたいのは、近代学校が男子学生の性のあり方に対して果たした機能は、けっしてそのような「男女交際の禁止」のみにとどまらないという点である。自叙伝の記述を見ていくと、学校での上級生や同級生を通じて、性に関する情報が伝達されるという場面が多く現れるのだ。特に中等学校以上では同学年にも幅広い年齢の生徒が混在し、年長者を中心として性に関する知識が伝達されていたようだ。たとえば舟橋聖一は、中学四年時の学校生活の一場面を次のように描写する。

所謂思春期で、同級生や上級生のうちには、新宿の女郎屋に登楼し、休み時間の教室や雨天体操場で、その経験談を得々と語って聞かせた。

伊香保温泉へ修学旅行があった時、怪しげな安カフェーへ上って、童貞を破った友人もある。授業中に春画の廻ってくることがあった。「見たらすぐ廻せ」と書いてあるので、私は教科書の中に挟んだそれを、三十秒くらい見てから、前の机の生徒の膝へ、そっと渡してやった。

（第四巻、四六頁）

学校内部で同級生や上級生から、具体的な性の体験談が話されている様子が描かれている。ほかにも富安風生（一八八五―一九七九）は自らの中学寄宿舎時代を回顧して、「ようやく〝春の目覚め〟の時期である。〝女医者〟（都新聞連載の衛生問答）なんてものをみんなで隠れて読んだりした」（第二巻、二八頁）と記している。この述懐では、活字メディアが共同体による性知識の伝達を補うものとして描かれており、個人ではなく「みんなで」つまり共同体の成員どうしの交流の一環として活字メディアの情報を受容しているのが興味深い。舟橋の述懐では授業中に春画を回覧している様子が記されていたが、このようにセクシュアルな情報を共同体の中で共有することが、学校では珍しくなかったと思われる。

また中学校の上級学年や高等教育機関などでは、男子学生どうしが遊廓などに連れ立って通う様子も多く描かれている。中山義秀は安積中五年の夏に年長の級友に誘われ、「親の目をぬすんで紅灯の巷に足を入れるようになった。一度この味をおぼえるとたちまち夢中になってしまって、さかりのついた犬みたいに、片時も家におちついていられな」かったという（第一巻、三八九頁）。そのほか、東大医学部時代に「吉原から通学してくる豪の者」などに囲まれ、「医学の知識が進むと同時に花柳界の知識もずいぶんと進歩した」（第一八巻、三一頁）と記す緒方知三郎（一八八三―一九七三）など、学校の上級生や同級生を通じて花柳界についての情報・経験が伝えられるケースは多い。

性に関する知識や経験が乏しかったため、同級生集団から一種の疎外感を感じさせられた記憶を描く執筆者も多い。東京美術学校に一八歳で入学した富本憲吉（一八八六―一九六三）は「同級生はみな吉原へ行ってはいろいろな話をしていたが、私だけは年もいちばん若く、のけものみたいになっていた」（第六巻、一九二頁）と記す。また谷川徹三や糸川英夫（一九一二―一九九九）は、中学時代に友人たちが行う猥談や隠語が理解できなかったことを述懐している（第一七巻、一七七―一七八頁および第一九巻、三四八頁）。森繁久彌は、早稲田第一高等学院時代の記憶を次のように語る。


いつの間にか出来た友達と初めて酒をのみにも行った。それらがみんな私よりマセていて、どうにもこうにも話が合わない。酒はそれでもつき合えるようになったが、童貞の私はそのあとが

1900 年代の新吉原・大門

（出典 :『明治・大正・昭和　東京写真大集成』新潮社、2001 年、354 頁）

張見世に並ぶ女性。大正期

（出典 : 同上、362 頁）

つづかない。彼らは新宿二丁目の遊廓や吉原にゆき、なかには神楽坂で芸者をあげるものもいて、そんな経験など何一つもないモヤシみたいなこの男は、いつの間にかつまはじきされていたのだ。

（第一四巻一三九―一四〇頁）

酒を飲んだあと、連れ立って遊廓へと向かう同級生たち。そんな中「童貞の私」は、一緒について行くことができずに「いつの間にかつまはじき」にされてしまうのだという。このように性知識や性経験の共有は、性知識・経験に乏しい学生たちの排除をともないながら、男子学生たちの連帯感を強めていたと考えられる。自叙伝から垣間見えるこのような男子学生どうしの連帯感の深め方は、「男らしさ」のあり方を検証する男性学の視点から見ても非常に興味深い。以下では引き続き、このような性知識や性経験の共有について考察してみよう。

ヘテロセクシュアルの能動的な主体へ

性知識や性経験を共有することで男性どうしが連帯感を深めるというのは、学校に限らず、多くの共同体において見られる事象である。『私の履歴書 文化人編』内の記述を見ても、職場の年長者が年少者を遊廓などに連れて行くといった慣行が、特に芸能の世界の人びとによって多く記述されている。

歌舞伎俳優の尾上多賀之丞（三代目、一八八七―一九七八）によれば、「十八になっても舞台に色気が出ないようでは役者として先が思いやられる」「女を知れば少しは色気も出て声変わりもなおるだろう」と、叔父が父親と相談の上「大まじめで吉原へ」彼を連れて行ったという（第一二巻、一六八頁）。その後、吉原に通い詰めた彼は、先輩役者に「えらい」「役者が吉原へ遊びに行くことは一つの勉強だ」（同、一九四頁）などと褒められたことを記している。他にも中村鴈治郎（二代目、一九〇二―一九八三）は先輩に連れられて一四歳で舞妓と初体験したという話（第一二巻、四七一頁）を、また尾上梅幸（七代目、一九一五―一九九五）は「楽屋で先輩の役者たちの芸者買い、女郎買いの話を小耳にはさんでいるうちになんとなくムラムラとしてくる」結果、同輩たちと赤坂の茶屋へ通うようになったこと（第一四巻、四七頁）を述べている。もちろん、同様のことは様々な職種の現場で行われていたであろうが、『私の履歴書 文化人編』の中では特に役者たちの世界での描写が目立つ。これは文楽の桐竹紋十郎（二世、一九〇〇―一九七〇）が記すように「芸人に花柳界はつき物で、持ちつ持たれつの関係」（第一一巻、一九九頁）であるという認識が彼ら自身にも、また社会的にもある程度共有されており、この話題について自叙伝でふれることに対する抵抗感が比較的小さかったためと推測される。

このように性経験が共有される環境のなかで男性たちは、ヘテロセクシュアル（異性愛）における能動的な主体として形成されていくこととなった。長唄唄方の吉住慈恭（一八七六―一九七二）は、自叙伝の最後の章に、次のような文章を記している。

だいたい、片輪でない私は所帯を持つ前は悪友につれられ、花柳界や遊郭で結構悪遊びもし、女髪結いや二、三の女に追いかけ回されたこともありました。（第一一巻、四六八頁）

これが明治の初めに生まれ、一九七〇（昭和四五）年の執筆当時九四歳であった執筆者の、偽らざるところであったのだろう。吉住にとって、悪友たちとともに花柳界や遊廓へ出入りすることは、「片輪でない」男性であれば誰もが行うはずの当たり前の行為であった。言い換えれば、所帯を持つ以前に花柳界の経験を持たないということは、男性として不完全な状態であるとの認識を、吉住は抱いていたのである。[19] 少なからぬ執筆者たちが、遊廓通いの記憶を悪びれず新聞連載の自叙伝に発表していることから考えても、このような価値観は吉住だけではなく、多くの男性たちに共有されていたと推測できる。

買春経験の共有と男性どうしの連帯感

このように男性たちが性経験、特に買春の経験を共有することに関しては、岩田重則が興味深い指摘を行なっている。岩田は、ヨバイの崩壊と買春の増加が同時期に進行していることに着目し、一九一〇年代から一九二〇年代にかけて「急速なヨバイの崩壊により、現象としてのヨバイは消滅しつつも、ムラの中で若者が娘を支配していたヨバイの性は、むしろ世間に拡大し、近代国家における買春の性として移行するような形態をとっていた」と述べる。[20]『私の履歴書 文化人編』の中に執筆者本人によるヨバイの記述は登場せず、ここでヨバイと買春の関係について詳しく論じることはできないが、岩田のあげるムラの若者たちによる買春の例の多くが、個人ではなく仲の良い若者たちのグループ（「若者仲間」）によって集団的に行われていることは注目に値する。たとえば次の事例は岩田が調査した、静岡県裾野市佐野における戦前の買春の様子である。

たとえば、ワカイシュのほとんどが入っていた消防団の、火の用心の夜まわりのときなどは、絶好の機会で、夜まわりを終えたあと、三島まで一時間ほど歩き、女郎屋へ行った。女郎屋へ行く金は、昼間のうちに、うちの米を一俵くらいみつからないように物置から出し、米屋へ売り、金を作っていた。女郎屋へ行くときには、ひとりで行くのではなく、ワカイシュ同志で何人か仲間で行くのがふつうで、金の勘定も、『今夜は俺がもつから』などといっては、お互いに融通し合っていた。祭りのあとなども、飲めば、女郎屋へ行ったものであった。(21)

岩田はこの他にも多くの買春の実例を記録しているが、そのほとんどの場合において若者たちは、親しい仲間集団で買春を行っている。買春を個人単独ではなく職場や地域の共同体の親しい仲間たちどうしで行なっている背景には、買春における性経験の共有が男性どうしの連帯感を強める方向に作用したという側面が見逃せないのではないだろうか。

岩田が指摘している通り、これまでの日本では、買春という行為は男性による買春ではなく女性による「売春」として認識されることが多く、男性による買春行為を対象とした研究の蓄積は乏しい。(22)売春する女性ばかりを検証してきた従来の研究は、まるで男性が買春をするのは自然で当たり前の現象であるかのように見なしてしまっている点に、大きな怠慢と錯誤がある。それらの研究は、先に引用した吉住慈恭の述懐に見られるような、「〈普通〉の男なら、花柳界の経験があって当たり前」という意識から抜け出せていない。

買春という経験は男性にとってどのような意味をもっていたのか。岩田は先の文章に続けて、「ヨバイの現象的消滅は、若者と娘との性をめぐる質的変化というよりも、買春という世間への拡大として連続し、むしろ、ヨバイに潜んでいた民俗的土壌が、そのまま男性による女性への性支配として、買春の中に生き残ったと考えてもよいかもしれない」と述べる。[23] さらにここで、買春行為が多くの場合、単独ではなく共同体の仲間集団によって行われていることに注目すれば、買春経験の共有が「男らしさ」の証明書となり、男性仲間集団の連帯意識を強めていることに気がつく。男性たちは連れ立って遊廓へ行くことで、自分たちがヘテロセクシュアルの能動的な主体であることを証明し、男性という優位なジェンダーの位置にいること、自分たちが支配される性ではなく支配する側の性にいることを確かめ合うことで、連帯感を深めたのである。

竹村民郎は一九二〇年代の日本の性意識として、「女遊び」を「男の甲斐性の一つであり、大切な交際の手段」であるとする「売春を媒介とした性的「共同体」意識」が存在したことを指摘している。[24]

わが国の庶民生活では、女遊びは日常的レベルのさまざまな交際の内部にビルトインされ、仲間同士で遊廓へ遊びに行くことが人々の共通の楽しみであった。人前でははばかられる猥談ですら、仲間うちで語られるときは、秘密を共有した一体感をわかちあう有効な社交手段であった[25]。

このような価値観のもとでは、森繁久彌のように遊廓について行かない(行けない)男性は「つまはじき」にされた。先の吉住の述懐に見たとおり、「男らしさ」の証明が要請される男性仲間集団において、遊廓に行かない男性は、男性として不完全な存在と見なされたのである[26]。

学校の果たした二つの機能

『私の履歴書 文化人編』の記述から見えてくるのは、このような性知識・性経験の共有が、職場や地域の共同体のみではなく、学校という共同体内部でも行なわれていたという興味深い事実である。少年期のセクシュアリティに関して近代学校が果たした機能について考える場合、鉄拳制裁や厳しい校則など男女交際に対して厳格な価値観の伝達と、ここに記すような共同体としての性知識の伝達・性経験の共有という、二つの異なる側面に注目する必要があるといえよう。竹村民郎は大正期に流行した「僕の未来は法学士、君の未来は文学士　よかろ吉原交際《つきあ》はう　親たちやお国で芋を掘る」という俗謡を紹介しているが[27]、このように男子学生たちが連れ立って吉原へ向かう姿が、自叙伝からも浮かび上がってくる。

特に性に関する知識や経験が乏しかったために、同級生集団から疎外感を感じた記憶を記す執筆者が少なくないことは、学校共同体が性知識や性経験の伝達・共有という面でも大きな役割を果たしていたことを示唆している。[28] 学校内部の共同体は、このような性知識・性経験の伝達・共有や、そこから逸脱したり乗り遅れたりするものたちの排除をくり返しながら、少年たちをヘテロセクシュアルの能動的な主体へと形成する役割を担っていたと考えられる。すでに二節で見てきたとおり、比較的高い社会階層の子どもたちは「教育的」な配慮のもと、性に関する話題から遠ざけられていることが多かった。そんな彼らにとって、学校共同体における性知識の伝達や性経験の共有は、自分たちが子ども時代とは違う「大人」の世界に入っていくという感覚をともなう経験だったのではないだろうか。

近代日本において地域共同体は徐々に解体され、若者たちへの影響力を低下させていった。とりわけ上級学校に進学した者たちは、学校における生活時間が長い分、地域共同体から切り離されていたといえるであろう。だが彼らは、あらゆる共同体に属さない存在になったわけではないし、男性どうしの連帯感を深める性知識・性経験の共有経験を持たなくなったわけでもない。上級学校に進んだ男子学生たちにとっては、地域共同体に替わるように、学校内部での共同体による性知識・性経験の共有が行われていたのである。[29]

四　女学生と男女交際

男女交際の実態

前節では学校が男女の交際を禁止する方向に機能し、またそれらの規範が男子学生たちの間にも内面化されている様子を記した。だがもちろんこの時期に男女学生間の交流が全く途絶えていたわけではない。前節では遊廓における男子学生たちの買春経験を見てきたが、この節では自叙伝の記述に登場する男女学生の交際の様子を見ていくことにしよう。

学校においては男女交際を禁止する価値観が強かったとはいえ、中学校などでの「男女交際」や「恋愛」に積極的な学生たちも、けっして少なくはなかった。とりわけ『私の履歴書 文化人編』の記述の中で目立つのは、女学生たちが能動的に男女交際へと参加しているという描写である。京華中学校に通っていた小島政二郎（一八九四―一九九四）は、友人の「ハンサム・ボーイ」が「すぐ近くのお茶の水の女学校の生徒に持てて、ラブレターをよく見せられた」経験を記している（第一巻、三六〇頁）。また東郷青児（一八九七―一九七八）は青山学院時代、上級の女学生につきまとわれ「四つ葉のクローバーの押し葉」や「桃色のラブレター」をもらった上、「とうとう青山墓地に連れて行かれて、歯をがちがち鳴らしい《ママ》る私のくちびるに、ぼってりしたくちびるを押しつけて、しどろもどろにかきくど」かれたという（第六巻、一三五頁）。その他、石坂洋次郎は教師として女学校へ赴任した時の、奔放な女学生たちのエピソードを数多く記している（第五巻、八〇頁および八九頁など）。

このように女学生たちが「男女交際」や恋愛・性に関して、必ずしも受動的なケースばかりではなかったという記述は注目に値するといえるであろう。ただし執筆者の大半が男性であり、男性側の視線で描かれていることには十分な注意が必要である。そこで女性の執筆者の記述に目を転じてみよう。男女共学の東京音楽学校に通っていた長門美保（一九一一―一九九四）は、学校に遅刻しそうになると鶯谷からみんなでタクシーに乗ったが、「男女が一緒になって校門をくぐろうものなら、たちまち説教」なので、「門の少し前で、男の学生は車を降りて駆けて行くのだった」という（第一四巻、五〇八頁）。また教室も男女分かれていたが、隠れてこっそり一緒にダンスをしたという記述など、学校側の監視を逃れての男女交流が行われていた様子がうかがわれる（同、五一一―五一二頁）。杉村春子（一九〇六―一九九七）は広島の女学校時代を振り返って、「音楽好きの若い男女が、ピアノのある家に集まって夜おそくまで合奏だコーラスだとわいわいさわいだり」したため「自然と派手なうわさをまきちらす結果」となったと記している（第一一巻、二七九頁）。

もちろん、男女交際を禁止する規範を内面化していた女学生も少なくなかった。中村汀女（一九〇〇―一九八八）は熊本県立高等女学校時代、男子学生との交際を一切断ち切っていたことを、次のようなエピソードで示している。

そういえば或る日、学校の帰りに男の学生から私は手紙を貰った。貰ったとはいえぬか知れない。その日は私は一人で歩いていた。向うから歩み寄ったその人は、私に封筒を差し出したが、受け取るわけにはゆかぬ。だまって立っている私の衿もとにさし入れた手紙をそのままに、私は家に帰り、それが母の手に移った。緊張して読んでいる母がなんだか気の毒だった。どうも私は見せてもらえなかったし、見る気もなかった。

(第四巻、四三八—四三九頁)

前述のような男女交際禁止の厳しい規範を考えれば、むしろこのような対応をとる女学生の方が一般的であったかもしれない。男女学生の交際に関しての記述は、男性が描く場合と女性が描く場合とで温度差が感じられるため、たとえば男性執筆者の記述をそのまま鵜呑みにして「当時の女学生たちは恋愛に能動的であった」などと断定するのは早計に過ぎるといえる。

「交際相手は女学生」という前提

むしろこれらの自叙伝記述で注目したいのは、男子学生の「恋愛」「男女交際」の相手として、「女学生」の存在が自明視されていることだ。増加したとはいえ同世代の女性のごく一部しか高等女学校には進学していないのにもかかわらず、男子学生の交際の対象として想定されていたのは多くの場合、学校外の女性ではなく「女学生」であった。新聞・雑誌などの言説レベルにとどまらず、実際の男子学生たちにとっても「男女交際」といえば「男子学生と女学生」という組み合わせでの交際を指すと認識されていたことが、自叙伝の記述から読み取ることができよう。

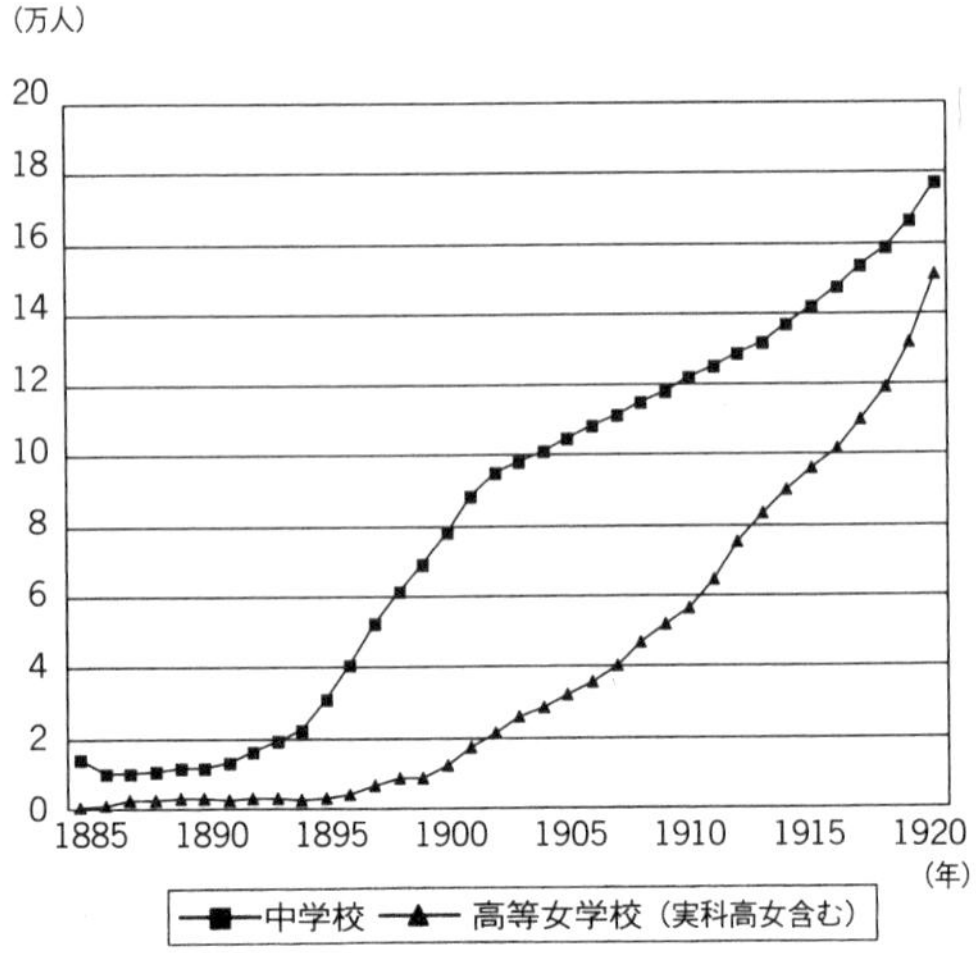

図 5-1　中学校・高等女学校　生徒数の推移
（文部省『学制百年史　資料編』より作成）

図5―1のグラフに見られるとおり、一八九九（明治三二）年の高等女学校令を契機とし、二〇世紀初頭に高等女学校と女学生の数は全国で急激に増加した。そして『魔風恋風』や『青春』など、女学生の恋愛や妊娠を描いた人気小説に明らかなように、この時期の女学生は特にセクシュアルな側面に焦点を当ててイメージが形成された。このような女学生イメージの形成は、「学生風紀問題」報道における女学生の扱われ方にも見ることができる。渋谷知美によると、『教育時論』誌上の「学生風紀問題」記事で「女学生の堕落」が報道されるのは一九〇二（明治三五）年からであるが、女学生の「堕落」の具体的な内容は、明言された場合は売春・多情・公園での密会など、性に関する事項が大半を占めていた。(30)

このような「学生風紀問題」報道における女学生の登場は、男子学生と女学生に対し、それぞれ異なる影響を与えることとなった。まずこれらの報道は、女学生が性的な堕落に陥りやすい存在であるかのような印象を読者に与えた。その結果、女学生にとって男女交際は堕落・不良化の第一歩であるという認識が社会に広く共有され、女学生が男子学生と交際することには厳しい視線が注がれることとなったのである。稲垣恭子が述べるとおり、「女学生が外のさまざまな誘惑に負けて「堕落」しないように予防することが、教育家や警察関係者、父兄等の関心の中心になっていく」のであり、そこでは恋愛や男女交際は「「堕落」「不良」女学生の指標」と見なされた[31]。自叙伝において、中村汀女が男子学生からの手紙を読もうともしなかったのは、女学生に注がれるこのような厳しい視線が彼女に内面化されていたためであろう。

だが一方、男子学生にとって女学生の登場は、全く異なる意味を有していた。近代的な学校教育を受け、なおかつ報道によりセクシュアルな側面が強調された女学生は、男子学生にとっては、新たな「男女交際」の相手役となりうる存在であった[32]。そしてこの女学生との新たな交際は、従来の遊廓通いや登楼などと比較した場合、男子学生の「堕落」と見られる度合いが小さかったのである。

たとえば雑誌『中央公論』は一九〇五（明治三八）年九月号から一九〇六（明治三九）年八月号までの一年間、三宅雪嶺や安部磯

『魔風恋風』口絵
（出典：『写真　近代日本文学百年　明治大正篇』明治書院、1967年、63頁）

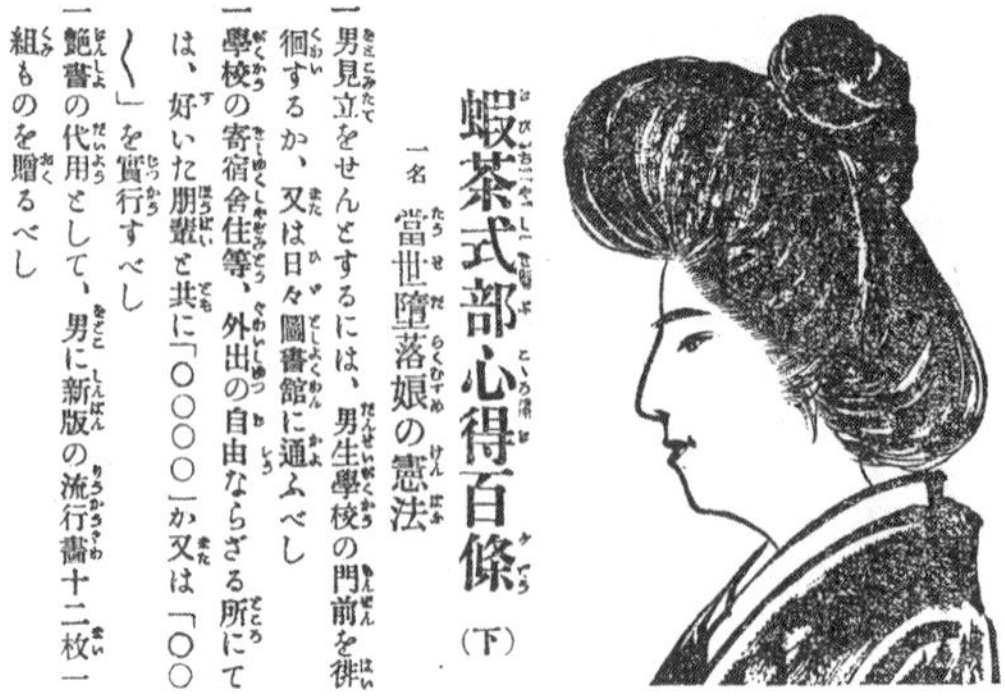

「女学生の堕落」はたびたび揶揄の対象とされた
（出典：『滑稽新聞』第94号、1905年）

雄・浮田和民など計二〇名の識者による「男女学生交際論」を掲載しているが、その意見は男女学生の交際に積極的賛成を示すものから条件的賛成、日本の現状では時期尚早、学生期の交際には絶対反対など、多種多様であった。この「男女学生交際論」において青柳有美は、「元来売春の為にある」女郎を買うという行為は、多くの出費をともなうのみでなく、「又何んとなく人品を野卑下劣にし、感情の作用をして頗る俗悪のものたらしむるに至る恐れ」があるとする。そして「女郎買」と比較して「男女学生交際」にはそのような弊害がないことを肯定的に評価し、男子学生の女性との交際が女郎買→女義太夫見物→男女学生交際と順を追って変化していることを「進化の佳良なる位置に達せし」と喜ぶのである。[33] このように、従来の遊廓通いや女郎買いと比較して、女学生との交際を肯定的に描くという論法は、多くの論者に共通して見られた。

このような認識は、男子学生にも広く共有された。前節では男子学生たちが買春経験の共有を通じて連帯感を強めていく様子を見てきたが、「人品を野卑下劣に」する女郎買いや遊廓通いに耽溺してしまうことは、彼らにとって大きな問題であった。それは男子学生にとって「堕落」であるのみならず、同様に遊廓に耽溺する他の階層の男性たちと自分たちとを、切り分けられなくなってしまう危険性をはらんでいた。

そこで男子学生は遊廓での買春を行ないつつも、教育を受けた女学生を「男女交際」の相手として想定することで、自分たちの「本来の」交際相手は女学生であると認識することができた。すなわち自分たちにとって真の男女の交流は女学生との男女交際であると考えることで、遊廓での買春を経験しつつも、他の階層の男性たちと自分たちを切り分けることができるようになったのである。

自叙伝の中で、上級学校に通う高学歴の男子学生にとって、教育を受けていない女性との間の交流が「男女交際」や「恋愛」という言葉で表現されることは稀であった。たとえば前節で述べたような買春における女性との交流について、これらの言葉が用いられることはない。またたとえば村松梢風は、中学三年生のときに初めて性交を経験したことを記す際、その相手である年上の親類の娘との間には「何の恋愛もあったわけではない。同じ所に寝起きしていたために衝動的に起ったことだ」とわざわざ断っている(第一巻、一〇四頁)。中学四年生のときに、近くに住む軍人の妻と「関係」を持ったことについても「恋愛でもなんでもない。ただそういう一つの出来事にすぎない」と記しているのである(同、一〇七頁)。限られた事例から判断することは難しいが、こうした言葉の使い分けの背後にも、「恋愛」や「男女交際」は女学生との間で行なうものと考える、男子学生側の意識が反映しているのかもしれない。

また、「男女交際=男子学生と女学生の交際」という認識の前提には、女学生と交際できるのは、

男子学生と女学生の交際を描いた戯画

「親の心子知らず」『滑稽新聞』第137号、1907年

「骨肉の間柄」『大阪滑稽新聞』第11号、1909年

他の階層の男性ではなく自分たち男子学生だけだ、という男子学生たちの意識が存在している。実際、上級学校に進学しなかった男性たちの自叙伝の中には、女学生と交流したというエピソードはほとんど見られない[34]。教育を受けた女学生たちと交際できるのは、自分たち男子学生だけだという意識。これも同様に、男子学生の特権意識やプライドを満足させることとなったであろう。学校共同体の中で男子学生たちは、買春経験の共有と女学生との新たな男女交際とによって、従来の共同体の機能継承と自らの共同体の特権化という二つのことを、同時に成し遂げていたのである。

五　おわりに

本章では、出身階層が比較的高く、上級学校まで進学した男性たちに特に注目しながら、子ども期から学生期における男性のセクシュアリティ形成に関する分析を行なった。ここで、本章で明らかになった知見を簡単にまとめておこう。

まず二節では、「子ども」を性的な話題・情報にどれほど近づけるか（または遠ざけるか）について、階層差や地域差が観察されることを見てきた。比較的高い階層の子ども観においては、子どもたちの前で性に関する話題を避ける規範が強かったが、それにより子どもたちは性に関する話題を「大人」の世界の話題であると感じていたであろう。

三節では近代学校が男子学生のセクシュアリティに果たした機能に注目し、男女交際を禁止するという機能のほかに、学校内部の共同体によって性情報や性経験の共有という機能が担われてきたことを見てきた。若者が地域共同体から切り離され、学校という新たな共同体に囲い込まれたのは近代の大きな特徴であるが、学校が若者のセクシュアリティ形成に対して、通常想起されるような「男女交際の抑制」のみでなく、従来の地域共同体に替わる形で性情報や性経験の共有という機能も果たしていた点が興味深い。

また四節では男女学生交際について考察し、男子学生にとって「交際」や「恋愛」の相手としては他の女性ではなく「女学生」が暗黙のうちに想定されていたことを、自叙伝の記述からも明らかにした。これは男子学生にとって、自分たちを単に遊廓の女性たちだけと交流する男性ではない特別な存在として、自らを他の階層の男性たちから差異化する機能も持っていたのではないかと考えられる。

最後に、自叙伝を用いたセクシュアリティの歴史的研究を通じて、筆者が強く感じたことを二点記しておきたい。

一点目は、「人間形成」という視点がセクシュアリティ研究において非常に有効であるということである。人びとの性に関する知識や行動・態度は、生物学的な要因によってのみ決定されるのではけっしてなく、むしろ周囲の環境などから受ける社会的な影響が非常に大きい。つまり、人間が育ち、学び、社会の一員として成育していくという「人間形成」の過程を細かく観察し、個人の性に関する知識や行動・態度にどのように影響を与えているのかを考察する視点が、セクシュアリティ研究には不可欠なのである。今回の研究に即していうならば、男性たちが地域共同体や職場、あるいは学校内の共同体などを通じて、ヘテロセクシュアルの能動的な主体として形成されていく過程が、執筆者たちの記述によって明らかになった。

本章の冒頭において、性に関することがらが「個人的」な経験とされることが多いと述べた。だが実際にはそれらは、社会や共同体と独立してある個人の内部のみで生起する事象ではけっしてない。むしろ人が性に関する知識や情報をどう学び、性に関する事柄をどのように経験していくかは、その人の生きる歴史や社会、共同体によって規定されているのだということが、この研究のような自叙伝の分析によって鮮やかに描き出せたのではないかと考えている。(35)

二点目は、日本でセクシュアリティの歴史的研究として従来行なわれてきた手法とは、全く異なるアプローチをとれたことの重要性である。これまでわが国におけるセクシュアリティの歴史的研究は、性科学(性欲学)関係の書籍や雑誌の言説分析を中心として行われてきた。だが、果たしてそれらがどの程度当時の人々に受容されていたのかという検証は、ほとんど行われてきていないのが実情である。そして今回対象とした自叙伝作者の中には一九〇〇年代以降に生まれた人物も多いのだが、一九二〇年代に普及すると言われる性科学(性欲学)関係の書籍・雑誌についての言及は、ほとんど見られなかったのだ。

もちろん、性科学(性欲学)関係の著作がどのように受容されたのかという問題に関しては、更に広い範囲の時代・作者の自叙伝を調査し、分析を続ける必要がある。一九二〇年代に性科学が流行したこと自体は、当時の雑誌・新聞などの様子からも確かな事実であろう。また、たとえ自叙伝の中で直接性科学書に対しての言及がされていなかったとしても、性に関することがらを「科学的」にとらえようとするまなざしや、「変態性欲」とされることがらを精緻に分類しようとする態度など、性科学（性欲学）によってもたらされた影響は非常に大きいと考えられる。だが、どのように受容されたか分からない書籍や雑誌の内容ばかりを、むやみに細かく検討する研究手法だけでは、セクシュアリティに関する当時の実態を捕らえそこなう恐れがある。

考えてみれば、これだけメディアが発達した現代においても、セックスについての知識や情報をどこから得たかという質問に対して「友人」と答える中高生が最も多い[36]。近代に入り爆発的に普及する活字メディアの存在は確かに重要であるが、実際に性に関する知識・情報の伝達経路としては、共同体の影響力が非常に大きかったという点も見逃してはならない。事実三節に見たように、学校内部の共同体が性知識の伝達に果たした役割の大きさは、自叙伝の分析によって明らかである。自叙伝による研究はこのように、性科学書のみの分析からは見えない、個人の側に即したセクシュアリティ形成の実態を見ることができる点で、今後のセクシュアリティ研究に欠かせないアプローチであるといえよう。子どもや学生たちを、教える・育てる対象＝客体としてのみ見るのではなく、育ち、学ぶ主体として見ていくという視点は、セクシュアリティ研究にこそ必要なのである。

注

（1）わが国において最近一〇年ほどの間に発表された、近代日本のセクシュアリティに関する歴史的研究の代表的なものとしては、赤川学『セクシュアリティの歴史社会学』(勁草書房、一九九九年)、小田亮『一語の辞典 性』(三省堂、一九九六年)、川村邦光『セクシュアリティの近代』(講談社選書メチエ、一九九六年)、渋谷知美『日本の童貞』(文春新書、二〇〇三年)、藤目ゆき『性の歴史学』(不二出版、一九九九年)、古川誠「セクシュアリティの変容――近代日本の同性愛をめぐる三つのコード」(『日米女性ジャーナル』一七号、一九九四年)などが挙げられる。

(2) 前掲『セクシュアリティの歴史社会学』二三一頁。

(3) 赤松啓介『非常民の性民俗』明石書店、一九九一年。

(4) 落合恵美子「一〇〇歳女性のライフヒストリー――九州海村の恋と生活」、『京都社会学年報』第一二号、二〇〇四年、一七―五五頁。

(5) Elina Haavio-Mannila and Osmo Kontula and Anna Rotkirch, *Sexual Lifestyles in the Twentieth Century*, 2002, Palgrave Macmillan. →エリナ・ハーヴィオ―マンニラ、オスモ・コントゥラ、アンナ・ロトキルヒ『フィンランドにおける性的ライフスタイルの変容――三世代二〇〇の自分史による調査研究』橋本紀子監訳、大月書店、二〇〇六年。

(6) 初出の新聞連載は一九五六―八二年。単行本は一九八三―八四年刊行。

(7) 尾中文哉「明治期における『子供の交換』と『試験』――『私の履歴書』の分析より」、『社会学評論』四二巻四号(通巻一六八号)、一九九二年、三六〇―三七三頁。

(8) 『私の履歴書 文化人編』執筆者の中に、大学人など研究者や文学者が多く含まれていることが、高学歴者が多い最大の原因である。また芸術家の中にも、東京美術学校や東京音楽学校など上級学校の出身者が大半を占める。逆に初等教育のみしか受けていない執筆者は、歌舞伎俳優など芸能関係の人物が多い。

(9) Ariès, Philippe, *L'enfant et la vie familiale sous l'ancien régime*, Paris, 1960. →フィリップ・アリエス『〈子供〉の誕生――アンシァン・レジーム期の子供と家族生活』杉山光信・杉山恵美子訳、みすず書房、一九八〇年、九六頁。

(10) 時期を幼少期や小学校時代に限定せず、中学校時代まで含めて見てみると、田中耕太郎(一八九〇―一九七四)のように「普通の親としてはいいにくいような性教育に関する事柄を私に教えた。しかしそれは主として性病の害毒の観点からであった」（第一五巻、三二四頁）と、父母から直接「性教育」的な教示を受けたことを記す例もある。だが、これも彼の父が判事であり非常に教育熱心であったという特殊な事情によるものであることが記されており、やはり例外に属するものと考えられる。

（11）Mosse, George L., *Nationalism and Sexuality : Middle-Class Morality and Sexual Norms In Modern Europe*, The University of Wisconsin Press, Madison, Wisconsin 1988. →ジョージ・L・モッセ『ナショナリズムとセクシュアリティ――市民道徳とナチズム』佐藤卓己・佐藤八寿子訳、柏書房、一九九六年、一三頁。

（12）同、一一―一二頁。

（13）潮地悦三郎「蕨市の教育的伝承」、大島建彦編『しつけ』岩崎美術社、一九八八年、一〇九頁。

（14）ここでも民俗学の先行研究は大きな参考になる。前掲の「蕨市の教育的伝承」には、次のような記述が見られる。「男児は性語をぶっつけ合い、卑猥な歌を歌って遊んだ。大人も自己の少年時代を思い出し、笑いながら見過した」。同前掲書、一一〇頁。

（15）舟橋本人は都会と地方の差としてのみ記述しているが、もちろんそれだけではなく、帝大教授の子である舟橋と漁村・農村の子どもたちとの階層差もここには存在するであろう。

（16）こうした近代的子ども観を背景にした子ども向け雑誌のひとつの到達点が、一九一八（大正七）年に創刊された『赤い鳥』であることは多くの論者が認めるところであろう。子どもを純粋で無垢な存在であるとする「童心主義」は、この時期の新しい子ども観の中心的な概念であった。河原和枝『子ども観の近代――『赤い鳥』と「童心」の理想』中公新書、一九九八年を参照。

（17）渡辺京二『逝きし世の面影』平凡社ライブラリー、二〇〇五年、三一五―三一九頁および三九九頁。

（18）通学途中において男女学生が接近する、というのは、言わばこの時期「お決まりのストーリー」の一種であった。たとえば寺田勇吉は後述の『中央公論』の「男女学生交際論」において、「現に男女学生の間には同学せざるも毎日学校に行く通路にて接近するといふことよりして互に知り合ひて終に醜聞を流すといふやうなることは吾輩の住宅なる目白台に於ても屡々見聞する所なり」と記している。寺田勇吉「男女学生交際論」、『中央公論』一九〇六年三月号、九頁。

(19) 附言すれば、このような文章を新聞連載の自叙伝に何の前置きもなくさらりと執筆しているという点から、このような認識を「多くの読者と共有できるはず」と吉住が考えているであろうことも推測できよう。
(20) 岩田重則『ムラの若者・くにの若者――民俗と国民統合』未来社、一九九六年、一六〇頁。
(21) 同、一四九頁。
(22) 同、一三三頁。
(23) 同、一六〇頁。
(24) 竹村民郎『廃娼運動――廓の女性はどう解放されたか』中公新書、一九八二年、一四九頁、一五一頁。
(25) 同、一四九頁。
(26) このような価値観は、現代の日本にも強く残っているという指摘がある。村瀬幸治は一九九八年にまとめられたデータにおいて買春の「初めての経験の動機」として「友人・知人に誘われて」という回答が最も大きかったことについて、「男性の文化、あるいは男性同盟の証しとして買春が使われている――誘われると断れない、断ると〝同盟〟から外される、あるいは男として同盟に加わる儀式(イニシエーション)の意味が今日でもまだ生きている可能性を示している」と記す(村瀬幸治「買春という性行為」『女たちの二一世紀』No.一六、一九九八年、五二頁)。また多田良子も独自に行なったアンケート調査結果をもとに、この見解を支持している(多田良子「「性風俗サービス業」利用男性の意識とパートナーとの関係性」、『F-GENS Journal』第九号、二〇〇七年、一〇四頁)。
(27) 前掲書『廃娼運動――廓の女性はどう解放されたか』一五〇頁。
(28) 学校内の共同体において性知識・性情報を伝えたのは、上級生や同級生のみではない。中には貝塚茂樹(一九〇四―一九八七)のように、京大史学科時代、雑談の中で教授たちから猥談を聞いたという経験を記している者もいる(第一七巻、三三五頁)。
(29) 附言すると、近代学校の登場・普及が地域共同体の若者集団に与えた影響は上級学校生徒に限らない。たとえば岩田重則は前掲書において、一九三〇年代から四〇年代の静岡県西伊豆における「ワカイシュウヤド」と呼ばれる若者宿の若者仲間について、「高等小学校を卒業すると、気の合った同級生が、数人で」作るものと記している（岩田前掲書、一一〇頁）。このように地域共同体における若者集団の形成においても、高等小学校という学校組織が介在していることは注目に値する。

（30）渋谷知美「『学生風紀問題』報道にみる青少年のセクシュアリティの問題化」、『教育社会学研究』第六五集、一九九九年、三六―三七頁。

（31）稲垣恭子「不良・良妻賢母・女学生文化」、稲垣恭子・竹内洋編『不良・ヒーロー・左傾――教育と逸脱の社会学』人文書院、二〇〇二年、一二〇―一二一頁。

（32）拙稿「明治期における学生男色イメージの変容――女学生の登場に注目して」、『教育社会学研究』第八一集、二〇〇七年、五―二三頁を参照。

（33）青柳有美「男女学生交際論」、『中央公論』一九〇六年三月号、一〇頁。

（34）上級学校へ進学しなかった男性たちの自叙伝の中に女学生の姿が描き出されている例は、棟方志功（一九〇三―一九七五）が弁護士の給仕として働いていた一七歳のころ、女学校の近くを通ると顔見知りの女学生たちに呼びかけられ、恥ずかしいような気持ちで通り過ぎていったというエピソード（七巻、四九三頁）や、桐竹紋十郎が女学生風のファンに言い寄られたがやんわりと断り、後でそれを責める番頭に「わてはしろうと娘に手はつけへん」とたしなめたというエピソード（一一巻、一七六頁）などである。

（35）矢島正見は、「男性同性愛者」や「女性同性愛者」のライフ・ヒストリー研究を行っている。数多くのライフ・ヒストリーを聞き取り、そこで話された経験について考察するという作業を行っている点で、矢島の研究は「人間形成」という視点に基づくセクシュアリティ研究の一種であるといえる。だが、彼の研究は「同性愛者」のみを対象として設定していることにそもそもの限界があり、矢島自身がはまり込んでしまっているヘテロセクシズム（異性愛主義）を相対化できていない点に、大きな問題がある。本稿では、男性たちがヘテロセクシュアルの能動的な主体として形成されていく過程を明らかにしようとしているが、このようにヘテロセクシズムを俎上にのせる視点は、矢島の研究には全く欠落しているのである。矢島正見編著『男性同性愛者のライフヒストリー』学文社、一九九七年。矢島正見編著『女性同性愛者のライフヒストリー』学文社、一九九九年。

（36）財団法人日本性教育協会により二〇〇五年に実施された「第六回青少年の性行動全国調査」によれば、「あなたは、セックス（性交）について、どこから知識や情報を得ていますか」という質問（選択肢から三つまで選択）に対する回答は、高校生男子で一位「友人」五六・四％、二位「ポルノ雑誌（H雑誌）／アダルトビデオ」四二・八％、三位「先輩」二八・五％であり、以下「インターネット」「コミックス／雑誌」「学校の授業や教科書」と続いた。財団法人日本性教育協会『「若者の性」白書――第六回青少年の性行動全国調査報告』小学館、二〇〇七年、二一四頁。

あとがき

福沢諭吉と新島襄が若くして直面した脱「家」・脱地域という選択とその選択をめぐる伝統社会の反応、キリスト教社会主義者の人格形成に深く痕跡を残した家の没落とハイマートの喪失、一九世紀後半に育った女性たちの学校教育を通じて拓かれた新しいライフコース、どの学校へ進学するかということより、どの段階まで教育を受けるかが重要であった時代の進学要求の歴史的な性格、そして近代学校内部の共同体によって形成されていった男子学生のセクシュアリティなどなど。本書を通じて光を当てられた近代日本人の人間形成史の一齣一齣は、従来の教育史研究においてマスとして捉えられがちであった被教育者を、その独りひとりの人間形成の内側から捉えようとする試みから明らかになった。

一時期注目を集めた社会史研究は流行現象としては沈静化した。しかし歴史研究の課題や方法は社会史のインパクトを受けて確実に転換し、実証的な研究のなかに消化されつつあると筆者は考えている。教育史についていえば、「意図された歴史」つまり、国家や地域社会と家族など大人の世代、いいかえれば教育する側の営みについて詳細な研究が積み重ねられてきているいっぽうで、人々の「生きられた歴史」を現すところの、子どもの作文や日記、遊び文化など主体の表現に注目した〈育つ・学ぶ〉側からの人間形成史研究の成果もまた必ずしも珍しくはなくなった。そうした状況の中でいま直面している課題は、両者のダイナミズム、つまり〈育つ・学ぶ〉側からの人間形成史研究が、日本の伝統的な育児様式や近代教育制度のあゆみについて被教育者の目線から何を問題提起できるか、というところにあるのではないかと、個人的には考えている。制度史や社会経済史、さらには思想史的、運動史的な方法をとる従来の教育史研究の成果は真摯に学んでいるつもりであるが、自叙伝という主観的な史料を、ある程度系統的に分析したこの共同研究が、子育てや教育のシステムを捉えかえすうえで、従来の教育史研究の成果に対して何を付け加えられたのか、あるいは付け加えられなかったのか、読者の率直なご批判を待ちたい。

本書は、科学研究費「家と家庭における人間形成史の研究」（基盤研究（c）課題番号一六五三〇五〇〇、代表小山静子、二〇〇四―六年度）の研究成果を基礎にして、研究をまとめ直したものである。共同研究は本書執筆の五名と藤枝充子氏（東京純心女子大学）の六名で三年間続けられ、共同研究のまとめは、科研費報告書として二〇〇七年三月に刊行された。本書の刊行を計画した際、大量の自叙伝の比較分析という報告書のまとめのスタイルから、より広い読者に読んでもらうため、各章三名の執筆者を選び彼ら・彼女らの自叙伝を丁寧に紹介する方向で記述を改めた。日本経済新聞紙上に書かれた短い自叙伝を多数分析した第四、五章にはこの方法は適用できなかったが、論旨を明快にする努力は共通している。代表的な自叙伝の記述を手がかりに、他の自叙伝の分析結果も言及できるようにした工夫や、論旨を整理する努力が、どのくらい奏効したのか、これも気がかりな点ではある。

また、当初この本に草稿をよせておられた藤枝充子さんは、お仕事の都合で発表を辞退された。歌舞伎役者の自叙伝を集めて、芸の修行と学校生活の緊張関係をテーマに分析された藤枝さんの研究は、六人の共同研究の中でもユニークかつ実は研究課題の本質に深く迫るものだった。近い将来、ご本人にも納得のいく研究成果として発表されるであろうと期待している。

この著書の出版を機に、数年間続いた共同研究の楽しい仲間たちといったんはお別れすることが、とても寂しく感じられる。そもそもは山本敏子さんのお誘いで二〇〇三年に、翌年の教育史学会に時代区分論をテーマとしたコロキウムを実施すべく集まったのが、私たちの出会いであった。自叙伝に描かれた執筆者の、一回限りの人生を歴史の中に位置づけるという仕事は、その人の人生を歴史的な視野から解釈することになる。他者を解釈していて、自分は分析の矛先を免れるなどということはあり得ないから、当然、歴史分析の物差しは、自分自身の人生に対しても向けられる。そんなことでこの研究グループは、自分たちの人生を酒の肴に、よくしゃべりよく笑う研究グループだった。科研研究に再編された時点から参加した若手研究者二人の鋭敏かつ女性たちのパワーに負けない存在感、そして、代表として個性的なメンバーを強力にリードされた小山静子さんの意志と判断力には、密かに敬服し続けてきた。いつかまたよい再会の機会に恵まれることを期待したい。

最後に、厳しい出版事情の中で本書の出版に対してご理解下さった藤原書店社長藤原良雄氏、編集を担当してくださった山﨑優子さんに心から御礼を申し上げる。

太田素子

二〇〇八年八月

た　行

な　行

は　行

人名索引

あ 行

な　行

は　行

た　行

さ　行

事項索引

執筆者紹介　（掲載順）

小山静子　→編者紹介参照

太田素子　→編者紹介参照

山本敏子（やまもと・としこ）

1956年生。東京大学大学院教育学研究科博士課程単位取得退学。専攻、日本教育史。現在、駒澤大学非常勤講師。論文に「日本における〈近代家族〉の誕生」（『日本の教育史学』第34集）他。共著に『近代日本における知の配分と国民統合』（第一法規）。

石岡　学（いしおか・まなぶ）

1977年生。京都大学大学院人間・環境学研究科博士後期課程単位取得退学。専攻、教育史・教育社会学。現在、日本学術振興会特別研究員。論文に「昭和初期の小学校職業指導にみる普通教育と職業世界との関係性」（『教育社会学研究』第80集）他。

前川直哉（まえかわ・なおや）

1977年生。京都大学大学院人間・環境学研究科修士課程修了。専攻、日本教育史・ジェンダーとセクシュアリティ。現在、京都大学大学院人間・環境学研究科博士後期課程。論文に「明治期における学生男色イメージの変容」（『教育社会学研究』第81集）他。

編者紹介

小山静子（こやま・しずこ）
1953年生。京都大学大学院教育学研究科博士課程退学。専攻、日本教育史・ジェンダー史。現在、京都大学大学院人間・環境学研究科教授。著書に『良妻賢母という規範』（勁草書房）『家庭の生成と女性の国民化』（勁草書房）『子どもたちの近代——学校教育と家庭教育』（吉川弘文館）。共編著に『戦後公教育の成立——京都における中等教育』（世織書房）他。

太田素子（おおた・もとこ）
1948年生。お茶の水女子大学大学院人文科学研究科修士課程修了。専攻、教育学。現在、和光大学教授。著書に『江戸の親子——父親が子どもを育てた時代』（中公新書）『子宝と子返し』（藤原書店）。編著に『近世日本マビキ慣行史料集成』（刀水書房）。共編著に『シリーズ比較家族第Ⅲ期4 〈いのち〉と家族——生殖技術と家族 1』（早稲田大学出版部）他。

「育《そだ》つ・学《まな》ぶ」の社会史《しゃかいし》——「自叙伝《じじょでん》」から

2008年9月30日　初版第1刷発行 ©

編　者　小山静子
　　　　太田素子
発行者　藤原良雄
発行所　株式会社 藤原書店

〒162-0041　東京都新宿区早稲田鶴巻町523
電　話　03（5272）0301
FAX　03（5272）0450
振　替　00160 - 4 - 17013
info@fujiwara-shoten.co.jp

印刷・製本　中央精版印刷

Printed in Japan
ISBN978-4-89434-644-4

絵双六の世界をのぞいてみる

『十返舎一九戯作 童絵解万の宝』
（京都大学附属図書館蔵）

十返舎一九作、歌川豊国画による文化十一年（一八一四）刊の絵本。子どもたちが遊ぶ双六や玩具、遊戯の様子が描かれている。江戸時代の子どもの世界を垣間見ることができる貴重な資料。

〒六〇〇円＋税
◇978-4-89434-025-1

百鬼夜行絵巻の謎を読み解く

『百鬼夜行絵巻の謎』小松和彦著

百鬼夜行絵巻を読み解き、そこに描かれた妖怪たちの正体を探る。日本の妖怪文化の源流をたどる。

〒二〇〇〇円＋税
◇978-4-89434-561-4

草双紙の世界を楽しむ

『草双紙の世界』山本陽子著

江戸時代の草双紙「黄表紙」などの作品を紹介し、その魅力を語る。

〒二五〇〇円＋税
◇978-4-89434-505-8

日本文学史の中の百鬼夜行

『百鬼夜行の文学史』田中貴子著

日本文学における百鬼夜行のイメージの変遷をたどる。

〒二八〇〇円＋税
◇978-4-89434-508-9

日曜歴史家の心性史入門

「教育」の誕生

Ph・アリエス
中内敏夫・森田伸子編訳

名著『〈子供〉の誕生』『死を前にした人間』の日曜歴史家が、時代と社会によって変化する生物的なものと文化的なものの境界を活写し、歴史家の領域を拡大する〈心性史〉とは何かを呈示。「心性史とは何か」「避妊の起源」「生と死への態度」「家族の中の子ども」他。

A５上製　二六四頁　三二〇〇円
（一九九二年五月刊）
◇978-4-938661-50-2

学校的言語とは何か

教師と学生のコミュニケーション

P・ブルデュー他　安田尚訳

ブルデュー教育社会学研究の原点として『遺産相続者たち』と対をなす画期作。講義や試験の言葉遣いにあらわれる教師と学生の関係の本質を抉り出し、教育の真の民主化のために必要な認識を明快に示す、全教育者必読の書。

A５上製　二〇〇頁　三二〇〇円
（一九九九年四月刊）
◇978-4-89434-129-6

RAPPORT PÉDAGOGIQUE ET COMMUNICATON
Pierre BOURDIEU
Jean-claude PASSERON et
Monique de SAINT MARTIN

東西の歴史学の巨人との対話

民俗学と歴史学
（網野善彦、アラン・コルバンとの対話）

赤坂憲雄

歴史学の枠組みを常に問い直し、人々の生に迫ろうとしてきた網野善彦とコルバン。民俗学から「東北学」へと歩みを進めるなかで、一人ひとりの人間の実践と歴史との接点に眼を向けてきた著者と、東西の巨人との間に奇跡的に成立した、「歴史学」と「民俗学」の相互越境を目指す対話の記録。

四六上製　二四〇頁　二八〇〇円
（二〇〇七年一月刊）
◇978-4-89434-554-6

外務省〈極秘文書〉全文収録

吉田茂の自問
〈敗戦、そして報告書「日本外交の過誤」〉

小倉和夫

戦後間もなく、講和条約を前にした首相吉田茂の指示により作成された外務省極秘文書「日本外交の過誤」。十五年戦争における日本外交は間違っていたのかと問うその歴史資料を通して、戦後の「平和外交」を問う。

四六上製　三〇四頁　二四〇〇円
（二〇〇三年九月刊）
◇978-4-89434-352-8

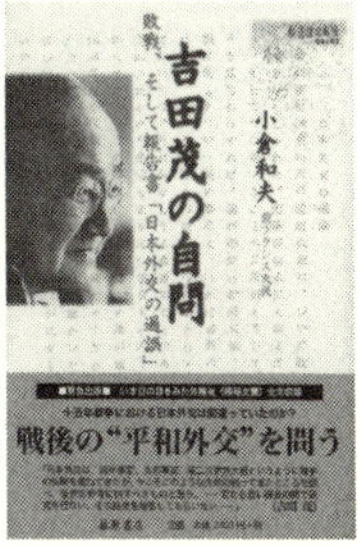